Apprendre !

André Giordan

8, rue Férou - 75278 Paris
http://www.editions-belin.com

Collection Débats

Énergie, un défi planétaire
Benjamin Dessus, 1996.

L'Avenir n'est pas héréditaire
Hervé Ponchelet, 1997.

L'Origine des langues. Sur les traces de la langue mère
Merritt Ruhlen, 1997.

Le Roman noir de l'algue tueuse.
Caulerpa taxifolia *contre la Méditerranée*
Alexandre Meinesz, 1997.

La Mystique de l'ADN.
Pourquoi sommes-nous fascinés par le gène?
Dorothy Nelkin et Susan Lindee, 1998.

L'École républicaine et numérique?
Franck Sérusclat, 1999.

Du même auteur

Une Didactique pour les sciences expérimentales,
Guide Belin de l'enseignement, Belin, 1999.

Le code de la propriété intellectuelle n'autorise que « les copies ou reproductions strictement réservées à l'usage privé du copiste et non destinées à une utilisation collective » [article L. 122-5]; il autorise également les courtes citations effectuées dans un but d'exemple ou d'illustration. En revanche « toute représentation ou reproduction intégrale ou partielle, sans le consentement de l'auteur ou de ses ayants droit ou ayants cause, est illicite » [article L. 122-4]. La loi 95-4 du 3 janvier 1994 a confié au C.F.C. (Centre français de l'exploitation du droit de copie, 20, rue des Grands Augustins, 75006 Paris), l'exclusivité de la gestion du droit de reprographie. Toute photocopie d'œuvres protégées, exécutée sans son accord préalable, constitue une contrefaçon sanctionnée par les articles 425 et suivants du Code pénal.

© Éditions Belin, 1998   ISSN 1270-0320   ISBN 2-7011-2456-5

*À François Giordan,
ce livre que tu as suscité
mais dont tu n'as pu bénéficier.*

*À Georges Snyders,
ce livre que tu as initié…*

*Pour Séverine, Marjorie, Émilie,
Denis et les autres..*

Tous mes remerciements à Jennifer White-de Ajuriaguerra qui m'a interpellé sur mes idées, ainsi qu'a Michel Gonzalez, René Bodenès, Daniel Raichvarg, Maryline Cantor, Christiane Olivieri, Christian Souchon, Denise Adler, Marie-Louise Zimmermann et aux étudiants, chercheurs et participants des séminaires du mardi soir du Laboratoire de didactique et épistémologie des sciences.

Toute ma gratitude à Philippe Testard-Vaillant, à Rolande Lefeivre et Francine Pellaud.

SOMMAIRE

INTRODUCTION L'Homme, une machine à apprendre — 7

PARTIE 1. Apprendre, oui mais comment? Et pourquoi?
1. Importance de l'apprenant — 23
2. Petite histoire des idées sur apprendre — 31
3. Un passage obligé pour apprendre : le cerveau — 45
4. Les dimensions sociale et culturelle de l'apprendre — 61
5. Mais au fait, pourquoi apprendre? — 75

PARTIE 2. Du nouveau sur l'apprendre
6. On apprend au travers de ce qu'on est — 85
7. Le désir d'apprendre — 95
8. Apprendre, une activité d'élaboration de sens — 113
9. Apprendre, un processus de... déconstruction — 125
10. Modélisation, mémorisation, mobilisation — 137
11. Le savoir sur le savoir — 153

PARTIE 3. Les transformations de l'école et des organismes de culture
12. Connaître l'apprenant — 167
13. Connaître l'apprendre — 181
14. Mettre en place un environnement didactique — 193
15. Le métier d'enseignant, demain — 211
16. Vers une éducation intégrée — 225

CONCLUSION Vers une société apprenante — 243
INDEX — 251

INTRODUCTION

L'HOMME, UNE MACHINE À APPRENDRE

> « *L'Homme est une machine à apprendre.* »
> François Jacob, *Biologie et racisme*, Éditions du Seuil, 1988.

Lors d'une interview à un journal, j'avais déclaré : « *Ce n'est pas pendant les cours que les élèves apprennent.* » Cette déclaration suscita un tollé chez les enseignants. Ce n'était pourtant pas une provocation. J'exprimais là, certes crûment, le sentiment de vingt ans de recherche sur l'apprentissage, ou plutôt l'« apprendre »[1]. Bien sûr, limitée à cette seule phrase, ma pensée ne pouvait être que tronquée. Il eût fallu ajouter : « *Cela ne veut pas dire que le cours soit inutile.* » Les enseignants ne se seraient pas trouvés agressés, une fois de plus, dans leur identité.

Cette seule anecdote traduit bien les lacunes, les insuffisances, les idées erronées qui persistent dans notre société – et en particulier chez les professionnels de l'éducation – sur cette capacité incroyable que les humains possèdent : celle d'apprendre.

---

1. Nous préférons nommer la démarche qui conduit à apprendre : « l'apprendre » plutôt que d'user du terme habituel « d'apprentissage », trop connoté par ailleurs.

Pourtant, rares sont les moments où l'élève s'approprie quelques lueurs de savoir au travers d'un cours. Nombre d'exercices scolaires sont, pour lui, de formidables pertes de temps.

L'élève passe son temps à copier une dizaine de phrases pour aborder une seule difficulté grammaticale. En travaux pratiques de physique, des heures de mesures sont souvent consacrées à la résolution d'une règle de trois. On met une heure pour recopier une carte de géographie dont le contenu restera en partie indécodable. Exceptionnels sont les moments privilégiés où les individus s'approprient directement quelques « vibrations » liées à un message.

Toutes les évaluations sont formelles à cet égard. À la fin d'une scolarité, même réussie, le savoir véritablement engrangé est d'une grande pauvreté. Un an après la fin du secondaire, 30 % des bacheliers français de série S (scientifique) ne savent pas établir un lien entre l'ADN (l'acide désoxyribonucléique), les maladies génétiques ou leur propre hérédité ; 60 % ne connaissent toujours pas les spécificités respectives d'un atome, d'une molécule et d'une cellule ; 80 % sont incapables de décrire la trajectoire du Soleil dans le ciel ; 80 % ne peuvent établir de relations entre les organes ; 90 % ne repèrent pas les principales étoiles et 100 % ne savent pas dessiner une carte, même approximative, de l'Europe[2]... Quel décalage par rapport aux prétentions outrancières des programmes scolaires ! Et quel constat dramatique pour cette institution...

Et nous ne parlons pas là des ratés préalables qui ont conduit des individus à quitter prématurément le parcours. À dix ans, 40 % des élèves ont des difficultés de compréhension d'un texte de dix lignes, 11 % ne saisissent pas le sens des mots usuels, 25 % ne maîtrisent pas la conjugaison, 25 % n'arrivent pas à exécuter une consigne précise, 35 % n'effectuent pas une soustraction ou une division à une décimale, 66 % n'effectuent pas une soustraction ou une division à deux décimales, 33 % ne peuvent pas reproduire une figure géométrique, 66 % ne savent pas calculer l'aire d'un carré ou d'un rectangle[3] !

---

[2]. Évaluation du Laboratoire de Didactique et d'Épistémologie des Sciences. Voir des exemples de cartes page 86.
[3]. Sources : Ministère français de l'Éducation, 1996 et 1997.

Tout cela est tout à fait... normal. Apprendre est tout autre chose que recevoir une information. Les sages hindous l'avaient compris depuis longtemps quand ils proclamaient : « *On n'apprend en vérité que quand on a oublié sept fois.* »

Dans le même temps, l'individu apprend une foule de savoirs sans s'en apercevoir le moins du monde. Les savoirs fondamentaux – marcher, parler, aimer – sont appris sans aucun apprentissage systématique. Des adolescents de banlieue en échec scolaire peuvent apprendre à programmer des ordinateurs avec des langages les plus actuels. Des jeunes qui refusent le moindre exercice sont capables de reproduire des figures d'une complexité incroyable en skate-board ou en surf.

« APPRENDRE, C'EST RELOU »

Alors, qu'est-ce qui se cache – ou se joue – derrière l'apprendre ? Comment se fait-il qu'apprendre puisse être quelque chose de naturel et d'évident ? Et pourquoi, dans le même temps, autant de difficultés à apprendre à l'école ?

Et d'abord, pourquoi ne peut-on pas apprendre en ingurgitant une pilule de savoir ? Que sait-on vraiment sur les capacités étonnantes du cerveau ? Peut-on les faciliter ? Quelle est la place de la mémoire, de la motivation, du désir d'apprendre ou de l'émotion ? Que faut-il d'autre encore ? On peut être très motivé et ne rien comprendre à l'harmonie musicale, à la physique quantique ou à la génétique des populations. Peut-on apprendre sans efforts ou sans contraintes ? Peut-on tout apprendre ? Apprendre n'est pas un thème qui passionne les foules. « *On a envie de foot, on a envie de rap, [...] M'sieur ! On n'a pas envie d'apprendre.* » « *Ça sert à quoi, c'est relou !* », « *Ça prend la tête !* » Ainsi des jeunes de banlieues me décrivaient-ils l'acte d'apprendre. Apprendre évoque pêle-mêle « contraintes », « perte de temps », « encyclopédisme », « norme ». Apprendre est le plus souvent considéré comme une « activité fastidieuse », « insurmontable ». Que de nausées ou de migraines reviennent dès que le mot est prononcé, même à mi-voix... Alors, lire un livre sur ce thème vire au masochisme... Il faut être enseignant, ou plutôt enseignant en formation ou en questionnement, pour prendre en main un tel document. À la rigueur, quelques parents d'élèves font l'effort, pour se donner bonne conscience ou parce que la situation de leur enfant leur paraît désespérée.

D'évidence, les individus s'intéressent aux dinosaures, aux étoiles, aux volcans, à la vie des grands hommes. Ils se passionnent pour les origines de l'Homme, de la Terre ou de l'Univers. Des milliers d'articles et de livres sont publiés chaque année sur le big bang, la mer, la montagne, la santé ou la cuisine. Hormis quelques pensums ultra spécialisés, il n'existe pas grand chose sur l'apprendre.

Apprendre à l'école ?

En fait, apprendre est irrémédiablement associé, dans notre inconscient, à l'école. Or, cette institution encore jeune – elle a tout juste un peu plus de cent ans – n'a toujours pas su faire aimer ce qui est pourtant son objectif premier : faire apprendre.

Il est vrai que l'accent est toujours mis du côté « enseignement ». « Quels savoirs faut-il enseigner ? » est aujourd'hui l'interrogation majeure des ministres de l'éducation européens. Apprendre est alors aux abonnés absents. On verra plus tard ! Les intenses obligations pour les études ont fait perdre à l'école sa raison d'être : donner le goût d'apprendre. Notes, bulletins, interrogations écrites, appréciations, examens, concours rythment les jeunes années. Leur but est de masquer la question : qu'est-ce que les élèves apprennent réellement après toutes ces années d'études ?

Encore plus révélateur de l'oubli – ou du mépris – de l'apprendre : les réactions – du moins leur absence de réaction – des élus de la Nation ! A-t-on déjà vu un seul député (oui, un seul !), quel que soit le pays, interroger son ministre sur ce qu'il pensait en matière de recherches sur l'apprendre. Pourtant, on ne lance plus un simple appareil ménager sans un minimum de recherche. Or, le budget des recherches sur le domaine, cerveau compris, ne représente seulement qu'un pour dix mille du budget total... de la recherche ! Une misère...

Alors, va-t-on s'obstiner à faire apprendre « bêtement » ? Peut-on continuer à abrutir les enfants sur des sommes de savoirs sans importance, pour qu'il n'en reste rien, ou pire, les dégoûter, alors qu'apprendre est devenu l'un des enjeux de notre société ? En effet, l'individu doit se mouvoir dans un monde de plus en plus complexe et continuellement changeant – dont il ne connaît pas encore tous les contours. Il lui est impossible de se faire une idée des innovations qui bouleverseront la vie de la planète dans les cinquante prochaines années. Dans cette société en mutation, l'individu ne peut plus se limiter à apprendre à « lire, à écrire et à compter ». Les savoirs « utiles » sont multiples. Il ne s'agit plus seulement de connaissances plus ou moins anecdotiques ; attitudes et démarches sont prioritaires. En permanence, l'individu doit tirer partie de ses réussites et de ses échecs. Constamment, il doit même en inventer – car les solutions « clefs en main » n'existent plus – pour expliquer ou prévoir. Ce faisant, il se libère de contraintes et favorise son épanouissement.

Dans la même dynamique, il peut y trouver une émotion, du plaisir et un engagement qui produit une dynamique propre pour le motiver en retour à apprendre plus[4]...

Qu'est-ce qu'apprendre ?

Parler de l'apprendre reste malgré tout peu évident... Chaque spécialiste, qu'il soit pédagogue, psychologue, sociologue ou philosophe, y va de son couplet. Dans des revues sérieuses ou dans les articles de recherche, on peut lire surtout des généralités, le plus souvent dans une langue de bois qui effraie le béotien : *« Le savoir se construit. »* ; *« Tout est affaire de cerveau droit et de cerveau gauche. »* ; *« L'apprentissage passe par l'action. »* ; *« Le conflit cognitif permet à l'élève d'apprendre. »* ; *« Tout se joue dans la zone proximale. »* ; *« Les capacités cognitives de l'individu sont premières : est-il visuel ou auditif ? »*

L'enseignant est bien avancé pour préparer son cours quand il a lu cela. L'élève ou le parent d'élève ne sait plus quoi penser... De plus, « apprendre » est devenu un mot-valise dans la vie courante. Il recoupe aussi bien, selon les cas, comprendre, connaître, mémoriser, découvrir, acquérir de l'expérience, que mobiliser le savoir déjà en place. On peut apprendre sans forcément comprendre. Les examens

---

4. Mais les questions liées à l'apprendre ne sont pas seulement individuelles. Les groupes, les entreprises, les sociétés doivent devenir également « apprenantes ».

11

tels que nous les connaissons sont de ce style. On peut connaître, en avoir conscience, sans forcément réutiliser le savoir. Une chose est de posséder un contenu. Autre chose est de s'en servir. On peut savoir que la fumée est cancérigène et ne pas pouvoir se passer de fumer. L'angoisse ou l'image de soi peut être plus forte. De même, apprendre peut tout aussi bien signifier s'approprier personnellement un savoir déjà maîtrisé par la société, enrichir un concept pour lui donner un nouveau souffle, qu'élaborer un savoir original (le propre de la recherche scientifique).

Pour dépasser ces confusions, nous donnons au terme « apprendre » un sens fort. Nous le considérons dans une dynamique personnelle – ou sociale – d'élaboration et de mobilisation. Notre préoccupation n'est pas seulement de décrire ce que l'apprenant[5] a mémorisé ou les opérations qu'il sait faire, mais d'expliquer comment il comprend, met en mémoire, restitue le savoir et, surtout, ce qu'il est capable de concocter avec ce qu'il a appris. L'apprendre nous intéresse quand cette capacité apporte un plus à l'individu, notamment quand ce dernier peut utiliser ce qu'il a appris.

Prioritairement, notre projet est plus pragmatique : déceler ce qui facilite (ou inhibe) l'apprendre. À la limite, peu importe comment l'individu apprend, l'important est d'apprendre. Pour provoquer nos collègues psychologues ou cognitivistes, nous dirons que nous nous préoccupons des mécanismes et du contexte quand l'individu n'apprend pas ! C'est seulement pour cette raison que nous avançons quelques propositions sur sa mécanique et ses processus. Mais l'essentiel de notre propos est tourné sur les conditions qui facilitent l'apprendre.

Comment apprend-on ?

Les avancées sur la manière d'apprendre sont très récentes : moins d'une vingtaine d'années, et encore. Elles ont essaimé dans une foule de publications appartenant à des domaines très divers, voire divergents. Il est très difficile d'en faire le tour sans être un

---

5. Nous nommerons « apprenant » toute personne (enfant ou adulte) en situation d'apprendre à l'école ou hors de l'école.

spécialiste. Les plus pertinentes ont souvent été mises au jour dans des disciplines encore confidentielles comme les didactiques, l'épistémologie ou l'intelligence artificielle. Il est en outre difficile de s'en faire une idée claire, les informations glanées apparaissant contradictoires, voire paradoxales.

Nos systèmes éducatifs et culturels restent plutôt frustes, leurs méthodes des plus archaïques. Dans la vie de tous les jours, nous utilisons en moyenne seulement deux mille mots. On ne favorise pas suffisamment les apprentissages de la petite enfance. Un enfant de trois-quatre ans apprend les rudiments d'une langue en trois mois ou à se positionner dans l'espace en trois jours. Plus tard, ces acquisitions demanderont des années, pour un résultat souvent piteux.

Le cerveau présente d'énormes et étonnantes potentialités. Or, nous n'en n'utilisons encore que très peu. Nous n'exploitons encore qu'une infime partie de nos possibilités intellectuelles. Un chanteur d'opéra peut mémoriser cent mille notes pour une seule œuvre ; il peut enregistrer plus d'un millier de phrases dans une langue qui lui est totalement inconnue. Un organiste peut déchiffrer quatre partitions à la fois et effectuer simultanément des gestes différents avec ses quatre membres. Quand apprend-on à écrire des deux mains à la fois ou à entreprendre trois activités intellectuelles en même temps ?

Le cerveau peut travailler à travers une multiplicité de langages. Il peut en inventer de nouveaux pour divers usages, comme en informatique. Pourtant, nous changeons rarement d'idées au cours d'une vie. Au contraire, nous nous y accrochons. Certains apprentissages réalisés très jeune se maintiennent imperturbablement au cours d'une vie. Ils demeurent même très stables dans notre esprit, même s'ils nous condamnent à reproduire inexorablement la même erreur.

UNE ÉPOQUE PROTOHISTORIQUE

Ce livre sera l'occasion de faire le point sur l'apprendre, de rassembler des connaissances éparses, de fédérer des données disparates ou encore d'aller au-delà de contradictions apparentes.

À l'instar de notre potentialité, les questions abordées seront multiples. Nous verrons qu'apprendre apparaît rarement comme le résultat d'une simple transmission et qu'il est encore moins un simple conditionnement même si ces façons d'apprendre ne sont pas sans efficacité ; elles permettent des apprentissages limités et sont efficaces dans des conditions d'utilisation très strictes.

Ce livre ne pourra cependant pas faire un état exhaustif de la question ; les principaux travaux en sont d'ailleurs encore au stade protohistorique ! Nous nous contenterons d'évoquer quelques avancées récentes. Pour les mettre en perspective, nous avons été conduits à énoncer quelques idées. Nous avons surtout cherché à avancer une synthèse qui a d'ores et déjà rencontré une certaine estime auprès des spécialistes et des praticiens.

Les Anglo-Saxons, qui ont été les premiers à y trouver un intérêt, parlent actuellement de « allosteric learning model ». Puisqu'ils nous en accordent la paternité, nous traduirons ces termes par « modèle allostérique de l'apprendre » ou, plus simplement, « modèle allostérique »[6], bien qu'ils ne nous satisfassent pas pleinement parce que trop réducteurs. Nous préciserons ce que nous entendons sous ce vocable. Toutefois, l'important n'est pas là. L'important est que le tout – l'apprendre est pour nous un véritable système – soit porteur, qu'il fournisse de nombreuses propositions pratiques utilisables directement en classe ou dans les activités de médiation (musées, médias...).

SORTIR DES ÉVIDENCES

En fait, ce nouveau modèle allostérique traduit surtout un changement de paradigmes pour aborder l'apprendre. En aucune manière, il ne cherche une panacée en matière d'éducation. Si elle existait, cela se saurait...

Au contraire, il montre qu'il n'y a pas une seule façon d'apprendre. Il est tout aussi loufoque d'opposer méthodes directives ou non directives en sciences, méthode globale ou méthode syllabique en langue. Tout dépend de l'apprentissage à réaliser, de l'élève à qui

---

6. Le mot « allostérique » provient d'une métaphore que nous employons pour expliciter notre modèle. Il reprend une propriété de certaines protéines qui changent de formes, et donc de propriétés, en fonction de l'environnement. Par analogie, notre structure mentale fait de même, l'environnement conduit à réorganiser autrement nos idées.

on s'adresse ou du moment, ou encore de l'enseignant et de son niveau de formation.

Ce livre est ainsi l'occasion de mettre les pieds dans la fourmilière. L'éducation malheureusement n'a pas d'histoire. Elle oublie ses réussites, elle recommence sans cesse les mêmes erreurs. De nombreux enseignants vont partir à la retraite. Leur expérience va être gommée ; jamais elle n'a été évaluée et engrangée. Elle ne sera pas transmise aux plus jeunes. Pendant ce temps, de nouveaux « prophètes » très médiatiques réinventeront la roue ou l'eau tiède ! C'est selon... la mode ou le vocabulaire dans le vent !

Actuellement, la mode est aux modèles dits « constructivistes ». Il suffirait d'« éveiller l'élève » par quelques pratiques actives, d'un peu d'attention ou encore de mettre les « mains à la pâte » pour faire construire du savoir. Pourtant, depuis plus de vingt années, on sait que ces activités sont nécessaires et nettement insuffisantes ; elles apparaissent bien trop frustes pour provoquer l'apprendre. On sait aussi qu'il faut autant évacuer des savoirs peu adéquats que de s'en approprier d'autres. Mais le dogme ne peut être attaqué. Trop de noms de scientifiques prestigieux lui sont accolés. Dès lors, le constructivisme pur et dur résiste à toutes les réfutations, nous en reparlerons.

Pour avancer sur les chemins de l'apprendre, il faut modifier beaucoup d'évidences dans nos têtes, évidences qui nous limitent, voire nous empêchent de comprendre cet acte. L'apprendre commence par l'apprendre ! Apprendre est une fonction éminemment complexe, voire paradoxale. Une des grandes illusions des chercheurs qui ont travaillé sur cette capacité a été de croire qu'ils pouvaient en faire le tour au travers d'un seul modèle.

L'apprendre dépend à la fois de la neurobiologie, de la physiologie, de la biochimie, de la cybernétique, de la psychologie génétique, de la psychologie sociale, de la sociologie, de l'éthologie, de l'ethnologie, des sciences cognitives, de l'intelligence artificielle, des sciences de l'éducation, etc.

Mais cet éparpillement ne favorise pas la compréhension des processus mis en jeu. L'approche disciplinaire habituelle, favorisée par une tradition universitaire, montre nettement ses limites. Elle se trouve insuffisante pour affronter une question aussi complexe.

Chacun des modèles avancés dans une perspective interne – autoréférentielle à une discipline – ne décrit qu'un aspect limité, mais aucun n'est susceptible de fournir un modèle global suffisamment opératoire pour l'éducation ou la culture.

Notre façon d'approcher l'apprendre est tout autre. Elle se situe au point d'intersection de l'histoire du système de pensée d'un individu, des possibles offerts par les situations éducatives (ou culturelles) et des contraintes nées des propriétés du cerveau. Des approches transversales et systémiques sont mieux adaptées aux enjeux actuels. Tel est, en tout cas, notre pari.

Une métamorphose

Nous verrons ainsi que l'apprendre est d'abord une métamorphose... Les questions, les idées initiales, les façons de raisonner habituelles deviennent autres quand l'individu a appris. La compréhension d'un savoir nouveau est le résultat d'une transformation – souvent radicale – de la représentation mentale de l'apprenant. Son questionnement est complètement reformulé, sa grille de références largement réélaborée, sa façon de produire du sens n'est plus la même. Les mots eux-mêmes peuvent avoir changé de sens.

Ces mécanismes ne sont jamais immédiats, mais passent par des phases de conflits ou d'interférences. Tout est affaire d'approximation, de concertation, de confrontation, de décontextualisation, d'interconnexion, de rupture, d'alternance, d'émergence, de palier, de recul et, surtout, de mobilisation, nous y reviendrons longuement.

Et ce n'est pas tout. Seuls les apprenants peuvent élaborer leurs significations propres, compatibles avec ce qu'ils sont. En d'autres termes, l'élève n'est pas seulement « acteur » de son apprentissage. Il est « auteur » de ce qu'il apprend. On ne peut jamais apprendre à sa place. Qu'on soit enseignant ou parent, il faut bien s'y faire. Seul l'élève peut apprendre, et cela au travers des seuls moyens qu'il dispose.

Cependant, il n'est pas l'auteur unique et indépendant de ses savoirs. Toutes ses productions cognitives proviennent de l'environnement ; ou plutôt, elles sont le résultat d'une interaction avec l'environnement. Ce qui est fondamental pour l'apprendre, ce sont les multiples liens entre la structure de pensée de l'apprenant et les informations rencontrées qu'il peut glaner. Or, ces interactions ne sont pas jamais immédiates ou spontanées, mais doivent, le plus souvent, être médiatisées. L'Autre (un inconnu rencontré au hasard ou un professionnel – enseignant, médiateur) doit faciliter la production de sens de chaque individu, en l'accompagnant et en interférant avec ses conceptions.

Pas facile d'accepter un tel paradoxe. L'apprenant apprend par lui-même, au travers de ce qu'il est et de ce qu'il sait. On ne peut pas apprendre à sa place. Et pourtant il faut être bien présent car il ne peut apprendre seul. Etc. Tout cela peut heurter notre conception immédiate de ce que c'est qu'apprendre. Pourtant, il faudra bien s'y résoudre : l'apprendre est à ce prix. La place de l'école et le rôle de l'enseignant sont à repenser fortement en conséquence.

De plus, tout ne se joue plus seulement à l'école. Les médias, notamment les nouveaux multimédias – les divers CD et les réseaux de type Internet – les musées, les associations, les clubs et autres lieux de savoirs à inventer, ont leur rôle à jouer. De nouvelles professions liées à l'élaboration des savoirs et à leur médiation sont à développer.

Le but de ce livre n'est pas de réaliser un manuel de sciences cognitives avec un exposé systématique de toutes les théories ou courants de recherche. Cela est l'objet de nos cours et de nos séminaires et peut-être d'un prochain livre. Il n'est pas non plus question de « taper » sur les enseignants. Ce métier est un métier difficile, voire impossible, qui exige une dextérité et un sens de l'équilibre sans égal. Il n'est pas suffisamment reconnu car tout un chacun se sent une vocation d'enseignant. Or n'est pas professionnel qui veut en la matière ! Les capacités requises pour faire apprendre sont très pointues. Ce document a été préparé à l'usage d'un public élargi pour l'avertir à cet effet. Il propose les éléments à nos yeux les plus utiles, les plus opératoires, les plus interpellants, pour comprendre comment on apprend. Par quels cheminements passe-t-on ? Quels sont les processus en jeu ? Comment le cerveau génère-t-il cette capacité ? Quelle place accorder à la motivation, à l'action et au transfert de compétences ? Qu'en est-il de l'élève lui-même ? Pourquoi des enfants ou des adultes ne peuvent-ils apprendre ? Et comment peut-on faciliter l'apprendre ?

17

Toutefois, ce livre ne se limite pas à présenter des données factuelles, même si certaines d'entre elles sont totalement originales. Le projet de cet ouvrage est de les mettre en perspective. En premier, il cherche à avancer des solutions pratiques, ou plutôt des optimums car, comme dans tous domaines complexes, il n'y a pas de solution définitive ou permanente. Les enseignants, les formateurs, les étudiants en sciences de l'éducation, en psychologie ou en sciences humaines y trouveront ainsi de la matière pour leurs travaux ou pour préparer leurs cours.

Si un président de la République ou un roi se trouvait en manque d'idée pour un édifice qui marque son règne, je me ferais un plaisir immense de lui suggérer un temple, un arc de triomphe ou, plus modestement, des lieux à la gloire de l'apprendre. Je proclame d'autant mieux ma « foi » dans l'apprendre que j'ai été un véritable cancre dans ma jeunesse ! Et comme tous les cancres, je refusais de voir les immenses « bienfaits » de l'apprendre. Je me laissais aller dans le sens de la pente. Et pourtant...

CARNET DE BORD

Vous avez plusieurs façons de vous déplacer dans ce livre.

Vous êtes béotien sur l'apprendre?
Prenez le livre dans la suite proposée. Des notes en bas de page vous permettrons de préciser un point suivant vos intérêts.

Vous êtes spécialiste de l'apprendre?
Rendez vous directement à la deuxième partie. Vous y découvrirez comment dépasser le constructivisme habituel et un nouveau modèle sur l'apprendre, le *modèle allostérique*. Un petit tour sur le cerveau vous permettra de faire le point sur la question du soubassement nécessaire à l'apprendre.

Vous êtes pragmatique, parents ou enseignant?
Seule compte pour vous l'efficacité pédagogique. Démarrez par la troisième partie. Revenez le cas échéant à la seconde pour connaître les présupposés qui ont conduit à formuler des propositions pour enseigner ou médiatiser autrement.

PARTIE 1

APPRENDRE, OUI MAIS COMMENT ? ET POURQUOI ?

1

IMPORTANCE DE L'APPRENANT

∎

> « *Quiconque s'attache à écouter la réponse des enfants est un esprit révolutionnaire.* »
>
> Françoise Dolto,
> L'*Échec scolaire. Essai sur l'éducation*, 1989.

Seul l'individu peut apprendre ; on ne peut apprendre à sa place, n'en déplaise aux tenants de la simple transmission du savoir qui ressassent qu'«*il n'y a qu'à bien donner son cours pour que l'élève apprenne* ».

Voici quelque temps, un ministre de la République française (à nouveau à de hautes fonctions) voulut illustrer cette rude conception pédagogique. S'étant saisi d'une carafe, il s'exclama : «*Voilà le savoir !* »

Puis, désignant un verre, il proféra : «*Ceci est l'élève.* » Il versa, tout fier de préciser ce qu'enseigner veut dire. Las, emporté par son élan, il aspergea la table... Voilà ce qui arrive souvent quand on soutient qu'enseigner, c'est « dire » ou « montrer », et que l'on oublie que l'apprenant récupère très peu du savoureux savoir qu'on lui glisse dans le gosier.

Depuis un siècle, psychologues et épistémologues tentent de comprendre ce que veut dire être intelligent ou enseigner. Toutes sortes de pratiques on été testées. Mais après cent ans d'efforts, les explications sont toujours très partielles. Il y a maintenant près de vingt ans, une nouvelle direction de recherches, «les recherches en didactique», a commencé. Rien à voir avec l'ancien sens du mot, qui signifie plutôt «méthodologie scolaire», guère plus. Il s'agit de cerner l'acte d'apprendre dans toutes ses composantes. Ces travaux, qui passionnent les milieux économiques et dont s'inspire la formation des cadres, demeurent confidentiels pour le grand public, et les milieux éducatifs commencent tout juste à s'y intéresser.

ENSEIGNER N'EST PAS APPRENDRE

Un point, surtout, fait l'unanimité : l'absence de lien direct entre enseigner et apprendre. On savait que les élèves n'assimilent jamais tout ce que les professeurs enseignent. Autrement, l'idée d'une «moyenne», qu'il s'agit d'obtenir pour réussir aux examens ou aux contrôles, n'aurait jamais été inventée[1]... Ce que l'élève enregistre, le plus souvent temporairement, est tantôt un son, tantôt la forme sous laquelle l'information est dispensée. En résultent des distorsions cocasses. En histoire, les «ultimatums» deviennent des «ultimes atomes». En biologie, les «hormones» se métamorphosent en «chromosomes» ou en «neurones».

La lecture des notes de cours est tout aussi éclairante. Les phrases sont incomplètes, certains mots ne font que ressembler à celui qui a été dit, les données sont associées de façon burlesque. Il n'est pas rare de relever en géographie des perles comme : «*Les Pays-Bas cultivent des fleurs, du fromage et du poisson.*» ; «*Aux États-Unis, il y des conflits entre les races, par exemple entre les Noirs et les policiers.*» ; «*Dans le Massif central, le fromage de brebis le plus répandu est le fromage de chèvre.*»[2]

Mais foin du sottisier traditionnel ! Ces phrases, symptomatiques, traduisent un état de fait : l'école est devenue un rituel.

---

1. Cependant, on entend toujours dans la salle des professeurs, des enseignants se désoler : «*Je l'ai pourtant dit !*»
2. Source : René Bodenès, LDES.

IMPORTANCE DE L'APPRENANT

Qu'ont fait ces élèves ? Ils ont essayé de récupérer, tant bien que mal, ce qui leur paraissait constituer l'essentiel du discours de l'enseignant. Le contrat éducatif, tel qu'ils l'envisagent, repose sur la mémorisation de certaines notions, en vue d'une future interrogation. N'avons-nous pas tous mis en place des stratégies pour tenter d'y parvenir ? Pour tout avouer, la plus stupide que j'ai employée est en cours d'anglais. J'avais remarqué que l'enseignante nous faisait apprendre des listes de mots et nous interrogeait ensuite dans l'ordre. Le plus rentable... pour l'interrogation était de n'apprendre que les mots anglais sans chercher à mémoriser leur signification !

Dans d'autres cas, le sens commun joue des tours aux élèves, comme le prouvent les exemples suivants, toujours en géographie : *« Étant une terre au-dessous du niveau de la mer, les Pays-Bas peuvent construire de grands ports où d'énormes bateaux peuvent entrer sans peine. »* ; *« Les îles sont des bouts de continents qui flottent »* ou *« des morceaux de terre qui se sont éloignés de la côte. »* ; *« La Terre pèse de plus en plus lourd car il y a de plus en plus d'habitants. »* ou encore *« En montagne, les températures y sont humides. »*

Quand il est conçu comme une simple transmission, l'enseignement ne permet pas d'apprendre et peut même empêcher d'apprendre. Combien de personnes restent une vingtaine d'années, ou plus, avant de reprendre en main un roman ou de lire une poésie ? L'école les en a découragées. 80 % des individus se disent dégoûtés des sciences à l'école. Pour beaucoup, cette discipline n'est rien d'autre qu'un outil de sélection. Pour d'autres, elle conduit vers des démarches irrationnelles. Dans la vie courante, ces derniers ont tôt fait d'associer sciences et catastrophes écologiques ou sciences et chômage.

Toute une série de conceptions erronées sur l'apprendre, conceptions qui limitent ou entravent les pratiques d'enseignement ou de culture, expliquent ces dérives. Les enseignants eux-mêmes n'en sont pas exempts[3]. Bien qu'ils s'en offusquent quand on le leur fait remarquer, beaucoup d'entre eux confondent par exemple enseigner et informer.

---

3. Pas question non plus de faire un sottisier des enseignants. Les erreurs sont seulement répertoriées pour tenter de les dépasser.

Dans un bulletin d'informations, toutes les nouvelles sont d'importance égale pour la compréhension. Le journaliste peut les présenter dans n'importe quel ordre ou presque. Tout au plus les hiérarchise-t-il pour muscler l'audience. Par ailleurs, l'individu est prêt à les écouter et possède d'ordinaire toutes les données *ad hoc*. Son savoir est au mieux enrichi. Il note l'existence d'un nouveau pays, l'émergence d'une situation géopolitique inédite ou l'invention d'un procédé. Mais sa pensée n'est en pas fondamentalement transformée. Il ne fait que relier des données à une forme de pensée préexistante capable de les interpréter (au passage, notons que ce que le public enregistre est modeste : moins de 5 % des informations d'un journal télévisé...).

Quand il apprend, nous aurons l'occasion d'y revenir, notre cerveau élabore une conception de la réalité à partir des informations écrites, des images et des sons qu'il reçoit ou recherche. Schématiquement, cette conception fait appel par ailleurs à des formes de raisonnement, elle met en relation des données, infère des résultats, formule des hypothèses... L'ensemble sert à expliquer ce qui se passe, voire à anticiper ; bref, à organiser notre comportement.

Quand une certaine expérience ne paraît plus « tenir la route », qu'elle soit périmée ou inadéquate, notre cerveau rectifie son réseau conceptuel (le processus n'est que rarement conscient). Tirant parti de l'expérience, nous élaborons une autre conception nous paraissant plus appropriée, et qui pourra être mémorisée pour traiter ultérieurement des situations identiques.

LE DÉCALAGE DE L'ÉLÈVE

L'autre erreur, dans l'enseignement, quoique directement liée à la précédente, consiste à croire que les élèves possèdent des connaissances préalables suffisantes et un vocabulaire adéquat pour arriver à suivre les exposés. Arrêtons-nous un instant sur la manière dont un enseignant structure habituellement son cours. Bien sûr, il cherche des arguments pour faire « passer son message ». Mais il le fait en fonction de ses propres connaissances ; il recherche des données qui renforcent son système de pensée, certain que ce qui « marche » pour lui « marchera » pour ses élèves.

Pour traiter, par exemple, une notion aussi abstraite en histoire que « la mentalité des années 1900 »[4], il s'appuie sur des analogies et des exemples puisés dans les façons de vivre au Grand Siècle, à la Renaissance ou au Moyen Âge. Or, si l'amour courtois « parle » à un professeur, par exemple, il ne dit rien à un jeune de banlieue[5]. Pour qu'un argument ait du sens et fasse évoluer une pensée, il faut qu'il concerne l'élève, pas le maître.

Le vocabulaire, en tout premier lieu, pose problème. Dans un exposé d'économie, il est difficile d'éviter le jargon du spécialiste. Dès mot très habituels – pour l'enseignant – comme « importation » ou « exportation », « crédit » ou « débit » sont confondus par plus de la moitié des élèves ; et ne parlons pas de « taux d'inflation », de « masse salariale » ou de « PIB ». En sciences, tout ce complique encore. « Masse », « travail », « puissance », « force » et autres noms de la vie courante changent de sens quand ils relèvent du répertoire savant. Des mots encore plus simples peuvent devenir source de quiproquos. Dans un cours de diététique que je dispensais à des enfants de Genève, je souhaitais faire passer l'idée que le petit déjeuner est un « repas ». Après plusieurs tentatives infructueuses, nous avons compris pourquoi nous échouions. Un repas, pour ces enfants, n'est pas une prise de nourriture suffisante et équilibrée, mais suppose que la famille est rassemblée et que des couverts et des verres se trouvent sur la table. Dans certains cantons catholiques suisses de Romandie, la prière est même nécessaire ! Prendre une collation sur un coin de table, qui plus est seul, ne pouvait donc signifier « repas » dans leur esprit.

« Boire », autre exemple, est-ce manger ? Oui, en sciences. Mais pas dans la vie courante ! Même chose pour eau « pure », qui veut dire eau potable, en temps normal, quand en chimie, il s'agit d'eau sans sels minéraux, et en biologie, d'eau sans particules fécales et sans bactéries, mais qui peut contenir des sels minéraux... Quand prend-on conscience que boire un litre de Coca-Cola apporte l'équivalent énergétique de dix-sept morceaux de sucre ? Expliquer systématiquement le vocabulaire, user d'exemples significatifs tirés

---

4. En France, cours de première (17-18 ans).
5. Un tel sujet sans préparation horripile l'adolescent tant il le perçoit comme culturellement agressif. Cela ne signifie pas qu'il faille évacuer l'amour courtois. Bien au contraire, celui-ci doit cependant être situé par rapport à la réalité du jeune.

de la réalité vécue par les jeunes et choisir des analogies compréhensibles, voilà des exigences qu'aucun professeur ne peut ignorer, s'il veut que son cours porte ses fruits.

Autre erreur : croire que l'élève est capable d'organiser lui-même sa propre compréhension. En apparence, le modèle transmissif respecte la sagesse du célèbre adage : « *C'est en forgeant qu'on devient forgeron.* » En fait, l'élève ne « forge » pas réellement. La plupart du temps, il regarde l'enseignant façonner une pièce et la reçoit terminée. Son utilité ne lui apparaîtra que plus tard, si elle lui apparaît jamais... C'est l'enseignant et non l'apprenant, qui articule les idées, résout les contradictions et les incohérences, toutes opérations participant de l'élaboration de sens. Il réalise ce travail en préparant son cours, en découpant les savoirs jugés trop ardus et en traquant des arguments susceptibles de corroborer son message. En cherchant à faciliter l'apprentissage de ses élèves, il les prive involontairement d'un des aspects les plus didactiques de l'apprendre.

En outre, appliqué à la lettre, le modèle transmissif fait perdre progressivement à l'élève le goût du sens critique qui joue pourtant un rôle moteur dans l'apprendre. Sans compter qu'il stérilise l'imagination, la créativité et la faculté d'adaptation. L'élève finit par se complaire dans la passivité. Il n'est plus responsable de rien. Pour réussir, il lui suffit de mémoriser et de retrouver au plus vite ce qu'on lui demande. C'est pourquoi, quand on lui propose une autre manière de travailler, il s'érige en ardent défenseur du système !

À supposer que le vocabulaire soit pris en compte, et que l'élève maîtrise peu ou prou l'organisation des cours, l'enseignant n'en est pas pour autant au bout de ses peines ! L'individu qui apprend, répétons-le, n'est pas une page blanche sur laquelle l'enseignant vient déposer son savoir. Il décrypte les données d'un cours à travers une « grille » de lecture personnelle qui correspond à un ensemble d'explications et de modèles antérieurs.

Un exemple. En hiver, pourquoi met-on des vêtements de laine ? Explication spontanée : parce que la laine « chauffe ». La sensation de chaleur est assimilée à une propriété supposée de la laine. De même, pour expliquer ce qui se passe dans un récipient contenant un liquide mis en présence d'une source de chaleur, tout élève recourt immanquablement au même modèle empirique : de la «chaleur» est fournie par une source. La «chaleur» représente une sorte de «fluide» passant du corps le plus chaud au corps le plus froid. Dès lors, l'échauffement d'un liquide dans un récipient dépend, pour l'élève, du type de récipient utilisé et de l'influence de la «chaleur» sur ce dernier. Il dira : *«La chaleur pénètre facilement»* ou *«la chaleur entre difficilement»*. Et, s'agissant de refroidissement : *«Ce récipient garde plus longtemps la chaleur»*, ou *«ce récipient empêche la chaleur de passer»*. *«Elle (la chaleur) réchauffe plus vite le (récipient en) métal que le bois.»* De même, il avancera que *«l'aluminium est mauvais conducteur pour la chaleur»* ou que *«la laine garde la chaleur plus longtemps»*, sans établir de relation avec ce qu'il avait énoncé pour le pull-over.

Si ce modèle peut expliquer des situations complexes, et même prévoir, il reste plus partiel que le modèle scientifique. Face à une explication à trouver pour indiquer ce qui se passe l'hiver quand on ouvre la fenêtre, on entendra : *«Le froid rentre.»* Un nouveau modèle, le froid, est ainsi convoqué, en lieu et place de la chaleur. Pourtant, le premier fait l'affaire : on peut chauffer une maison avec de l'eau glacée ! Il suffit de «pomper» l'énergie contenue et de rejeter de l'eau encore plus froide. C'est le principe de la pompe à chaleur. Mais le sens commun peine à l'accepter. Nous continuons à penser comme au XVIIe siècle, où l'on expliquait la température en additionnant «des degrés de froid et des degrés de chaud».

Autre exemple, relatif à la fécondation et au rôle respectif du spermatozoïde et de l'ovule. Pour les uns, ce dernier joue le rôle principal parce qu'il contient le «germe» du bébé. Pour les autres, le rôle prépondérant est dévolu au spermatozoïde. L'ovule intervient, mais uniquement en tant que réceptacle dans lequel le spermatozoïde va trouver nourriture et protection. Pareille conception contient, en creux, des interrogations plus larges : comment deux éléments aussi dissemblables qu'un ovule et un spermatozoïde coopèrent-ils pour former un embryon ? Comment deux structures si dissemblables peuvent-elles donner vie à une troisième ?

La permanence et la régularité de telles réponses ne laissent pas d'intriguer. Présentes dès la plus jeune enfance, on les retrouve, telles quelles, dans la tête de nos décideurs ! De quoi s'interroger sur l'utilité de l'enseignement ou des émissions de télévision ! En ne prenant pas en compte la façon de penser de l'apprenant, l'école produit un discours décalé. Du coup, les conceptions initiales se maintiennent, et ressortent inchangées des pratiques scolaires.

LES CONCEPTIONS DE L'APPRENANT, UN POINT DE DÉPART

La prise en compte des conceptions de l'apprenant doit impérativement devenir le point de départ obligé de tout projet éducatif. Cela nous a conduits à explorer, puis à catégoriser, depuis plus de vingt ans, les idées des enfants et des adultes. Ces études ont servi à recenser les obstacles que peut rencontrer l'enseignant, et à mieux l'aider à «penser» sa classe. Avant d'entamer un cours, quelques questions s'imposent, pour dresser une sorte d'état des lieux du public: «*Qu'est-ce que les élèves ont envie d'apprendre sur le sujet? Qu'est-ce qui les préoccupe? Qu'ont-ils déjà en tête? Comment se représentent-ils le phénomène ou la question? Sur quoi puis-je m'appuyer pour les faire avancer?*» Faute de quoi, rien ou pas grand chose ne «passera». L'enseignant se fera plaisir en troussant un bel exposé, mais le résultat, en termes d'apprentissage, sera nul, à tout le moins superficiel. Les conceptions anciennes, très tenaces, se maintiendront.

Que ces dernières ne se laissent pas facilement bousculer est normal. Elles se sont constituées depuis la plus petite enfance et se sont «enrichies» au fil des années. Et puis, elles ont pu s'avérer suffisantes, en certaines circonstances, pour réaliser une action ou prendre une décision, sans trop de désagréments.

Paradoxalement, cette rigidité vient du fait que ces conceptions sont très... plastiques. Elles s'adaptent aisément à ce qui est dit pour maintenir en place la structure de pensée. Au pire, l'individu n'entend pas... En d'autres termes, on n'apprend que ce qui nous fait plaisir ou que ce qui renforce nos convictions; en fait, ce que l'on connaît déjà. Mais si on le connaît déjà, il n'y a pas d'apprentissage. C'est cet autre paradoxe qu'il s'agit de résoudre. Cela signifie que l'on n'apprend qu'en prenant appui sur ses conceptions, conceptions qu'il importe, dans le même temps, de modifier. S'il n'était question que d'apprendre pour mémoriser, ces difficultés, ces insuffisances et ces erreurs seraient sans importance. Or, nous avons des choix à faire, nos vies se décident, nos conceptions se dessinent !

2

PETITE HISTOIRE DES IDÉES SUR APPRENDRE

■

> «*Comprendre est aussi important pour chacun d'entre nous qu'aimer.*
> *C'est une activité qui ne se délègue pas.*
> *Nous ne laissons pas à Casanova le soin d'aimer.*
> *Ne laissons pas les scientifiques comprendre à notre place.*»
> Albert Jacquard, *Au péril de la science*, Éditions du Seuil, 1985.

Apprendre, soit, mais comment? Quand on observe l'enseignement – il en est quasi de même pour la médiation du savoir hors de l'école – trois grandes traditions s'imposent, et s'opposent. La première décrit l'apprendre comme un simple mécanisme d'enregistrement. Effectuée par un cerveau «vierge», disponible et toujours attentif, l'acquisition d'un savoir est tenue pour le fruit direct d'une transmission. Dans l'enseignement, cette conception prend le tour d'une présentation routinière d'un ensemble de données cohérentes. Il suffit, pense-t-on, que l'enseignant explique clairement, progressivement, et recoure à de judicieuses illustrations pour que les connaissances se gravent automatiquement dans la tête de l'élève. Au musée, c'est l'habituelle exposition d'objets ou de documents, agrémentée de panneaux explicatifs.

Cette pédagogie « empirique » – on dit encore « frontale » – suppose seulement une relation linéaire entre un émetteur détenteur d'un savoir (enseignant, journaliste, muséologue) et un récepteur mémorisant docilement les messages (élève ou grand public).

La deuxième tradition repose sur un entraînement élevé au rang de principe. Tout est affaire en fait de conditionnement. L'enseignant (le médiateur) divise la tâche en unités correspondant à autant d'activités et conçoit des situations accompagnées d'un questionnement propre à stimuler la réussite de l'élève. L'apprentissage est encore favorisé par des « récompenses » (renforcements positifs) ou ponctué de « punitions » (renforcements négatifs). Dûment conditionné, l'individu finit, du moins devrait finir, par adopter le comportement prévu, celui qui lui évite les coups de règle sur les doigts. Des expositions à base de situations appelées « presse-bouton », comme au Palais de la Découverte, à Paris, ou au *Lawrence Hall of Science* de Berkeley, reposent sur ce principe. C'est encore lui qui a été mis en pratique, grâce aux développements récents de l'informatique, dans l'enseignement programmé, puis l'EAO (Enseignement assisté par ordinateur) dans les années quatre-vingt.

La troisième tradition relève d'une pédagogie dite « de la construction ». Elle se nourrit des besoins spontanés et des intérêts « naturels » des individus, prône la libre expression des idées, le savoir être, la découverte autonome, le tâtonnement. L'élève ne se contente plus de recevoir des données brutes mais les recherche, les sélectionne. L'important est qu'il regarde, compare, raisonne – quitte à se reprendre s'il se fourvoie – invente et enregistre...

Ce modèle éducatif a servi de référence à l'ensemble du mouvement des pédagogies nouvelles. Pestazolli, Froebel, Ellen Key, Kerschensteiner, Decroly, Montessori, Ferrière et Freinet, autant de pédagogues novateurs du début du siècle s'en sont inspirés. La *Jugendkultur* de Gustav Wyneken, avec le gouvernement des enfants, la méthode Winnetka, les écoles de Roches de Demolin, l'école des Petits à Genève, les diverses méthodes dites « actives », de « découverte », la pédagogie de la « redécouverte » ou « d'investigation » exploitent cette forme de construction du savoir. De nombreux lieux d'investigations pour enfants, comme le *Children Museum* de Boston ou la Cité des Enfants de la Villette à Paris, ont également puisé dans ce modèle.

Une pensée emblématique

Avec un peu de recul, on constate que chacune de ces trois « écoles » renvoie à une théorie philosophique de la pensée emblématique. La pédagogie empirique remonte à John Locke. Dans son livre *Essai sur l'entendement humain* (1693), le penseur anglais présente l'idée – révolutionnaire pour l'époque – que nos images, nos pensées, sont le surgeon de nos diverses expériences. À l'opposé des rationalistes, qui ne juraient que par la raison innée (le monde des idées de Platon que tout individu rencontrerait avant sa naissance), le cerveau est pour lui une *tabula rasa*. Par opposition à Descartes, il le décrit comme « une pièce sans meubles ». Il reprend en cela une formule chère à Aristote : « *Rien n'existe dans la conscience qui n'ait existé dans les sens.* » En d'autres termes, notre mémoire est aussi vide qu'un tableau noir avant que le professeur ne commence son cours. Le philosophe français Condillac popularisera cette idée en éducation. Son livre *Cours d'études* (1775) célèbre l'observation comme base de tout enseignement. Adoptée par la plupart des pédagogues des XVIIe et XVIIIe siècles, cette proposition va se généraliser, hélas sous la forme d'un dogme oublieux de l'expérience concrète louée par Locke et de l'avertissement de Condillac mettant l'accent sur l'importance d'une multiplicité de sens (seule fut retenue sa métaphore malheureuse comparant l'enfant à une « cire molle », et sous-entendant que tout est affaire « d'empreintes »).

L'éducation reconnue

Dès lors, l'enseignement « classique » est sur des rails, qu'il ne quittera plus. Pour apprendre, il suffit que les sens de l'élève (son oreille dans un premier temps, puis ses yeux) soient en situation de réception. Le rôle du maître est fixé : à lui d'exposer, aussi clairement que possible, et de façon progressive. Si l'élève ne comprend pas, c'est qu'il fait preuve de mauvaise volonté ou, pire, de « paresse ».

Enrichie par les premières théories de la communication, avec les propos respectifs des célèbres communicateurs Claude Shannon et Roman Jacobson, cette conception a presque monopolisé l'enseignement et la médiation. D'autant que trois postulats répétés à

33

l'envi lui ont conféré tout son poids. L'un stipule la neutralité de la pensée de l'élève, censé pouvoir enregistrer, telle quelle, l'expérience d'autrui. Ses convictions initiales sont sans importance. Le discours du maître saura les corriger. L'échec peut être évité, pour peu que l'élève travaille assidûment et adopte l'attitude requise. Et puis, les sanctions sont là pour remettre les récalcitrants dans le «droit chemin».

Le deuxième postulat concerne la transparence dans la transmission des connaissances. L'enchaînement des notions doit être bien pensé par l'enseignant, et les difficultés graduées. Ce que l'on attend d'un élève «moyen» est qu'il «joue le jeu». De la sorte, il comprendra sans rencontrer d'obstacles.

Le dernier postulat envisage la mémorisation de chacune des informations, traitées séparément, et leur organisation dans un tout garantissant une cohérence. Le maître imprime ses idées dans la tête de l'élève, qui les enregistre. À l'occasion, exercices de mémorisation et séances pratiques viennent renforcer l'enregistrement.

Cette conception empirique de l'apprendre peut s'avérer très efficace. Toutefois, son mode d'emploi est féroce : le message n'est entendu que s'il est attendu. Pour que cette forme de communication directe «paie», apprenant et enseignant doivent se poser le même type de questions, partager le même cadre de références (vocabulaire compris), la même façon de raisonner et donner un même sens aux choses. Seulement, ces conditions sont rarement présentes dans l'enseignement. Le décalage entre l'élève – ou le grand public, car cela est tout aussi valable en matière d'exposition ou de film – et le savoir est le plus souvent immense. En sciences et en technologies, les individus sont à cent lieues des préoccupations du monde scientifique. Même chose en littérature ou dans les arts, avec les transformations conceptuelles ou minimalistes qu'ont connues ces domaines. Seul un public averti parvient à en pénétrer le message.

Résultat : non seulement le prétendu récepteur n'apprend pas, mais il se décourage et finit par se détourner de la connaissance. Toutes les évaluations effectuées en Europe et aux États-Unis le confirment. L'erreur – une de plus – a été – et reste – de croire que la structure de pensée de l'apprenant fonctionne à l'identique d'une bande magnétique. Or, il ne peut jamais mémoriser le stimulus lui-même, et le stimulus enregistré ne modifie pas fondamentalement sa pensée. L'élève engrange ce qui a du sens pour lui, par rapport à l'idée qu'il se fait de ce qu'il a à faire, avec ce qui lui est dit[1] !

Le conditionnement opérant

D'inspiration plus tardive, la seconde tradition, celle du conditionnement, est le fruit des travaux du physiologiste russe Pavlov. Ce spécialiste de la digestion avait constaté que son matériel d'expérience, en l'occurrence un chien, se mettait à saliver, non quand on lui présentait de la nourriture – le réflexe normal – mais lorsqu'il sonnait avec une cloche son préparateur pour qu'il apporte la pitance. Le chien, conditionné[2], associait un deuxième stimulus neutre (un son) au premier (la nourriture). D'inconditionnelle, la réponse devenait conditionnelle. D'où l'expression « réflexe conditionné ».

L'« invention » de ce comportement fut à l'origine, aux États-Unis, d'un vaste mouvement de recherche expérimentale sur l'apprentissage. Mouvement conduit, entre autres, par Edward Lee Thorndike, qui se fera connaître en 1911 pour ses travaux sur l'apprentissage des chats affamés par essais et erreurs, et surtout par John Broadus Watson, spécialiste de psychologie animale de l'université Johns-Hopkins, qui théorisa la question dès 1913. Ce courant fut repris et développé par deux autres psychologues outre-Atlantique, Jean. A. Holland et Burrhus Skinner, lequel forgea le vocable de « behaviorisme » (de l'anglais *behavior*, comportement) et montra, en travaillant sur les rats, qu'une réponse arbitraire, sans lien physiologique préétabli, contrairement à Pavlov, peut se maintenir grâce à un renforcement : le rat reçoit de la nourriture. Pour lui, ce conditionnement « opérant » – puisque le sujet agit sur le milieu – rend compte de la majorité des conduites acquises.

---

1. On peut parfois rencontrer pire : la pédagogie dorsale ! Combien d'enseignants dispensent leur cours, au tableau noir dos à la classe. Combien de guides partent, bille en tête, sans que leur audience n'arrive à les suivre.
2. Pour la petite histoire, le chien n'avait pas été conditionné au son, mais au préparateur. L'excitant neutre était le préparateur ! Cela n'empêcha pas Pavlov de recevoir le prix Nobel de médecine en 1904.

Dès que la pédagogie se fut emparée de la théorie, les succès immédiats constatés pour certains apprentissages simples laissèrent présager une efficacité sans limite. Son pragmatisme, surtout, séduisait. Car cette théorie stipule que l'on ne peut accéder directement aux états mentaux des individus, inobservables et encore inexplicables dans le cadre d'un déterminisme neurologique classique. Comment, de fait, réduire la pensée au seul fonctionnement biochimique des neurones? Il semble plus réaliste de s'intéresser aux «entrées» et aux «sorties» plutôt qu'aux processus mentaux. Le cerveau est assimilé à une «boite noire», ce qui ne veut pas dire, loin s'en faut, qu'il ne puisse être «influencé» de l'extérieur. La théorie montre non seulement qu'on peut l'influencer, mais que des situations bien précises permettent d'obtenir les effets escomptés.

Dès lors, pourquoi s'en priver? La méthode est simple: définir les connaissances recherchées; élaborer des situations (tâches, activités, propositions...) pour reproduire certains comportements; les soumettre à l'élève. Reposant sur une mécanique de type «stimulus-réponse», puis de style essais-erreurs, ces pratiques qui permettent l'acquisition d'automatismes non négligeables vont se développer dans les années cinquante et jouer un grand rôle dans la «pédagogie de la réussite». Par ailleurs, ce mouvement présentait le mérite d'obliger l'enseignant à s'extraire de son propre discours pour se centrer sur l'élève; à s'interroger sur la nature de la tâche demandée et à la décortiquer pour définir des objectifs intermédiaires; à inventer d'autres situations d'apprentissage pour permettre à l'élève de réussir, à relativiser l'erreur dans l'éducation. Il ne s'agit plus de sanctionner ou de répéter. Des remédiations – c'est-à-dire de nouvelles situations pédagogiques – sont mises en place pour que l'élève dépasse l'obstacle. L'évaluation y a puisé également ses origines, et le souci d'efficacité a conduit les psychologues behavioristes à repérer l'efficacité des situations choisies.

Ce modèle est aujourd'hui la cible de multiples critiques. Les neurophysiologistes lui reprochent de ne s'intéresser qu'aux comportements, et de snober le mental. L'environnement y est roi, l'apprenant secondaire. Les présupposés, les croyances, les intentions et les désirs de l'élève (ou du grand public) ne sont pas – ou peu – pris en compte. Or, ces derniers sont autant de facteurs limitants.

L'approche, autre point faible, est prioritairement analytique. Le psychologue behavioriste[3] décortique les apprentissages complexes en unités élémentaires et les met en correspondance, les uns après les autres, avec un stimulus externe. L'enseignant se trouve rapidement face à un trop grand nombre d'objectifs simultanés, impossibles à gérer. Enfin, tous les apprentissages sont mis sur le même plan et dans un ordre linéaire, celui dans lequel l'apprenant les aborde. En butte à trop d'obstacles, l'élève n'a pas l'impression de progresser.

Apprendre n'est ni un processus accumulatif ni un phénomène linéaire. Passer d'une acquisition locale à un ensemble, puis d'un ensemble d'acquisitions partielles à une mobilisation coordonnée de procédures gérées consciemment est délicat. Les transferts d'une situation d'apprentissage particulière à une situation professionnelle ou de vie restent très imparfaits[4].

LA PÉDAGOGIE DE LA CONSTRUCTION

La troisième tradition, la pédagogie de la « construction », prit son essor grâce à Emmanuel Kant, à la fin du XVIIIe siècle. Dans sa *Critique de la raison pure* (1781), le citoyen de Koenigsberg soutient, à l'instar de Locke, que le savoir émane des sens. Toutefois, il n'évacue pas la raison. La conscience – comme on appelait alors la pensée – n'est pas une feuille blanche sur laquelle viendraient s'inscrire, de façon passive, les impressions captées par nos sens : elle seule peut interpréter ce que nous percevons du monde. La pensée dépend de ce matériau sensible, et réciproquement.

Une orientation qui changeait tout et permettait de dépasser le combat stérile qui opposait les empiristes (majoritairement anglais) aux rationalistes (volontiers continentaux), parmi lesquels se recrutaient le philosophe français Descartes, le Hollandais Spinoza et l'Allemand Leibniz. Repris par la psychologie de la fin du XIXe siècle, le mouvement, qui s'est amplifié depuis sous le vocable de

---

[3]. On peut dire également « béhaviourisme » en français.
[4]. Cette pratique pédagogique ne sera abandonnée que très récemment, lorsque les pilotes rencontreront de gros problèmes avec l'introduction des ordinateurs de vol. Un simple conditionnement ne permet pas de faire face aisément aux situations nouvelles ou complexes.

« constructivisme », accorde un rôle très important au « sujet connaissant ». Les connaissances préalables et l'activité constituent les facteurs déterminants de l'apprendre. Le développement cognitif en dépend.

L'émergence des sciences cognitives a, par la suite, permis de parler de « cognitivisme ». Au vrai, ce courant comporte d'innombrables ramifications. Nous n'évoquerons ici que trois de ces variantes. Deux psychologues américains, Robert Mills Gagné et Jerome Seymour Bruner mettent l'accent sur les « associations » à établir entre les informations externes et la structure de pensée. Toute perception « réussie » est, à leur estime, une catégorisation. Apprendre renvoie à la capacité de distinguer des attributs – « une pierre est une forme, une couleur, un poids et une substance » – et à sélectionner ce que l'on retient. La démarche, au final, rompt autant avec l'enseignement magistral qu'avec l'enseignement behavioriste. Ses promoteurs souhaitent mettre en œuvre des situations plus significatives et plus variées pour permettre à un plus grand nombre d'élèves de construire un savoir.

Un autre Américain, David Ausubel, en dit plus sur les associations à établir. Proposons, soutient-il à la fin des années soixante, des énoncés supérieurs à ce qui doit être appris, plutôt que de prétendre faire découvrir ces énoncés spontanément à l'élève. L'important consiste à dresser des « ponts » cognitifs entre les énoncés et ce que l'élève connaît déjà. Pour ce faire, l'enseignant doit s'appuyer sur un « apprentissage significatif » et favoriser l'éclosion d'une nouvelle structure mentale où s'incorporeront les connaissances.

Jean Piaget (et, dans son sillage, l'école piagétienne de Genève) situent l'apprentissage dans le prolongement direct de l'adaptation biologique et utilisent des métaphores et un vocabulaire tirés de la biologie de l'évolution. Tout organisme, soutient-il, intègre à ses propres structures ce qu'il prend de l'extérieur. Il en va exactement de même pour les informations récupérées par ses perceptions. Le processus s'accompagne en retour d'une « accommodation ». Sur le plan biologique, l'opération entraîne une modification des organes. Sur le plan cognitif, les instruments intellectuels s'adaptent pour amalgamer les nouvelles données. Pour Piaget, de plus, le système cognitif est auto-organisé. Il évolue vers des états d'équilibre, du seul fait qu'il fonctionne. Si le sujet veut assimiler un savoir, il doit être capable d'accommoder en permanence son mode de pensée aux exigences de la situation. Partant, l'évolution de la pensée se traduit par des changements dans les opérations mentales que les enfants sont capables de mettre en œuvre. La formation des concepts est ainsi subordonnée au développement des opérations mentales.

UNE ACTIVITÉ DU SUJET

Ces premiers modèles constructivistes ont eu le mérite de montrer qu'apprendre ne doit plus être considéré comme le résultat d'empreintes laissées par des stimulations sensorielles sur l'esprit de l'élève, un peu comme le fait la lumière sur une pellicule photographique. Cette capacité n'est pas, non plus, le résultat d'un conditionnement opérant dû à l'environnement. Apprendre procède de l'activité d'un sujet, que sa capacité d'action soit effective ou symbolique, matérielle ou verbale. Elle est liée à l'existence de « schèmes mentaux », c'est-à-dire de structures de pensée très caractéristiques, comme le confirment les études en didactique, une nouvelle direction de recherche qui prend son essor dans les années soixante-dix.

Cette approche psycho-pédagogique va montrer même que les « représentations »[5] – comme on les appelait – s'avèrent extrêmement résistantes à toute forme d'enseignement. Elles perdurent même chez des étudiants avancés et chez les adultes, et organisent durablement la pensée. Elles sont donc à prendre en compte dans l'enseignement si l'on souhaite une certaine efficacité.

En revanche, les modèles constructivistes pêchent quand il s'agit de décrire la subtilité des mécanismes intimes de l'apprendre. Tout ne dépend pas des seules structures cognitives générales, au sens où l'entendait Piaget. Soumis à des contenus inhabituels, des étudiants ou des chercheurs rompus au formalisme logico-mathématique peuvent se mettre à raisonner comme des enfants de 7 ans. Plus les situations sont éloignées de savoirs maîtrisés, et plus les

---

[5]. Depuis on préfère parler de « conceptions » pour éviter les multiples connotations que ce premier mot a pris en psychologie *Cf.* A. Giordan et G. de Vecchi, *Les Origines du savoir*, Éditions Delachaux, 1987.

individus – y compris les supposés experts – se rabattent sur des stratégies de raisonnement primitives.

De même, tout ne résulte pas d'un processus interne. Le psychologue (ex-)soviétique Semenovitch Vygotsky[6], notamment, nuance les propos de Piaget en accordant plus d'importance à l'environnement. L'action sur les objets suppose à ses yeux une médiation sociale, c'est-à-dire une relation avec autrui. Et les interactions avec des partenaires plus compétents ne constituent pas un frein au développement de la pensée. Les activités menées avec des adultes, par exemple, peuvent faciliter la mise en relation des actions et l'expression de leur signification.

LES LIMITES DU CONSTRUCTIVISME

Ce que régit l'apprendre n'est pas seulement un mode opératoire, mais une « conception » de la situation. Interviennent à la fois un type de questionnement, un cadre de références ou des façons de produire du sens... En se limitant à décrire des fonctionnements généraux et des états d'équilibre (les « stades »), les modèles constructivistes ne rendent pas compte du traitement des situations spécifiques par les apprenants ou toutes les inférences qu'ils peuvent faire à partir des informations dont ils disposent.

Cette dernière critique a conduit des théoriciens à formuler des hypothèses annexes. Jerry Fodor, par exemple, suppose des systèmes de traitement indépendants, appelés « modules », à l'origine d'études distinctes sur la perception, la mémoire ou le langage. De leur côté, le mathématicien californien Allen Newell et l'économiste Herbert A. Simon ramènent le fait de penser à un « traitement de l'information », partant, à la manipulation de symboles.

L'irruption de l'informatique, couplée à l'analogie « cerveau-ordinateur », a permis de déboucher sur un autre grand succès d'estime : l'intelligence artificielle. Sur le terrain de l'apprendre, hélas, ses apports côtoient le néant. L'ordinateur a beau se distinguer dans l'exécution de tâches répétitives ou d'exercices comportant une

---

6. Vygotsky en déduit l'existence d'une « zone proximale de développement » dans laquelle les apprentissages sont possibles quand ils sont favorisés.

solution décelable par des algorithmes, il peine à résoudre des problèmes complexes. Lacune fâcheuse, tant la pensée humaine réside surtout dans sa capacité à élaborer des représentations adéquates d'une situation et à prévoir des évolutions possibles.

Les « représentations mentales » – un moment délaissées – ont toutefois été remises au centre des débats, relayées en cela par le « connexionnisme ». Dans cette approche, les états mentaux de l'apprenant deviennent les propriétés émergentes de son système neuronal. Un lien peut être désormais établi entre les psychologies, la didactique, l'informatique, la neurologie et les psychophysiologies. Espérons que ces liens deviennent rapidement féconds, car les territoires sont encore bien délimités et les « électrons libres » regardés d'un mauvais œil...

APPRENDRE ET AFFECTIVITÉ

Autre chose : le constructivisme isole l'individu apprenant, au point d'ignorer, parfois, que le développement prend place dans une société. Or, l'expérience se construit dans un environnement à la fois physique et social[7]. À trop mettre l'accent sur les seules capacités cognitives, on rabougrit la place et le rôle du milieu. Seuls le psychologue parisien Henri Wallon et d'une certaine manière Bruner et, aujourd'hui, les psychosociologues de l'école post-piagétienne, s'y sont intéressés, via le travail de groupe. L'enfant y apprend à agir sur son environnement. Dans ses activités d'apprentissage, il peut interagir avec d'autres et en profiter pour modifier ses idées. Il peut surtout activer divers systèmes de signification, grâce à la médiation sociale qu'offrent les livres et les autres médias. Le milieu culturel contribue à donner du sens aux situations. Il lui fournit, on y reviendra, nombre de facilités ou d'aides pour penser.

Quant à la sphère affectivo-émotionnelle, si elle n'est niée par personne, elle n'a pas non plus été prise en compte, faute de modèle explicitant ses liens avec le cognitif[8]. Pourtant, les sentiments, les

---

7. Vygotsky affirme que les capacités apparaissent d'abord en situation interindividuelle avant d'être intériorisées.
8. Et faute de rencontres entre les disciplines respectives retranchées dans leur territoire.

désirs, les passions éventuelles jouent un rôle stratégique. Rien n'est neutre dans l'appropriation des compétences. L'apprendre est le moment par excellence où se déploient les émotions. Le désir, l'angoisse, l'envie, l'agressivité, la joie, le plaisir, le dégoût, etc., sont transversaux à l'acte d'apprendre. Qui n'a jamais étudié pour faire plaisir à son enseignant ? Qui n'a pas maintenu mordicus une conception pour ne pas paraître faible dans un groupe d'études ? Par ailleurs, un des projets de l'enseignement ou de la médiation n'est-il pas de « faire passer » les élèves ou le grand public de « l'apprendre pour faire plaisir » au « plaisir d'apprendre » ? Une telle dimension ne peut plus être occultée, ou considérée comme une simple « facteur limitant ». Bref, l'émotion doit être totalement intégrée dans l'apprendre. Elle est un des paramètres qui constituent cette capacité.

En route vers le déconstructionnisme !

Rien n'est ni simple ni immédiatement accessible dans l'apprendre. L'appropriation d'un savoir ne se réalise pas de façon automatique. L'abstraction « réfléchissante », c'est à dire l'intériorisation de l'action, l'un des mécanismes les plus élaborés proposé par Piaget – puisqu'elle implique des rétroactions – est une vue trop optimiste, disons idéalisée. L'apprendre, irréductible à un seul modèle, implique des mécanismes multiples.

Pour les apprentissages de concepts ou de démarches, entre autres, une nouvelle information s'inscrit rarement dans la ligne des savoirs maîtrisés. Le savoir en place rejette toutes idées qui ne sont pas en syntonie[9]. Parfois, l'apprenant peut tout simplement ne pas entendre. Comme le dit le bon sens : « *Ça rentre par une oreille et ça sort par l'autre !* » Il peut aussi décoder le message mais ne rien en faire. L'information reçue ébranle trop sa perception du monde, il préfère renoncer. L'apprenant peut encore l'enregistrer, mais ne jamais le mobiliser à nouveau. Le savoir mémorisé ne permet pas de répondre de façon adaptée à son environnement. L'individu peut même faire cohabiter deux registres de savoirs et les utiliser séparément, suivant les domaines ou les lieux. Il est très fréquent de repérer, en classe, des

---

9. En d'autres termes, quand le capteur et l'émetteur ne sont pas sur la même longueur d'onde.

élèves capables d'utiliser certaines formules mathématiques ou d'appliquer certaines consignes techniques, mais qui, dans la vie quotidienne ne s'aperçoivent pas des correspondances entre les notions apprises.

Une déconstruction des conceptions de l'apprenant devient une étape préalable. Le premier à l'avoir suggéré est le philosophe français Gaston Bachelard. Dans les années trente, ce dernier a pris plaisir à décrire dans ses multiples ouvrages nombre d'obstacles épistémologiques. Pour lui, il s'agissait chaque fois d'empêchements à l'acquisition d'une démarche scientifique. Ces obstacles présentent un certain cousinage avec le «sens commun»[10]. N'empêche, il doit se résoudre à constater que c'est ce sens commun qui permet à tout un chacun de se mouvoir et d'agir dans la vie quotidienne. Une voie lui paraît obligatoire si l'on souhaite que l'élève apprenne : dépasser le sens commun. Pour lui, il ne s'agit jamais *«d'acquérir une culture [...], mais bien de changer de culture. Que faire, sinon renverser les obstacles amoncelés par la vie quotidienne»*. Sa proposition débouche sur une pédagogie de la «rectification» des conceptions préalables. En fait, elle s'avère plutôt une pédagogie de l'«élimination»[11].

Or, contrairement à ce que suggère naïvement Gaston Bachelard, cette démarche est impossible dans la pratique. Pour toutes sortes de raisons, l'apprenant ne se laisse pas facilement déposséder de ses opinions et de ses croyances. Elles se révèlent autant de compétences. Construction et déconstruction ne peuvent être que des processus interactifs. Le nouveau savoir ne s'installe véritablement que quand il a fait ses preuves. De plus, le savoir antécédent doit apparaître périmé... Entretemps, le savoir antérieur – le sens commun – seul outil à disposition de l'apprenant, a servi de cadre interprétatif.

Ultime limite – pour l'heure – des modèles constructivistes : leur silence, s'agissant du contexte et des conditions qui favorisent l'apprendre. Pour qui se préoccupe d'éducation ou de médiation, il n'est guère de plus grande frustration. Mais on ne peut leur en vouloir, telle n'est pas leur préoccupation... Un modèle psychologique

---

10. Pour Bachelard, il devenait délicat de les laisser de côté, contrairement à ce que supposent toujours les pédagogies habituelles.
11. Il est très difficile de préciser ce que peut être cette pédagogie dans la classe. Bachelard, comme tout philosophe, ne cherche pas à concrétiser sa pensée !

a pour fonction d'expliquer les mécanismes cognitifs, non d'envisager le travail d'un enseignant ou d'un médiateur. Sur ce plan, Piaget a toujours affiché la plus grande honnêteté.

Et puis, les questions de pédagogie pratique ne permettent pas de « belles » recherches. Les situations qui se déroulent dans une classe ne sont pas de tout repos. Trop d'éléments interfèrent. Il est difficile de sophistiquer son travail, comme on peut le faire dans un laboratoire. On trouve ainsi très peu de données, immédiatement accessibles, pour organiser ses actions éducatives.

Au mieux peut-on relever l'idée de « maturation », mais elle est frustrante pour l'enseignant, puisque le facteur qui détermine l'apprentissage est le développement naturel de l'enfant avec l'âge. En effet, pour Piaget et l'école de Genève, tout s'explique par le développement. Encore faut-il que le sujet puisse le réaliser. Or, celui-ci est rarement automatique, l'enfant doit y trouver un certain intérêt. Pour combler cette lacune, les néo-piagétiens envisagent maintenant la « co-action », c'est-à-dire l'importance éducative d'une activité conjointe ou encore le « conflit cognitif », en d'autres termes le dépassement de ses propres représentations par l'opposition des idées. Ces deux derniers éléments favorisent indéniablement l'apprendre. Mais de telles propositions sont toujours trop pauvres pour inférer dans toutes leurs dimensions des situations ou des ressources éducatives ou culturelles. La rencontre entre un apprenant et un savoir ne va pas de soi. De multiples ingrédients sont indispensables, il doivent se trouver en synergie.

En outre, le monde extérieur n'enseigne pas directement à l'individu ce qu'il est censé apprendre. L'activité propre de l'apprenant est nécessaire, quoiqu'insuffisante. Certes, l'individu invente le sens à partir de l'environnement qu'il rencontre et au travers de son histoire. Et lui seul le peut, mais comme nous le verrons par la suite, il ne pourra le faire la plupart du temps tout seul. Un processus de médiation est toujours un « passage obligé », y compris pour les autodidactes. Autant d'arguments qui nous imposent d'aller au-delà du constructivisme...

3

UN PASSAGE OBLIGÉ POUR APPRENDRE : LE CERVEAU

∎

> « *Mais voici que survient le doute : peut-on faire confiance à l'esprit de l'Homme, qui s'est développé, j'en suis persuadé, à partir d'un esprit aussi primitif que celui des animaux les plus primitifs, lorsqu'il en vient à tirer des conclusions aussi grandioses ?* »
>
> Charles Darwin, *L'Origine des espèces*, 1859.

Le cerveau, un « passage obligé » pour apprendre ? C'est l'évidence ! L'organe roi, pourtant, n'a pas toujours eu le rôle et la place (d'honneur) qu'on lui réserve aujourd'hui. Nombre de penseurs de l'Antiquité, Aristote en tête, le jugeaient tout juste bon à fabriquer la… morve ou le sperme ! La pensée, l'émotion, étaient l'apanage du cœur (le langage en conserve la trace ; ne dit-on pas *« apprendre par cœur »* ?).

Le temps a beau passer, l'importance du cerveau dans l'apprendre pénètre péniblement dans la sphère éducative. Quelques théoriciens ont essayé de le prendre en compte mais, privés de culture biologique, ils en sont restés à un stade très superficiel. Certains rapprochements hâtifs, comme l'histoire du « cerveau droit » et du « cerveau gauche », ont même soulevé des flots d'âneries pédagogiques !

Certes, l'état actuel des recherches ne permet pas de localiser précisément le siège de l'apprendre. Les données sur la « mécanique cérébrale » restent très parcellaires, comme les interactions de l'apprendre avec le reste des processus mentaux. La principale difficulté est d'ordre méthodologique. Les disciplines en cours privilégient l'étude des micro-détails. Or, ce n'est pas en étudiant chaque « brique » que l'on comprend le fonctionnement d'un immeuble ! Faute d'un minimum de réflexion épistémologique, nos chercheurs continuent à travailler sur des activités localisées, considérant le tout comme la somme des parties. Rien de plus faux s'agissant de notre « bel » organe, où tout est distribué. En d'autres termes, la pensée, et par là l'apprendre, n'existent qu'au travers de l'ensemble ; ces propriétés n'émergent que dans un tout interconnecté... Car le cerveau est loin d'être un organe homogène. Une multitude de structures, apparues au cours de l'évolution pour répondre à des contraintes différentes et dotées chacune d'un « cahier des charges » spécifique, s'y enchevêtrent. De plus, le cerveau n'a rien d'une structure hermétique, isolée. Son développement et son fonctionnement dépendent de l'environnement. Ils ne sont point le jouet d'un simple déterminisme biologique.

Se pencher sur les « stratégies » du cerveau est d'évidence une activité paradoxale, digne de l'arroseur arrosé ou du serpent qui se mord la queue. Peut-on, en effet, penser un outil à l'aide de ce même outil ? Le cerveau peut-il être, simultanément, objet d'étude et acteur ? Tel est le défi, et la contrainte. N'empêche : ces limites dûment posées, mettre à plat certaines des potentialités du cerveau est utile pour qui réfléchit sur l'apprendre. La prise en compte des capacités mentales et du fonctionnement des zones cérébrales optimise l'action pédagogique.

Avant toutes choses, force est de dénoncer certaines des métaphores erronées qui continuent de fleurir dans la littérature scientifique. Le cerveau, *primo*, n'a rien d'un ordinateur. *Deuxio*, sa mémoire n'est pas constituée comme une bibliothèque. *Tertio*, il n'est pas indépendant de l'affect, bien au contraire. L'affect et le cognitif sont les deux facettes d'un même fonctionnement. Enfin, il n'existe pas un centre de l'apprendre. Aucun chercheur n'a pu – et ne pourra – le localiser, à la manière du centre du langage[1] repéré au milieu du XIXe siècle par le médecin français Paul Broca. Pourtant, ce ne sont pas les tentatives qui ont manqué, depuis celle de l'anatomiste Franz Joseph Gall, qui proposait de segmenter l'esprit en sous-fonctions pour les analyser de façon expérimentale, à la manière des autres fonctions corporelles.

Les techniques les plus modernes nous conduisent à comprendre pourquoi on ne peut assigner de lieu précis à la capacité d'apprendre. C'est qu'il s'agit d'une capacité émergente. Elle n'existe que parce qu'elle s'appuie sur d'autres zones, celles qui décodent l'information et qui associent les multiples données. Elle est possible uniquement parce que des milliards de milliards de messages sont échangés chaque seconde entre les cellules nerveuses. L'intégration de toutes ces données produit un surprenant phénomène : l'individu pense, aime et prend conscience de son environnement et de lui-même ; rien de plus et ce n'est pas si mal !

Dans ce cadre, apprendre résulte de l'interaction des différentes structures et sous-structures qui composent le cerveau. Lesquelles sont excessivement nombreuses. En 1908, l'anatomiste allemand Korbinian Brodmann en décrivait déjà 1952, rien que dans le cortex, la partie supérieure du cerveau. Mais de nombreuses autres zones, plus internes, interviennent pour coordonner ou favoriser l'apprendre ; sans compter les apports indispensables des prolongements du cerveau que sont les organes des sens.

L'INTENDANCE

Pour comprendre les particularités d'un tel fonctionnement, essayons de pénétrer plus avant dans ses dédales. Entreprendre un tel parcours, même si la chose s'avère fastidieuse pour le non-initié, est la seule façon de dépasser moult erreurs pédagogiques.

Que trouve-t-on dans ce kilo (voire kilo et demi) de matière (dite « grise », la couleur qu'il présente à l'œil nu) qui constitue le cerveau ? De l'eau ! La substance fondamentale à la source de notre

---

1. Ce « centre » peut être lui-même contesté. On parle quand l'ensemble du cerveau s'interconnecte, les informations qui permettent cette potentialité étant disséminées dans de multiples zones. Tout au plus peut-on considérer ce lieu comme un espace de coordination.

pensée comporte 86 % d'eau ! Le précieux liquide structure et alimente nos tissus cérébraux. Mais ce qui frappe d'emblée quand on s'introduit sous la boite crânienne, c'est la variété des structures présentes dans un espace aussi réduit. En fait, il faut considérer le cerveau comme un organe multiple ou encore comme constitué d'innombrables organes enchevêtrés.

Sans adopter à la lettre le modèle simpliste mis au point par le physiologiste MacLean, du *National Institute of Mental Health* de Bethesda (Maryland), il est loisible de décomposer le cerveau, à des fins descriptives, en quatre niveaux. À la base, le *cerveau basique*, qui loge le tronc cérébral, dans le prolongement de la moelle épinière et du bulbe rachidien. Ici, se croisent tous les messages reçus ou en partance pour le corps. La zone prend en charge les coordinations de la vie biologique et influe sur le rythme cardiaque, la pression sanguine, la respiration… Sa partie centrale (ou formation réticulée) maintient l'éveil et contrôle la conscience. Cette partie du cerveau règle ainsi les questions immédiates relatives à la survie de l'espèce. Elle fonctionne essentiellement par automatismes, à coups de réflexes engrangés dans l'histoire génétique de la vie, et fait difficilement face aux situations nouvelles. À l'arrière, vient se greffer le cervelet, province très active mais mal connue, qui s'occupe entre autres de la coordination des activités motrices de posture et d'équilibre.

Deuxième niveau, le *cerveau moyen* (ou cerveau limbique), qui recèle une série d'amas de substance grise, dont les plus connus sont l'amygdale, le septum, le noyau caudé et l'hippocampe. La région joue un rôle important dans la réalisation des activités individuelles, dans l'émotion ou la mémorisation. En fait, elle apparaît aujourd'hui comme un relais. La plupart des informations sensorielles transitent par cet « étage » en relation directe avec le cerveau supérieur, d'une part, et les organes intimes, d'autre part.

Un troisième niveau comporte le *thalamus* qui fonctionne, *mutatis mutandis*, comme un « central téléphonique » reliant la moelle épinière, le bulbe rachidien et les hémisphères cérébraux (ou *cortex*, le quatrième niveau). L'hippocampe semble faire de même pour les questions de mémorisation. Sur l'avant, au plancher, se trouve l'hypothalamus, autre zone de régulation des fonctions de base qui coordonne l'équilibre en matériaux (eau, sel minéraux…) du corps, la température et intervient fortement dans les manifestations de la sexualité. Très étroitement imbriquées, ces zones s'associent pour influencer les viscères au gré des données extérieures ou des autres organes; elles constituent une sorte de mémoire sensorielle, le plus souvent inconsciente, qui enregistre les impressions agréables et désagréables. Toutes ces zones échangent entre elles, très vite (quelques millisecondes), quantité d'informations provenant de l'extérieur et de l'intérieur du corps. D'ailleurs, l'essentiel de cette partie du cerveau contient de la substance blanche, caractéristique de la présence de fibres nerveuses convoyant l'information.

Rien ne fonctionne sur un mode vertical dans le cerveau, de haut en bas. Les structures du cerveau limbique ne sont pas de simples instruments au service des centres dits «supérieurs». Elles jouent un rôle stratégique. Elles peuvent bloquer ou favoriser les informations descendantes ou ascendantes (tout dépend de l'état du corps ou du milieu!) et initier des comportements d'agressivité si l'environnement s'avère menaçant. Servant de lien avec les autres structures, elles participent de l'interprétation des données. Elles donnent «un poids aux choses», en fonction des ressentis du corps. Ainsi, les voies visuelles qui arrivent au cortex ne véhiculent que 1 % des informations venant des yeux. 99 % proviennent des autres régions cérébrales! Les données extérieures sont filtrées ou amplifiées à ce niveau. Dans le même temps, ces zones interviennent dans la motivation et contrôlent l'émotion, dont le rôle est considérable dans l'apprendre. Cependant, ces structures cérébrales ne s'expriment pas de manière verbale. Elles ne fonctionnent pas sur un mode cognitif. D'où l'inutilité d'argumenter sur une émotion; on ne passionnera jamais quelqu'un à partir d'un discours rationnel!

PLACE AU CORTEX!

Les trois précédents «cerveaux» sont recouverts par un autre ensemble de structures communément appelées le «cortex». L'essentiel de son fonctionnement résulte de sa surface, une fine couche de 1 à 5 millimètres d'épaisseur, où se concentre le gros des cellules nerveuses. Son examen, au microscope, en fait une zone excessivement complexe. On n'y rencontre pas moins de six couches cellulaires, très finement interconnectées. Chez l'Homme, cette zone s'est tellement développée qu'elle a dû se recroqueviller pour loger toute entière dans la boîte crânienne. Dépliée, elle couvrirait une surface 32 fois plus grande, soit environ 2 mètres carrés, l'équivalent d'un beau tapis ! Parmi tous les feuillets, certains sillons, plus profonds, séparent les parties du cerveau (ou lobes). Les lobes temporaux interviennent dans l'audition et l'odorat, les lobes pariétaux dans le toucher et le goût, les lobes occipitaux dans la vue. Les lobes frontaux, eux, se sont spécialisés dans les mouvements. Dans ces lobes, sis dans la partie gauche du cerveau, sont concentrés les « centres » de coordination du langage. Le cortex est, par excellence, le lieu du traitement des données extérieures.

La partie antérieure du lobe préfrontal mériterait le titre de « cinquième cerveau ». En lice dans la régulation de l'activité de la pensée, le périmètre gère la prise de recul et l'évaluation de l'action, favorise l'imagination (en mettant en relation des données provenant de différentes structures) et l'anticipation. Armés de cette partie frontale, nous avons donc la possibilité de ne pas toujours réagir dans l'instant, de nous représenter ce que nous faisons et d'en évoquer les conséquences. En d'autres termes, cette zone joue un rôle prépondérant dans la prise de conscience et, par voie de conséquence, dans l'apprendre. Mais pas seulement. Elle nous permet aussi de nous structurer et d'avoir conscience de notre identité. Dans le même temps, elle fait le lien avec notre émotivité sous-tendue par le cerveau limbique. C'est elle qui nous « fait » renoncer ou détester, apprécier et aimer plus que de raison !

En fait, ce qui caractérise, pour l'essentiel, le cerveau, ce sont ses interactions et ses régulations. Chaque structure dépend de ses voisines. Ainsi, la mémorisation ne peut fonctionner sans son support limbique ; l'intentionnalité est coordonnée par les lobes préfrontaux ; l'émotion fait appel à des ressentis inhérents à la libération de substances chimiques : les neuromédiateurs. Ces derniers jouent un rôle fondamental dans l'interaction des parties du cerveau et par là dans l'apprendre. Ce sont eux qui distinguent de façon irrémédiable notre cerveau des ordinateurs. L'une de ces substances, la dopamine, sécrétée par les cerveaux basique et limbique, provoque un ressenti du désir, de l'appétence pour le savoir. Elle déclenche, en stimulant la partie frontale, les amygdales et l'hippocampe, le plus vif intérêt pour l'exploration du milieu. Inversement, une carence active la dépression. L'acéthylcholine ou la vasopressine favorisent les interactions, tandis que les inhibitions sont favorisées par des sécrétions diverses, de sérotonine, de norépinéphrine, de Gaba ou d'ocytocine. Quant au stress (propice à l'apprendre quand il est passager), il provient, entre autres, de « poussées » d'adrénaline. Mais pour comprendre vraiment le rôle de ces substances, allons plus dans le détail. Comment s'activent les différentes structures du cerveau ? Sur quoi repose son fonctionnement ?

Les réseaux de neurones

La structure de base de tout cerveau est la cellule nerveuse, ou « neurone ». On en dénombre environ cent milliards. Ces éléments spécialisés dans la communication présentent de longues et nombreuses fibres de connexion. Chaque neurone peut établir quelque vingt mille connexions avec ses semblables. En résultent des réseaux extrêmement complexes regroupant jusqu'à deux millions de milliards de liaisons possibles. Les plus puissants ordinateurs font pâle figure à côté de notre « pois chiche ».

Ces neurones produisent des signaux (appelés « potentiels d'action ») qui sont autant de brèves décharges électriques. Cela résulte d'une propriété du neurone de se dépolariser spontanément et de propager cette dépolarisation (qu'enregistrent les encéphalogrammes) le long de leurs prolongements. Rien à voir, cependant, avec le courant électrique qui alimente les appareils ménagers. La différence de potentiel est très faible, environ quelques dizaines de millivolts, contre quelques volts pour nos piles. Ces changements électriques sont à leur tour le fruit de savants passages d'atomes ionisés[2] à travers la membrane cellulaire. Deux d'entre eux sont particulièrement impliqués : le potassium et le sodium. Des sortes de vannes, constituées de protéines placées de loin en loin sur les membranes, favorisent ou inhibent le déplacement de ces micro-courants.

---

2. Un ion est un atome ou un groupe d'atomes qui a gardé ou perdu un ou plusieurs électrons.

Comment travaille le cerveau

Lorsque le cerveau exécute une activité, qu'il s'agisse d'un acte moteur ou d'un processus de mémorisation, certains groupes de neurones modifient leur dynamique d'échange d'informations grâce aux potentiels d'action. Ces transformations, qui peuvent être des augmentations, des diminutions, voire des synchronisations avec d'autres groupes de neurones, sont rarement localisées en un endroit précis du cortex. Le plus souvent, elles sont distribuées dans un large réseau de zones cérébrales. D'où l'interconnexion dense entre les multiples zones. Ces courants électriques ne passent toutefois pas directement d'une cellule à une autre. À leur jonction, se trouvent ce que l'on appelle des « synapses » (du grec *sun*, avec, et *aptein*, attacher), où le signal électrique se transforme en signal chimique. Les potentiels d'action libèrent alors de petites protéines : les neuromédiateurs. Ces derniers s'en vont rejoindre, 2 à 50 nanomètres[3] plus loin, la membrane de la cellule suivante. À sa surface, des récepteurs les identifient. En se liant à eux, les neurotransmetteurs engendrent soit une ouverture des vannes (s'ensuit une dépolarisation de la membrane, donc un nouveau potentiel d'action), soit une surpolarisation (qui empêche toute propagation ultérieure).

Chaque neurone arborant de multiples connexions, les signaux qui lui parviennent sont comptabilisés, en positif ou en négatif. Suivant la somme algébrique de ces potentiels[4], un nouveau potentiel d'action est déclenché ou inhibé. Celui-ci se propage de proche en proche le long du ou des réseaux neuroniques activés, chaque réseau neuronique comportant une cinquantaine de neurones en moyenne. De la multiplicité des signaux et des réseaux mis en branle, des ressentis que provoquent les neuromédiateurs, émerge une signification[5]. Certaines sont mémorisées (des réseaux de neurones se mettent en place) ; en retour elles interviennent pour donner ou enri-

---

3. Un nanomètre vaut un millième de micron qui est déjà un millième de millimètre !
4. Ce mécanisme apparaît aujourd'hui bien trop simple. En réalité, grâce à la multiplicité des synapses, le neurone se trouve avoir un fonctionnement beaucoup plus complexe qu'un microprocesseur.
5. Pour en savoir plus sur l'émergence du sens lire, *cf.* A. Giordan, *Comme un poisson rouge dans l'homme*, Paris, Éditions Payot, 1995 (dernier chapitre).

chir de nouvelles significations. Et de la confrontation des significations – et des significations de significations – naissent des actions, des représentations, souvent imagées, et bien sûr la pensée ; le tout étant assorti de ressentis agréables ou désagréables – les émotions (plaisirs, douleurs, stress) – grâce aux neuromédiateurs. Seul parvient à la conscience le résultat final, livré par la coordination de la zone corticale et des autres structures sous-jacentes mises en œuvre, le tout étant régulé par la zone frontale du cerveau, en perspective avec tout ce qui a été mémorisé et qui constitue alors l'histoire de l'individu.

On voit par là l'importance que prennent les connexions dans l'acte d'apprendre. Longtemps, l'opinion a prévalu que les connexions entre neurones se formaient avant la naissance, ou dans la petite enfance. Chez l'adulte, ces liaisons paraissaient immanquablement fixes ou immuables. Passé un certain âge, on pensait ne plus pouvoir apprendre. Or, à la fin des années quarante, le neuropsychologue américain Donald Hebb formula la théorie selon laquelle *« les cellules qui se déchargent ensemble se lient ensemble »*[6]. En d'autres termes, les neurones qui travaillent au même rythme verraient augmenter leur capacité à s'activer mutuellement. En synchronisant leur activité électrique, toutes les zones impliquées dans une même tâche se lieraient. Un nouveau réseau émergerait transitoirement, puis en permanence. De la sorte, une nouvelle tâche, peut-être une nouvelle idée, prendraient place.

Beaucoup de points incertains ou contestés constellent cette théorie. Le neurophysiologiste français Jean-Pierre Changeux envisage pour sa part une connexion exubérante entre cellules nerveuses durant la prime enfance, puis une sélection de ces connexions par l'environnement, en fonction de leur utilité. D'autres, parmi lesquels l'auteur de ces lignes, spéculent plutôt sur l'initiation, toute la vie durant, de nouvelles liaisons, et ce de manière aléatoire. Ce que confirme nombre de travaux expérimentaux en cours. L'intervention des neuromédiateurs semble influencer ce mécanisme. S'agit-il de nouvelles synapses, comme d'aucuns le pensent ? Ou de circuits activés depuis la plus petite enfance[7] sur des synapses existantes ? Les

---

6. *« Cells that fire together wire together. »*
7. Cela expliquerait pourquoi certains apprentissages ne peuvent se faire que très jeune. Ensuite, ils seraient plus difficiles, voire impossible.

UN SYSTÈME DYNAMIQUE EN REMANIEMENT CONSTANT

Toujours est-il que le câblage du cerveau se modifie en permanence. Et cela ne concerne pas seulement les cellules du cortex. Des recherches récentes montrent une plasticité à tous les étages. Le cerveau basique, à la structure d'apparence très figée, ne ferait pas exception à la règle. Ainsi, quand le trajet d'une information sensorielle est interrompu par une détérioration quelconque, la région correspondante du cerveau ne reste plus inerte, contrairement à ce que l'on pensait il y a seulement une dizaine d'années. Des réorganisations ou des changements de connexions permettent au cerveau de s'adapter à ces accidents. Chez certain(e)s sourd(e)s, une partie du cortex visuel s'approprie les zones du cortex normalement destinées à l'audition. De même, l'usage (ou la stimulation) accru(e) d'une activité entraîne une augmentation de la représentation corticale correspondante. On a pu montrer chez l'animal que des neurones du cortex auditif acquièrent des caractéristiques du cortex visuel. Une pratique intensive d'un instrument de musique permet d'atteindre une virtuosité qui peut faire l'admiration. La zone du cortex qui gère ces mouvements particuliers prend plus d'importance.

L'entraînement aidant, on parvient à réaliser des tâches complexes d'interprétation et de mémorisation, quel que soit l'âge de ses artères. Seule la vitesse de l'apprentissage semble varier entre juniors et seniors. Et encore. Si la résolution de problèmes demandant l'utilisation d'algorithmes est mieux réussie par les jeunes, les tâches nécessitant la gestion d'une expérience importance, comme les activité de synthèse, exigent un plus grand nombre de printemps.

L'idée que le cerveau est une masse immuable de cellules dont les circuits de base se forment une fois pour toute à la naissance, ou peu après, a donc vécu. Certes, il n'y a pas de nouvelles productions de cellules chez l'adulte, mais même ce point prête aujourd'hui fortement à caution. Toutefois, la plasticité du cerveau à produire de

UN PASSAGE OBLIGÉ POUR APPRENDRE : LE CERVEAU

nombreuses synapses supplémentaires apparaît comme un modèle explicatif de ses « fonctions supérieures », et notamment de l'apprendre[8]. Toute la vie, le cerveau peut rester un système très dynamique. Il s'auto-organise en permanence, même très tard dans l'âge[9], et serait plus éducable qu'on ne le supposait. Cela se passe, semble-t-il, durant le sommeil, qu'il faut cesser de considérer comme une perte de temps ! Apprendre consiste à réorganiser les connexions. En même temps qu'il faut en fabriquer de nouvelles, il faut en effacer ou inhiber d'autres, qui avaient été sélectionnées pour leur efficacité et avaient produit un certain équilibre cognitif ou affectif… Ce qui explique toute la difficulté d'apprendre.

Réseaux, interconnexions, élimination de synapses ou synapses sélectives, fabrication de nouveaux réseaux, régulation et émergence semblent les maîtres-mot du fonctionnement cérébral. Toutes les structures, et en leur sein les réseaux de cellules, fonctionnent sur une dynamique plus horizontale que hiérarchique. Tout au plus peut-on envisager des zones « carrefour » permettant des coordinations d'activités. Ainsi, l'aire 10 dans la partie préfrontale du cortex, l'aire 40 dans la partie pariétale ou l'aire 23 dans une zone que l'on dénomme « cingalaire » du cortex, sont-elles très souvent activées dans de multiples tâches cognitives comme le raisonnement, l'estimation ou la prévision, de même qu'une zone plus intérieure, l'hippocampe, rend possible les mécanismes de la mémorisation.

Pour être encore plus précis, il faudrait ajouter que le cerveau travaille plutôt sur la complémentarité de modes de fonctionnement contrastés ou le plus souvent antagonistes. Les données de l'environnement ne sont pas simplement reçues, perçues et enregistrées, comme le ferait un magnétoscope. Les premières étapes du mécanisme de la vision peuvent nous aider à mieux comprendre. Toutes les caractéristiques visuelles primaires sont d'abord extraites par les cellules de la rétine de l'œil et envoyées séparément au cerveau. Les couleurs, les tailles, les courbures et les mouvements sont traités en parallèle et

---

8. Après une opération chirurgicale, de nouvelles connexions peuvent s'établir pour permettre des recâblages.
9. L'important dans cette dynamique n'est pas l'âge, mais l'envie ou la motivation. C'est à ce niveau qu'il faut élucider les pertes de mémoire chez les personnes âgées. Les aînés qui, par leur histoire, restent stimulés, conservent leur capacité d'apprendre très longtemps.

55

décodés par des réseaux différents de cellules. Pour se limiter aux couleurs, avec des récepteurs différents (les cônes et les bâtonnets) et quatre type de neurones, la rétine effectue deux sortes d'opérations. La partie centrale, richement pourvue en cônes, gère les détails et les couleurs sur un angle de vue très limité (2 degrés environ). La partie périphérique, elle, traite de manière floue, et en grisé, un plus large espace (170 degrés) et s'intéresse prioritairement aux mouvements.

En un dixième de seconde, une image fiable et stable de l'environnement est reconstituée par d'autres réseaux de cellules en fonction des données que le cerveau a déjà mémorisées. Ces données résultent d'autres réseaux cellulaires. La perception des objets est davantage due à un effet de contraste qu'à l'intensité de la source lumineuse. Elle couple une vision analytique sous un angle très étroit avec une vison plus synthétique sous un angle plus large. L'organisation des corps genouillés latéraux du thalamus, qui constituent un relais vers les centres du cortex, semble fonctionner de la même manière. En intégrant les diverses informations reçues par la rétine, le thalamus modifie la vision en mettant en avant des antagonismes générateurs de contrastes et de différences entre les stimulus reçus et les fonctionnements des centres. L'image ne se construit donc pas en circuit fermé. Elle intègre même de multiples informations provenant de l'oreille interne, du toucher, des muscles ou des articulations. La représentation qui en résulte est intimement liée à l'histoire de la personne et à ses projets. C'est dans ce « dialogue » permanent et multiple entre les structures cognitives, d'une part, et les informations glanées dans l'environnement, de l'autre, que réside la clé de la compréhension du monde organisé.

Deux hémisphères cérébraux, un seul cerveau

Ces « logiques » antagonistes de traitement d'un signal se retrouvent jusque dans le cortex. Notre cerveau présente à ce niveau deux hémisphères cérébraux. La médiatisation a popularisé ce modèle en dissociant, comme dans un travail à la chaîne, le « cerveau gauche » et le « cerveau droit ». Grâce au premier, qui contrôlerait en particulier les « centres » du langage et du calcul, les humains auraient une prédisposition génétique à traiter les informations abs-

UN PASSAGE OBLIGÉ POUR APPRENDRE : LE CERVEAU

traites, de façon analytique. L'hémisphère droit, lui, traiterait les aspects concrets de la vie et permettrait un travail sur les formes par une logique moins apparente, en fait multiple. Il serait le foyer de l'intuition et de la création.

Rien n'est plus faux. Nos deux cerveaux ne fonctionnent pas l'un sans l'autre. Inhibe-t-on l'un, par anesthésie par exemple, que son voisin perd l'essentiel de ses capacités. Certes, une personne dont le cerveau droit est lésé peut toujours s'exprimer. Mais cette partie est loin d'être muette chez un individu normal, quand il parle. Les individus au cerveau lésé ont une voix inexpressive, monotone. Ils ne peuvent modifier l'intonation ou le rythme d'une phrase. De même, si la compréhension du langage se maintient, ils éprouvent des difficultés à envisager un langage imagé, une métaphore ou des jeux de mots. En d'autres termes, une lésion de l'hémisphère droit laisse intactes les possibilités d'interprétation immédiate, mais l'individu ne peut plus évaluer les divers sens possibles d'une phrase. Il ne sait plus lever les ambiguïtés. Ainsi, les deux cerveaux traitent en permanence les mêmes données, mais sur des modes différents. Le premier analyse le détail, pendant que le second le resitue dans le contexte. Ce n'est pas sans raison qu'il existe un nombre élevé de connexions nerveuses entre les deux hémisphères. La quantité de signaux qui y passent est tout aussi considérable. La vitesse de propagation des potentiels d'action entre les deux parties du cerveau, à travers le corps calleux, fait toute la différence au niveau de la compréhension et de l'abstraction.

La compréhension d'un mot, par exemple, fait appel à deux sortes d'indices : les indices graphiques (la forme, la taille, la typographie des lettres), reconnus par l'hémisphère droit, et les indices linguistiques (les catégories de mots, leur signification), liés à l'hémisphère gauche. Une fois décodé, le mot serait de nouveau interprété sur le plan métaphorique par l'hémisphère droit avant que l'hémisphère gauche ne réalise une seconde analyse. La synthèse serait réalisée dans une interaction multiple entre des processus de traitement distincts, une régulation établie dans la zone préfrontale la favoriserait.

Loin de s'exclure, les deux cerveaux s'harmonisent. Dans le traitement des données, cette complémentarité conduit à une structure émergente au fonctionnement encore plus performant. Ce mode de fonctionnement original n'a pas encore été pris en compte par l'éducation, qui privilégie exclusivement le cerveau gauche en mettant en avant le raisonnement par algorithmes, alors qu'elle aurait tout intérêt à promouvoir la réalité multisensorielle du cerveau et favoriser la créativité. L'éducation artistique devrait être prépondérante dans la petite enfance, sans disparaître ensuite. Loin d'être une perte de temps, elle favoriserait les activités analytiques.

Et puis, ce n'est plus l'opposition des deux cerveaux qui mérite d'être glorifiée, mais leur complémentarité ou leur antagonisme dans le traitement des données. Ce sont les contrastes et les différences qu'il s'agit de valoriser en éducation. Enfin, des interactions sont à établir entre l'hémisphère droit et le cerveau limbique (celui des émotions), ainsi qu'entre le cerveau gauche et le cerveau de la prise de conscience, les lobes préfrontaux.

La possibilité de remettre en cause ses conceptions semble liée à la grande sensibilité des lobes frontaux très dépendants des fonctionnements des structures mentales associées à l'émotion et à l'affect. Une trop forte émotion peut induire une profonde inhibition. L'élève ne peut plus se dégager d'un exercice qu'il sait déjà faire. Il ne peut accepter le risque ou le déséquilibre passager que l'acquisition d'une nouvelle connaissance rend nécessaire.

Toute intervention pédagogique doit tenter de réconcilier le cognitif avec sa base affective sous-corticale. Dans un environnement enrichissant et chaleureux, un apprenant se sentira stimulé. Il ne s'agit pas de rejeter l'émotionnel mais d'apprendre à nous en servir, pour comprendre comment il fonctionne, connaître les limites qu'il introduit et envisager les horizons qu'il ouvre.

L'HISTOIRE DU CERVEAU, L'HISTOIRE DES HOMMES

Le fonctionnement du cerveau se comprend quand on le replace dans l'histoire de l'Humanité et, plus largement, dans l'histoire de la Vie. Le milieu évoluant sans cesse, le projet de tout être vivant est de s'y adapter « le mieux possible », pour obtenir le fonctionnement optimum. Ces adaptations sont nombreuses. Les plus efficaces ont été obtenues avec l'invention du système nerveux.

UN PASSAGE OBLIGÉ POUR APPRENDRE : LE CERVEAU

Grâce à des capteurs (les organes des sens pour l'Homme), l'organisme est informé en permanence des modifications extérieures. Tous les paramètres pertinents (la température, les aliments) ou les événements qui peuvent l'influencer, sont détectés. En retour, par le biais des mêmes mécanismes spécialisés, il peut réagir.

Le cerveau, s'il ne gère plus uniquement des réactions, mais des comportements, adopte la même « philosophie » : permettre à l'organisme de s'adapter au mieux. Quand on « regarde » ainsi le cerveau, le savoir apparaît comme un moyen de s'adapter au mieux dans un environnement, des relations ou une société. Apprendre, avec ses mécanismes de mémorisation et de mobilisation, est aussi régi par des mécanismes d'interaction avec l'environnement. Le cerveau n'apprend que parce que l'environnement fluctue. Chaque interaction peut être considérée comme un acte éducatif. Le savoir est donc une connaissance personnelle qui ne peut être transmise. Tout un chacun doit en faire l'expérience. L'enseignement ne peut qu'organiser des conditions qui conduisent à promouvoir la recherche d'un autre comportement, d'un autre savoir. L'enseignant ne peut agir sur l'organisation cognitive qu'indirectement, en modifiant l'environnement de l'élève.

Toutefois, la pensée ne naît pas directement d'une continuité dans l'adaptation avec le biologique, comme l'a proposé Piaget. Il faut y voir une rupture, née d'une émergence. Le biologique constitue un support, l'apprendre repose sur une mécanique neuronique. Mais il ne lui est pas réductible. Son développement provient de l'environnement physique et social dans lequel baigne l'individu et dont un nombre croissant de résultats éclairent le rôle prépondérant. L'apprentissage modifie jusqu'à la répartition des aires du cerveau. Mieux, les prédispositions génétiques (il n'est pas question de les nier !) peuvent s'adapter aux sollicitations de l'environnement.

La plasticité du développement affecte certains systèmes nerveux plus que d'autres. Si le cerveau ne disposait pas de cette souplesse, tout apprentissage serait voué à l'échec. L'individu ne pourrait être modifié par son expérience. Toutefois, cette capacité doit être exploitée très tôt et maintenue tout le long de la vie. Les « enfants-loups » montrent que l'acquisition du langage est presque impossible passé un certain âge. De même, l'apprentissage d'une langue étrangère à l'âge adulte est beaucoup plus délicat. Certaines sonorités ne sont plus entendues ou décodées, sauf si l'individu jouit d'une forte culture musicale.

La maturation nerveuse tient pour une large place à la rapidité de la propagation de l'influx nerveux. Le nombre de réseaux neuroniques mis en œuvre est alors plus grand. La vitesse de propagation augmente quand les fibres nerveuses sont recouvertes d'une fine couche de lipides : la gaine de myéline. Le processus de myélinisation permet l'acquisition de la coordination, et donc pour le jeune enfant de la marche ou du langage. Mais cette myélinisation limite toutes nouvelles connexions entre neurones. L'éducation a là un paradoxe à régler. Elle doit favoriser la maturation sans bloquer l'individu dans une façon de pensée trop vite figée ! Un environnement «riche», au niveau des stimulations et des interactions, est propice aux apprentissages. Il favorise un accroissement en épaisseur de l'écorce corticale. Les neurones grossissent et se ramifient. On n'utilise sans doute pas assez la petite enfance pour développer les apprentissages complexes. Tout est dans l'art d'éviter au plus tôt l'ennui. Pour se faire, l'individu prend appui sur les structures mentales qu'il peut mobiliser. L'action en retour modèle autrement ces dernières et par là les transforme. L'individu se crée à partir de l'environnement ; en retour, il crée son environnement.

Il faut alors envisager l'apprendre dans un double mouvement, du biologique au social et du social au biologique, ce qui permet de dépasser aisément les querelles habituelles sur l'inné et l'acquis. C'est de leur interaction que naît cette caractéristique de la pensée humaine que l'on nomme intelligence. Pour l'heure, le facteur social apparaît être plus rapidement un facteur limitant, du fait que très peu de nos potentialités biologiques sont encore exploitées. Un chauffeur de taxi de Londres n'est-il pas capable de mémoriser «gratuitement» 50 000 décimales du nombre Pi[10] ?

---

10. Pi (ou 3,14159...) est le périmètre d'un cercle de diamètre égal à un mètre. C'est un nombre irrationnel, c'est-à-dire qu'il n'admet pas de rapport entre deux entiers. Voir J.-P. Delahaye, *Le Fascinant nombre Pi*, Éditions Pour la Science, 1997.

4

LES DIMENSIONS SOCIALE ET CULTURELLE DE L'APPRENDRE

> *« Vivre est le métier que je veux lui apprendre. En sortant de mes mains, il ne sera, j'en conviens, ni magistrat, ni soldat, ni prêtre ; il sera premièrement homme : tout ce qu'un homme doit être... »*
> Jean-Jacques Rousseau, *L'Émile*, 1762.

Les – immenses – potentialités du cerveau ont été repérées. Les vieilles « maisons » du frontal, du behaviorisme et du constructivisme se sont lézardées. L'heure est venue de leur substituer un modèle neuf. Mais avant d'avancer quelques propositions, revenons rapidement sur l'apprenant et sur ses façons d'apprendre.

L'apprendre se construit toujours « contre » ce que l'on sait déjà, le « déjà là » comme disent certains chercheurs, depuis l'épistémologue Guy Rumelhard. Dans le même temps, l'émergence de nouveaux savoirs est inséparable des savoirs existants. Mais quels sont ces savoirs antérieurs, bruts de coffrage ? Sur quoi reposent-ils ? Comment fonctionnent-ils ? En d'autres termes, quel mode particulier d'interventions sur l'environnement, au sens large, met en œuvre le cerveau ?

En fait, ce dernier traite, non des informations éparses, mais des conceptions, lesquelles sont au centre de la « mécanique » cognitive. Il s'agit, grossièrement, de savoirs engrangés par le cerveau, au travers d'un processus d'organisation de la pensée bien spécifique à chaque individu, qu'il peut mobiliser dans un contexte.

Apprendre consiste dès lors à s'apercevoir que ces savoirs sont peu ou pas adéquats pour traiter la situation. Il s'agit de dépasser ces conceptions primaires ou préalables, pour sauter d'une strate cognitive à une autre. La simple adjonction d'informations constitue, nous l'avons vu, une pratique insuffisante. De même, l'assimilation et l'accommodation des nouvelles informations, au sens où Piaget l'entendait, s'avère une approche trop étriquée. Tout un processus d'élaboration doit se mettre en place.

LES CONCEPTIONS DE L'APPRENANT

Il n'est pas facile de définir avec précision une conception. Tout juste sait-on qu'elle n'est jamais une simple image d'une quelconque réalité, et qu'elle ne prend pas directement sa source à l'école. Elle n'est pas non plus liée aux seuls savoirs en jeu, mais préexiste à la situation scolaire. Intimement liée à l'histoire de l'individu, elle forme le soubassement de son identité et plonge ses racines dans la culture ambiante. Bref, elle se forme en interaction avec l'environnement immédiat ou social. Chaque personne édifie une « vision individuelle » du monde à partir de ses observations et de son expérience, des rapports qu'elle entretient avec les autres et les objets ; sa mémoire affective ou sociale y prend une place prépondérante. Ce réseau d'explications et de modèles lui permet d'apprivoiser son milieu de vie, lequel agit comme un « bain » culturel et alimente des préjugés partagés (ce qui explique que l'on retrouve les mêmes conceptions chez les individus partageant la même culture).

Pour préciser cette idée, prenons une expérience simple vécue naguère par l'auteur de ces lignes. Durant mon enfance, j'avais édifié une conception pratique des transports publics en usage à Nice, conception qui reposait sur l'existence d'un ensemble de lignes de bus et de trolleybus. Le numéro situé en haut et à l'avant du véhicule indiquait la direction et permettait de choisir son bus à la station. La seule difficulté du « modèle » consistait à repérer le bon trottoir pour savoir dans quel sens circulait le bus. Une représentation sommaire de la ville, avec la mer au Sud, y pourvoyait.

Lors de ma première visite à Paris, j'appliquai ce principe au fonctionnement du métropolitain et restai vingt minutes à la station Bastille, à attendre que la rame de métro portant le numéro 2 (numéro de la ligne choisie) se présente. Las, dans la capitale, toutes les rames allaient, à l'époque, dans la direction recherchée. Il était donc inutile d'en repérer le numéro (celui placé à l'avant de la première voiture avait une autre signification).

Je changeai donc mon modèle, qui pécha derechef. Une ligne dans le Nord-Ouest de la ville-lumière présentait alors une fourche avec deux terminus ! Aujourd'hui, plusieurs lignes possèdent cette particularité. Ce qui implique à nouveau de repérer sa rame, mais le repérage s'effectue, cette fois, sur le côté.

J'avais entre-temps affiné mon « modèle », en y greffant une autre proposition : une rame s'arrête à chaque arrêt. Inutile de faire signe au conducteur. Jusqu'au jour où je découvris la « ligne de Sceaux », qui n'appliquait pas ce principe. Je dus retourner à pied d'Antony à la Croix-de-Berny, avant de m'apercevoir de la présence, sur les quais, d'un tableau indiquant le nom des stations desservies par chaque train ! Par-delà l'anecdote, ces tribulations d'un jeune « provincial monté à Paris » ont le mérite de caractériser une conception. Où l'on voit que cette dernière fait office de filtre pour décoder le réel et permet d'agir, d'échafauder des explications, de formuler des hypothèses, d'effectuer des prévisions ou encore de prendre des décisions.

Si certaines conceptions conservent longtemps un statut flottant, il leur arrive, en qualité de modèles alternatifs aux modèles canoniques, d'afficher une remarquable cohérence interne. Elles peuvent même gagner en logique, confrontées à une argumentation contraire. Ce qui a le don de compliquer la résolution des problèmes pédagogiques ! Car l'apprenant ne doit pas seulement accéder à de nouvelles connaissances, mais les intégrer.

Même si l'individu finit par maîtriser les savoirs véhiculés par la société, ceux-ci ne sont jamais un don, ils ne lui sont jamais transmis directement, prêts à l'emploi. L'apprenant doit, répétons-le, les élaborer lui-même, à l'aide de ses propres outils. Dans son environnement immédiat, il ne peut trouver au mieux que des informations qui pourront interférer avec sa conception.

En ce sens, la conception que nous nous faisons du monde, des personnes, des phénomènes et des événements ne révèle qu'une vision incomplète, relative et partielle du réel. Mais en s'appuyant sur elle, nous l'affinons, voire nous la rejetons, quand ces limites se multiplient et qu'une autre, plus efficace, plus aisée, apparaît (une conception « en soi » n'a donc pas de sens). Au final, l'élève ne recherche dans les informations que ce qui a un intérêt, ou une signification, par rapport à ce qu'on lui demande. C'est la question qu'il se pose, ou le projet qu'il poursuit, qui détermine l'importance de l'information reçue ou glanée. Ce n'est que lorsqu'une information revêt un sens pour lui qu'il se l'approprie pour amender son système de pensée.

Dans les sciences ou les techniques, les conceptions mises en avant présentent toujours des particularités, des spécificités, voire des oppositions suivant les branches. Les spécialistes des radars se font une conception des « micro-ondes » très différentes de celles des ingénieurs chargés de mettre au point les fours. Côté four, la question est relative à la cuisson, valorise la perte d'énergie. Côté radar, le signal électromagnétique demande à être le plus discret possible... De même, un médecin homéopathe et un collègue allopathe ne partagent pas la même conception du médicament.

LE SENS COMMUN

Autre chose, positive, bien que masquante : les individus ont une opinion sur tout. Si le phénomène facilite l'apprendre (en fournissant aux maîtres des points d'accroche), dans le même temps, ces façons de raisonner l'entravent gravement. C'est que l'individu a toujours l'impression de déjà connaître ou de maîtriser. Ce savoir parcellaire le dispense de se poser certaines questions et le prive de récolter certaines données.

Favorise-t-on l'expression des élèves sur un thème qu'ils s'y ruent, lestés de « théories » très affûtées. Ils affichent ainsi des lumières, très précises à leurs yeux, sur le corps, l'environnement, les maladies, les thérapies... Ils savent – ou croient savoir – comment

LES DIMENSIONS SOCIALE ET CULTURELLE DE L'APPRENDRE

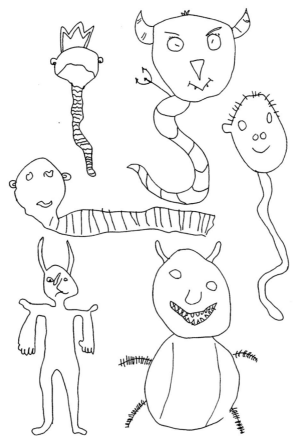

Conceptions d'enfant sur les microbes. (Source : LDES.)

fonctionne un ordinateur, devisent d'abondance sur l'argent, l'inflation, l'effet de serre, la couche d'ozone, etc. (les dessins ci-dessus et page suivante illustrent la variété des conceptions avancées et, par conséquent, leurs limites). À l'inverse, lorsque, sevrés de jugements arrêtés sur un sujet (soit parce que celui-ci est trop éloigné de leurs préoccupations, soit parce qu'il ne relève pas du sens commun), ils essaient d'urgence de s'en faire une idée.

Les élèves ou le grand public se sentent peu concernés, par exemple, par les particules qui constituent la matière. Toutefois, si l'enseignant aborde la question, en cours ou après une visite au CERN, la classe rattache sur-le-champ ce domaine à son univers connu. Pour les élèves, la matière est en général *«quelque chose de visible»*, de *«lourd»* qui provoque *«une certaine résistance»* et s'oppose au vide. *«Il y a plein de choses dedans»*, affirment-ils. En ajoutant, suivant leur niveau d'études : *«Il y a des atomes, des neurones, des molécules, des cellules, des électrons et tout ça...»* (dans la bouche d'un élève, fin du secondaire) ou *«l'atome a un noyau constitué de protons, de neutrons et de teutons»* (d'un étudiant en classe préparatoire, math. sup.), *«le quark est un composant de l'électron»* (étudiant, deuxième année, math-physique).

L'appréhension des conceptions par l'enseignant est utile, en tant qu'elle cadastre le domaine de pensée maîtrisé par les apprenants. Surtout, elle permet d'évaluer les obstacles que risque de croiser l'effort éducatif. Concernant le concept de matière, on relève ainsi une confusion totale entre les divers niveaux d'organisation[1]. Les chères têtes blondes ou brunes mettent aussi bien les cellules dans les molécules que les molécules dans les atomes. Le fait que la matière soit organisée suivant une série de niveaux de complexité (des particules élémentaires à la biosphère) leur échappe complètement[2]. Privés d'une vision d'ensemble de ce champ du savoir, ils commettent de redoutables confusions.

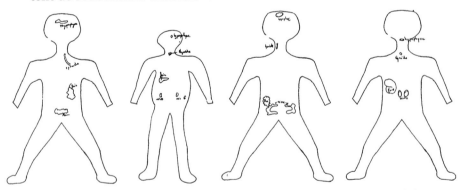

Différentes localisations d'organes dans le corps humain par des adultes : l'hypophyse, la thyroïde, le foie, les reins. (Source : LDES.)

---

1. Pour eux la matière est matière quand elle est à l'état solide.
2. Pour les lecteurs peu familiarisés : chaque niveau d'organisation inclut l'autre. Les molécules sont constituées d'atomes qui sont composés d'un noyau et d'électrons, le noyau comportant des protons et des neutrons, eux-mêmes réalisés à partir de quarks.

Pour les étudiants plus spécialisés, la difficulté gît dans la structure de l'atome. Ils possèdent une conception relativement correcte de ce dernier, décrit au travers du modèle atomique, lequel les empêche toutefois d'accéder au modèle quantique. Ils savent que l'atome se subdivise, mais en ignorent le détail et placent volontiers des quarks dans les électrons ou confondent «quark», «photon» et «bozon». Pour eux, la matière est toujours décomposée (ou décomposable) en éléments séparés (et séparables). Mais ils raisonnent en termes d'addition, jamais en termes d'interactions et d'émergence.

Portrait d'une conception

Idées, images, mode de raisonnement, modèle explicatif, façons de produire du sens : le portrait-robot d'une conception s'esquisse[3]. Outil pour connaître l'apprenant, moyen de comprendre ses difficultés, elle fait prendre conscience de la lenteur des processus d'apprentissage. Mais il est une conception... sur les conceptions qu'il importe de cerner : la méta-conception, qui constitue de fréquents obstacles pour comprendre la très subtile mécanique de l'apprendre.

Essayons de les aborder d'emblée et, si possible, de les ébranler. La conception d'un apprenant n'est pas «juste» ou «fausse». Ni «conforme» ou «inadéquate». Elle est seulement «opératoire» ou inefficiente. Elle permet, avec plus ou moins de facilité ou de pertinence, d'expliquer, de prévoir ou d'agir. Certes, mes propos risquent de choquer les puristes de la didactique, des sciences cognitives ou de l'épistémologie. Mais l'idée de conception a besoin d'être relativisée, sous peine de rassir rapidement en dogme stérile.

Toute conception peut agir à la fois comme un savoir «acceptable» et comme une magnifique erreur. Sans aucun doute, la conception du monde induite par un planisphère classique, européanocentriste, nous aide, nous Occidentaux, à nous situer à la surface de la Terre. Elle facilite la compréhension des circulations, des communications et des relations, du moins pour les pays proches ou par rapport à nos propres intérêts. Sous ce rapport, elle constitue

---

3. Pour en savoir plus, voir le chapitre 13.

indéniablement un savoir important et utile. Dans le même temps, cette représentation du monde nous égare. Le Pacifique est occulté, les distances déformées, l'étendue des États exagérément amplifiée ou diminuée, les trajectoires des déplacements aériens irréalistes, sans compter les ignorances en matière géostratégique qu'elle instille dans l'esprit de nos décideurs.

Pour traiter de l'apprendre, il nous faut appréhender les conceptions dans cette dimension et distinguer les conceptions des « novices » de celles des « experts » (qui sont acceptées – ou font consensus – dans une communauté de référence). Quand celles-ci existent comme en sciences, elles n'ont pas toujours un statut plus performant pour la vie quotidienne. Quelle est la conception la plus adéquate quand on se déplace dans une ville ? Pour trouver son chemin, vaut-il mieux raisonner au travers du modèle scientifique – la Terre tourne autour du Soleil – ou de l'idée populaire – le Soleil circule autour de notre planète. Bien sûr, quand le projet éducatif est historique, la première conception est à privilégier. Elle permet de magnifier l'un des premiers décentrages épistémologiques de l'humanité. Mais s'agissant d'un projet pratique... Essayez de vous repérer au travers du premier modèle !

À notre sens, tout savoir reconnu par une communauté de référence demeure une conception. Une conception qui a réussi, soit parce qu'elle a été corroborée (cas du savoir scientifique), soit parce qu'elle a été consacrée d'une manière ou d'une autre (situation que l'on rencontre en littérature ou dans les arts). D'où l'intérêt d'étudier, en parallèle, les mécanismes d'élaboration scientifique.

L'histoire des sciences est riche en savoirs pertinents devenus d'étonnants obstacles, infranchissables sur le court terme. L'exemple du moine Gregor Mendel est, à ce titre, édifiant. Son apport fut capital à un moment donné du développement de la génétique. Au lieu de penser l'hérédité en termes de mélanges, il apportait l'idée – lumineuse – que l'hérédité reposait sur des caractères transmis séparément. Mais les chercheurs qui lui succédèrent eurent beaucoup de mal à transgresser cette formulation. Tous les caractères ne sont pas transmis disjoints. L'espèce humaine possède environ 100 000 gènes pour seulement 46 chromosomes. Un très grand nombre de gènes sont donc liés. De plus, les interactions entre gènes sont multiples lors de leur expression. Enfin, ces caractères héréditaires ne sont pas totalement déterminants, ils s'expriment sous l'influence d'autres gènes et surtout de l'environnement. Un siècle durant, la génétique fut donc entravée, à tout le moins ralentie, par un concept trop prégnant. Le modèle atomique du Danois Niels Bohr, ou le modèle d'ADN des Anglais Francis Crick et James Watson, ont sans doute engendré le même type d'obstacles.

L'ORIGINE DES CONCEPTIONS

Tout, par ailleurs, dans la constitution ou l'expression d'une conception, ne provient pas forcément du domaine qui la concerne au premier chef. Ainsi, des conceptions relevant du discours scientifique ont pu germer sur un terreau de stéréotypes sexuels. L'idée de la dominance de l'homme a conforté des travaux sur l'hérédité, d'Aristote aux méthodes actuelles de sélection dans les haras, et nourrit aujourd'hui encore certaines conceptions du grand public sur la fécondation. La femme est ainsi cantonnée au rôle de réceptacle plus ou moins passif, quand homme joue un rôle nettement plus actif en fournissant, par son sperme, l'essentiel du futur enfant.

Les conceptions sur l'apprendre dont il a été question au chapitre 1 et 2 descendent en ligne directe, elles, de conceptions philosophiques sur la nature humaine, en particulier sur l'enfant. Les partisans des méthodes transmissives ont toujours considéré ce dernier comme un « être inachevé ». L'idée d'une « matière informe à redresser », ou encore celle d'une « matière corrompue, prompte à la faute » sont souvent avancées. Dès lors, ces idées spontanées n'ont aucun intérêt. Pire, elles pourraient nuire aux acquisitions. Pour les constructivistes, en revanche, l'enfant est « un feu qu'on allume », comme le proclamait Rabelais. Certes, il s'agit d'un être en formation, mais « l'enfant est bon », soutenait Rousseau. Seule la société le pervertit. D'où l'importance de susciter la Nature pour qu'elle l'épanouisse, en s'appuyant sur ses intérêts spontanés ou en développant sa curiosité.

La personnalité affective est également désignée comme pourvoyeuse de conceptions. En matière de chaleur, les propriétés thermiques attribuées à la fourrure proviennent de la chaleur maternelle. Autre matrice : les souvenirs liés à la prime jeunesse.

Certaines conceptions, enfin, prennent racine dans la personnalité profonde de l'élève, dans ses premières relations avec son entourage, et traduisent un besoin farouche de maîtrise. Si, en argumentant, l'enseignant touche, même indirectement, à quelques aspects de savoirs qui sous-tendent cette maîtrise, la personnalité risque de s'affaisser. L'enfant défendra intuitivement, bec et ongles, son idée.

CHANGER LES CONCEPTIONS, EST-CE POSSIBLE ?

Changer de conceptions n'est jamais un processus simple, direct et neutre. Chaque modification se solde par une expérience désagréable, vécue comme une menace par l'apprenant. Elle change le sens de ses expériences passées et trouble la façon dont il interprétait la réalité, voire le sens qu'il donne à sa vie.

Les situations dans lesquelles les individus présentent de grandes difficultés à changer d'idées sont multiples et ne relèvent pas toutes de la sphère éducative. Ainsi, près de quarante ans après l'instauration, en France, des francs dits « nouveaux », nombre d'hexagonaux de plus de quarante ans continuent à traduire toutes les sommes importantes en anciens francs. C'est dans ce cadre de pensée que les montants prennent réellement leur signification. « Dix mille nouveaux francs » n'a pas la même charge représentative qu'« un million d'anciens francs » ! Avouerai-je qu'après deux décennies passés à la tête d'un laboratoire en Suisse, je me surprends encore à traduire en francs français les sommes correspondant aux allocations de recherche versées en francs suisses ou en écu ?

L'histoire des sciences est tout aussi révélatrice. Nous avons montré que l'ovule et le spermatozoïde furent observés dès le XVIIe siècle[4], mais qu'il a fallu attendre la fin du XIXe siècle pour aboutir au modèle actuel de la fécondation... Comment expliquer que deux longs siècles aient dû s'écouler avant qu'un savoir qui nous

---

4. *Cf.* A Giordan (sous la direction de), *Petite histoire de la Biologie*, Paris, Éditions Lavoisier, tome 2, 1987.

paraît évident ne soit théorisé ? Simple : les chercheurs étaient entravés par des conceptions préalables. Le Grec Démocrite, par exemple, professait au IVe siècle avant J.-C. que *« chaque sexe produit une substance prolifique, élaborée dans toutes les parties du corps, et spécialement dans la tête, d'où elle gagne les reins par la moelle. Les semences se mélangent dans la matière où elles prennent une part égale dans la formation de l'embryon. L'enfant ressemble à celle des deux qui en donnent le plus »*. De même, assurait Aristote, la femelle ne contribue pas au même titre que le mâle à la formation d'un petit humain, celui-ci fournissant le principe de mouvement, celle-là la matière (les menstruations). Vision très cohérente en apparence puisque, lorsque se fabrique un bébé, les règles cessent.

L'idée sera reprise et transformée par Descartes. L'embryon animal dérivait, pour le père des *Méditations*, du mélange confus des deux semences : *« Elles se réchauffent, écrivait-il, en sorte que quelques unes de leurs particules, acquérant la même agitation que le feu, se dilatent et pressent les autres, et, par ce moyen, les disposent peu à peu à la façon qui est requise pour former les membres. »* Notre philosophe tenta d'expliquer le passage de la liqueur à une forme. C'est sur ce plan que les scientifiques d'alors s'interrogèrent, les explications précédentes leur paraissant insuffisantes. Le modèle qui les convainquit était celui qui connaissait le plus grand succès à l'époque, « la fermentation », en proposant une métaphore copiée sur la fermentation du pain.

Nonobstant le développement du microscope, qui permettait d'observer *de visu* le spermatozoïde et l'ovule, la plupart des chercheurs n'en démordirent pas. Leurs conceptions les en empêchaient. Certains nièrent jusqu'à l'existence des gamètes ou leur attribuèrent un rôle délirant. À tel point que les spermatozoïdes furent considérés par d'aucuns, jusqu'au milieu du XIXe siècle, comme des parasites du sperme ! D'autres, au contraire, qui recherchaient un support pour une forme préexistant à l'enfant, trouvèrent dans l'ovule ou dans le spermatozoïde des données propres à enrichir leurs conceptions. De là, naquirent deux grandes théories préformistes concurrentes : l'une défendue par les ovistes (selon lesquels la cellule maternelle contenait l'enfant en miniature), l'autre soutenue par les animalculistes (qui pensaient que l'enfant est apporté par le spermatozoïde). La querelle flamba deux siècles entiers, chaque clan avançant des faits d'observation irréfutables. Ah! S'il suffisait de voir pour comprendre! De modifier ses conceptions pour apprendre!

Cet exemple n'est pas unique, loin s'en faut. Tous sont révélateurs des difficultés qui balisent les chemins de l'apprendre. Ne continue-t-on pas à dire : *« Apprendre par cœur »*, ou à dessiner un cœur quand l'amour nous tenaille. Autant de réminiscences du temps où l'organe tambourinant passait pour le siège de la pensée ou de l'affectivité! De même, les médecins ne parlent pas de l'urine mais « des » urines, comme à l'époque où les savants en faisaient exister deux, une excrétée par les reins (« l'urine du sang et de la nuit ») et cheminant par des voies mystérieuses, l'autre empruntant des circuits (imaginaires) plus directs, de l'intestin – ou de l'estomac – à la vessie. Cette idée, formulée pour la première fois par Hippocrate voilà... trente-cinq siècles, se maintient. On retrouve ce tuyau, même chez nos étudiants en médecine!

La description, qui précède, des conceptions comme mode d'organisation de la pensée de l'individu et comme support de l'identité de l'individu prouve qu'il ne s'agit pas d'une sorte d'artefact issu de la seule situation d'apprentissage (les conceptions ne constituent pas une espèce de « n'importe quoi » que l'élève serait amené à dire) ni d'idées isolées. Elles font partie intégrante du

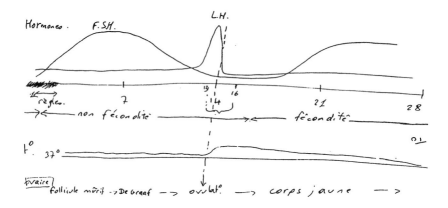

Conception d'une étudiante de biologie sur le cycle de la femme. L'étudiante possède bien son cours de biologie. Pourtant, elle ne sait pas définir les périodes de fécondité d'une femme. (Source : LDES.)

réseau cognitif de l'apprenant, réseau qui les sous-tend et leur donne leur signification.

Ce qui apparaît dans une discussion ou en classe n'est pas la structure mentale proprement dite de l'élève mais sa manifestation externe. En matière d'apprentissage, c'est le modèle «immergé» qu'il importe de mieux cerner et de traiter. Or, celui-ci jaillit rarement de façon directe. Heureusement, nous le verrons, on peut aisément repérer (à quelques exceptions près), ses principales caractéristiques.

On pourrait lire ces remarques de manière défaitiste. Dire que tout cela est bien compliqué! Qu'il faut continuer à enseigner comme on l'a toujours fait. Si cela a marché pour nous... Pourquoi ne pas envisager, au contraire, cette description comme une tentative lucide pour qu'une éducation ou une médiation prétende à un peu d'efficacité. Car ces caractéristiques nous font mieux comprendre le pourquoi de leur résistance. Elles signalent les conditions qui facilitent leur dépassement. Le passage d'une conception à une autre, plus adéquate, est certainement difficile. Mais pas question de céder au découragement! D'une meilleure connaissance de la mécanique de l'apprendre, peuvent découler des situations de médiation riches de promesses[5].

---

5. Pour en savoir plus, voir partie 2.

5

MAIS AU FAIT, POURQUOI APPRENDRE ?

───■───

> «*Apprendre est une diminution de la dépendance.*»
> Benoît Bunico, *Le Merveilleux dans sa banalité*,
> Z'Editions, 1989.

L'individu apprend, ou du moins tente d'apprendre... Mais pour quoi faire ? Comme toutes les activités humaines, l'apprendre a été détourné. On mange non pas pour manger mais pour traiter une affaire, fêter un anniversaire ou draguer. On fait l'amour non pas pour faire des enfants mais pour mettre en place des relations sociales ou se sentir moins seul... De même, on apprend pour réussir à l'école ! L'école n'est toujours pas un lieu privilégié pour apprendre : on retient ponctuellement et on applique. Actuellement, elle fonctionne plutôt comme un lieu de certification. On vient y faire reconnaître ses mérites ; d'où la multiplication des cours privés, des séjours linguistiques pour apprendre ce qu'on va valoriser à l'école...

Certes, dans tous ses textes fondateurs, l'école accorde la priorité à l'acquisition du savoir. Dans le même temps, ses programmes démentiels et ses méthodes frontales convergent pour éloigner la plupart des élèves des rives de « l'apprendre ». Pire : l'institution scolaire sécrète beaucoup de désintérêt, sinon de l'ennui. Les évaluations le montrent : la curiosité, le questionnement et, partant, l'envie d'apprendre diminuent avec les années passées derrière un pupitre. Seuls les élèves qui ont compris que l'école constituait un passeport obligé pour une future situation potentielle acceptent de « jouer le jeu ».

Comment en irait-il autrement quand on enseigne aux aurores la bromisation et la chloration des alcènes en physique-chimie, puis la création des zemstvos en Russie au cours d'histoire[1], avant de terminer la matinée par deux heures de contrôle de mathématiques sur les colinéaires ou les orthogonalités dans l'espace... Sujets intrinsèquement captivants, cela va sans dire, mais qui ne font jouir que les spécialistes qui ont consacré dix années de leur vie à en faire le tour ou qui sont capables d'en décoder immédiatement l'intérêt culturel ou économique.

Qui peut apprécier Ronsard, Baudelaire ou Verlaine quand l'étude de ces auteurs se glisse entre l'heure du foot en cours d'éducation physique et sportive, et celle des facteurs de répartition des activités agricoles en géographie ? Et puis, pourquoi chercher à comprendre ou à prendre plaisir ? Ce n'est pas ce qui est demandé. L'important est de fournir rapidement ce que réclame le système éducatif...

APPRENDRE, UN PROCESSUS COÛTEUX

En introduisant, au fil du temps, une confusion entre savoir et apprendre, le système scolaire s'est perverti. C'est que vouloir savoir ne signifie pas avoir envie d'apprendre. Apprendre est – et demeurera – un processus coûteux en temps et en énergie, qui suppose de se dépouiller de ses certitudes, d'abdiquer tout espoir d'efficacité immédiate et de s'engager dans une démarche dont on ignore à l'avance les satisfactions que l'on pourra en tirer, surtout en période de chômage. Personne n'est plus assuré, par ses études, d'obtenir un « plus » social proportionnel aux efforts déployés.

---

1. Programme de seconde en France.

MAIS AU FAIT, POURQUOI APPRENDRE?

Mes propos sont nécessairement globaux. Nombre d'enseignants s'investissent dans leur travail, au mépris de leur carrière. Et pour l'élève le déclic se produit souvent, au cours de la scolarité. Les chemins sont parfois surprenants. Dans mon cas, il s'est agi d'un prof de gym! Mais la plupart du temps, que d'occasions manquées. La racine du mal crève les yeux: des programmes boursouflés, confectionnés non sur un projet éducatif, mais sur la base de corporatismes étroits. Inutile d'en dire plus ici, telle n'est pas la question. Signalons seulement que cette perversité rencontre aujourd'hui d'autres intérêts, ceux des tenants d'un certain libéralisme, de libertés qui les arrangent...

Au travers de pseudo-apprentissages, les élèves «apprennent»... à devenir des consommateurs. Les savoirs qu'on leur propose ne leur paraissent (au mieux) utiles que pour passer en classe supérieure, ou pour réussir aux examens. En dehors de l'école, ils ne leur voient aucun intérêt. Seul le diplôme acquis compte, qui donne accès (éventuellement) à un travail, et permet de gagner l'argent nécessaire à la consommation.

La société se serait-elle organisée pour entretenir cette idée? Cela fait vendre, dit-on... La télévision, les films, les publicités développent l'image d'un pseudo-bien-être, d'une vie facile qui conduit à la plus franche passivité et au moindre intérêt. Les jouets deviennent de simples presse-boutons, la voiture ou l'informatique un indicateur de standing, les voyages une accumulation de lieux. Peu importe si l'on n'entre pas dans la culture des gens du pays.

Pas question, du coup, de chercher à comprendre comment fonctionne un CD-Rom, un téléphone, un camescope..., ou de situer ces techniques dans l'histoire des idées. Encore moins d'en penser l'usage. À la première sonnerie, on répond au téléphone, même si l'on reçoit des invités, comme au temps où un coup de fil signifiait une urgence. L'important est d'être vu avec le dernier objet à la mode: hier la voiture, aujourd'hui le téléphone portable. À quoi bon, dans ces conditions, chercher à apprendre? Nulle part, à commencer par l'école, ce comportement n'est valorisé. Le plaisir d'apprendre est irrémédiablement évacué de nos vies[2].

---

2. Voir les paradoxes de l'apprendre, chapitre 13.

Apprendre, un merveilleux bienfait

Pourtant, cette capacité si particulière et si surprenante que nous regroupons sous le terme générique de « l'apprendre » représente l'un des « bienfaits » les plus porteurs de l'humanité. Ses potentialités augmentent au fur et à mesure que celle-ci se développe – et réciproquement. Ou, plutôt, son importance devrait croître pour que l'humanité s'humanise... Mais ne faisons pas de l'apprendre une compétence spécifique à l'Homme. L'apprendre est une des plus audacieuses inventions du vivant et s'observe chez les organisations les plus simples. Bactéries, micro-organismes, unicellulaires et champignons sont capables de performances complexes. En fait, apprendre est propre à toutes les formes de vie. Et cette capacité est devenue, au cours des temps, l'un des moteurs de l'évolution. On peut dès lors la considérer comme un besoin vital, au même titre que manger, boire ou dormir.

À travers la progression du vivant, l'apprendre a permis une adaptation sans cesse renouvelée aux milieux de vie les plus divers. Cette propriété est même si fondamentale que les êtres vivants ont inscrit son principe dans leur patrimoine génétique. Même si cela nous trouble, nous puisons cette potentialité dans nos gènes. Mais rien n'est jamais figé dans notre cerveau. L'intelligence est toujours à construire. Dans l'œuf, ne se trouvent que des recettes pour confectionner quelques protéines à l'origine de nos neurones. Décoder les informations, les engranger, les mobiliser quand bon nous semble résultent d'une interaction permanente avec le milieu. L'environnement est si présent dans notre esprit que l'on n'apprend qu'en relation avec lui, ou par son médiateur : le maître.

Au cours du petit âge, l'apprendre devient une pulsion. En retour, cette dernière affine les potentialités et les capacités intellectuelles de l'enfant. Quand l'individu n'apprend plus, c'est souvent le symptôme d'une dépression, et plus tard le signe annonciateur d'une mort certaine. En revanche, ceux qui gardent la passion d'apprendre conservent la passion de vivre, même au creux des pires difficultés. Apprendre renvoie l'Homme à son instinct de vie. Et puis, apprendre fait sortir de l'habitude, de la dépendance et des évidences, permet de tirer parti de ses réussites ou de ses échecs pour les réinjecter dans de nouvelles situations, et fournit une compréhension de soi et des autres.

Savoir, au fond, est une chance. Pour qui sait, ce qui ressemble a priori à une montagne (une formalité administrative ou le fonctionnement de son propre corps, par exemple), devient plus simple. L'individu cesse d'être le jouet – ou le sujet – du spécialiste qui l'embobine ou l'exploite... Il peut interpeller son médecin ou son avocat, éviter de se faire escroquer par son plombier ou argumenter sans complexe avec son maire. Dans un monde en mutation continue, tirer profit de son expérience – et de celles des autres – devient aussi une force pour continuer à s'adapter à ce qui paraît inéluctable.

Or, nous voilà plongés dans une période de transition. Jamais l'humanité n'a disposé d'autant de potentialités matérielles, scientifiques ou techniques pour maîtriser sa destinée. Jamais elle n'a créé autant de richesses. En Europe, le produit national brut (PNB) a triplé en vingt ans. En Asie, il augmente de 15 % l'an, en moyenne. Pourtant, à l'orée du XXIe siècle, la société doit affronter la montée de la violence sous toutes ses formes, l'exclusion sociale, la dislocation des modes de vie traditionnels, le fossé grandissant entre les riches et les pauvres, le Nord et le Sud, l'asservissement aux nouvelles technologies et l'exploitation sans précédent de la Nature. La société, *de facto*, ruisselle de doutes[3] devant la faible maîtrise de l'innovation technique et des forces des marchés monétaires, l'impasse des modèles de développement. Elle en vient à craindre pour sa survie (en tout cas pour une certaine qualité de vie de ses descendants) et doute des solutions (souvent pires que les problèmes qui les ont engendrés) qu'on lui propose. Entre des pouvoirs locaux multiples mais informes et les insaisissables sphères multinationales, le politique perd de son envergure. Bousculé par ces changements rapides, chacun se sent devenir otage. Une manière d'étourdissement brouille les anciens repères. Impuissants à maîtriser ces phénomènes, nos contemporains parent au plus pressé, cherchent à se prémunir contre les risques en se réfugiant qui dans sa coquille, qui son ghetto ou son nationalisme. Une sécurité illusoire prend corps,

---

3. Cela est malgré tout un signe qui traduit une certaine hygiène sociale, signe d'un début de prise de conscience et de réaction.

le lien social se distend. Certains prônent le retour aux valeurs du passé ou le rejet de l'autre, de l'étranger, perçu comme un agresseur.

Pour ne pas céder à ce vertige, le réalisme commande d'apprendre, et d'accepter les défis tels qu'ils se présentent, et quels qu'ils soient. Ce qui se passe n'a rien d'inquiétant. Tout juste s'agit-il d'une étape de notre histoire. Plutôt que d'avoir peur, le plus sage est d'intégrer cette instabilité dans notre vision de l'univers. L'incertitude devient la nature même du monde. Il s'agit tout à la fois de dépasser notre soif de certitudes, de développer une capacité critique et de prendre la mesure de la diversité des individus et des populations. Le savoir n'est plus un lot de données mécanistes et linéaires, closes et définitives. Il convient d'apprendre à ne plus avoir d'idées arrêtées et à réviser son jugement, en acceptant des points de vue éloignés des siens. Travailler les différences incline à clarifier ses propres valeurs et évite qu'elles ne forgent l'exclusion.

Les nouvelles technologies (informatique, multimédia, réseaux de communication type Internet), qui mettent à notre disposition un stock immense de données, accessibles d'un coup de souris, sont au cœur de ce bouleversement de nos modes de vie. La libre circulation des images et des données contribue à transformer notre vision du monde. À techniques nouvelles, nouveaux apprentissages. L'heure est venue d'apprendre à rechercher, à trier, à hiérarchiser l'information, sous peine de s'y noyer, à lire les images, à en décoder la structure, l'enchaînement et la syntaxe, à faire preuve d'intuition pour flairer le «bon» réseau d'informations ou le forum de discussions pertinentes. Tout document électronique doit susciter interrogations et débats. Un sens critique s'impose face à ces flux d'informations dont on ignore la provenance et le degré de pertinence. Car, dans cet univers mouvant, tout peut tourner, très vite, à la confusion. Apprendre dépasse désormais la pure acquisition de connaissances factuelles. C'est l'appropriation de démarches qu'il importe de privilégier.

Apprendre est d'abord une quête

«L'apprendre» signifie donc, plus que jamais, maîtrise. Comme en vélo, il faut pédaler en permanence pour rester debout! Apprendre, comme maîtrise, doit permettre une ouverture permanente... Mais une maîtrise doublée d'une quête permanente, du besoin de se dépasser, voire de se transcender. Cette capacité dont chacun de nous est porteur doit permettre le dépassement sous peine de figer l'individu.

Cette « quête » continuelle qu'elle doit engendrer conduit l'individu à aller plus loin sur soi ou par rapport à soi-même. Celle-ci fait sortir l'individu de ses routines, des habitudes ou de ses évidences. Le besoin de se dépasser, de ne pas rester là où il est habituellement, voire de se transcender devient un enjeu à partager pour notre époque. L'individu peut alors se renouveler. Le mouvement, une certaine dynamique sont fondamentaux dans la vie, ils propulsent hors de soi-même ou de son milieu de vie habituel.

Apprendre ouvre alors sur une infinité de voies. Apprendre peut devenir un nouvel « art de vivre » : l'art d'entretenir jusqu'à un âge adulte « ce feu » que Montaigne voulait allumer chez l'enfant. Il peut tout simplement servir à « ne pas se rouiller » et à être prêt à rebondir ou à évoluer en permanence. Il peut, au travers de multiples démarches, répondre au besoin de devenir plus humain. Jouer d'un instrument, pratiquer un sport, maîtriser une langue, comprendre une philosophie, connaître un pays ou cultiver des roses dans son jardin, *« c'est notre personne qui prend de la valeur, pas notre patrimoine »*, comme le suggère le journaliste et polémiste François de Closet. *« Et ce profit-là, nul impôt, nulle dévaluation ne nous le reprendra. »* C'est pour beaucoup d'individus la seule et véritable fortune qu'ils possèdent réellement. En cas de coup dur, on peut toujours compter sur elle pour repartir.

Ainsi, apprendre devient un enrichissement de l'être, autant que de l'avoir. Et, tout à la fois, ou indépendamment, suivant les individus, un plaisir, une passion, une émotion, une envie, une jubilation ou une aventure, ou une reconnaissance.

PARTIE 2

DU NOUVEAU SUR L'APPRENDRE

6

ON APPREND
AU TRAVERS DE CE QU'ON EST

———■———

> «*Nous n'accordons pas autant d'importance à l'esprit des enfants qu'à leur pied; ils ont en effet des chaussures de formes et de grandeurs diverses, à la mesure de leurs pieds; quand aurons-nous une école sur mesure?*»
>
> Edouard Claparède,
> *Intervention à la Société médicale de Genève*, 1901.

Pour parvenir à un apprentissage, il n'existe ni «voie royale» ni chemin unique. Pour acquérir une langue étrangère, il est loisible d'écouter, de travailler en groupe, de se documenter, d'avancer par essais et erreurs en parlant et, surtout, de s'entraîner. Les savoirs en ingénierie ou en biotechnologie, eux, exigent de l'apprenant qu'il «démonte» une pratique inadéquate, échafaude des hypothèses et les teste, questionne des modèles, s'interroge sur son propre raisonnement ou prenne du recul pour construire un modèle de substitution. Des métaphores, des analogies, un schéma, un «conceptogramme» lui faciliteront la tâche. Des recherches bibliographiques, l'exécution de tâches, la résolution de problèmes influenceront favorablement l'apprendre.

Toutes ces activités peuvent être nécessaires et, parfois même se compléter. Mais l'important n'est pas là. On apprend au travers de ce que l'on est. Les ressources cognitives à la disposition de l'apprenant déterminent l'apprendre. Ce dernier interprète les informations externes en fonction de son potentiel cérébral. Ses expériences passées et son projet jouent un rôle déterminant. La motivation pour une activité, par exemple, prend sa source dans la perception qu'un individu a d'une activité, de sa compétence et du degré de régulation qu'il peut exercer sur ses démarches.

Rôle premier de l'apprenant

On mesure par là le rôle primordial de l'apprenant. Compte tenu du nombre considérable d'éléments à coordonner, on peut avancer sans réserve qu'il est le véritable « inventeur » de sa formation. Son environnement est tout aussi important, mais il agit en synergie. Son savoir progresse quand des interactions fécondes entre ses activités mentales et son environnement s'instaurent. Ce dernier stimule et donne une signification à l'apprendre.

Apprendre est donc, par principe, affaire d'interactions. On n'apprend que ce que l'on sait interpréter au sein de son propre système de pensée. Sur le monde qui l'entoure, dans les situations qu'il est appelé à gérer, chaque individu dispose d'explications, de croyances relativement précises ou adéquates pour se forger une opinion. S'il n'en a pas directement sur la question abordée, il met en œuvre des démarches pour rechercher une explication ou anticiper une situation.

À cette fin, il possède une grille de lecture et manipule un ensemble de modèles interprétatifs. Ce sont d'autres images, métaphores, modèles – sur la matière, l'énergie, le vivant, le groupe, la causalité, – qui interfèrent fortement avec la question abordée. À propos d'un projet, ce système de pensée « mis en branle » – que nous nommons conception - oriente la façon dont l'apprenant décode les informations. C'est son organisation cognitive, couplée aux instruments intellectuels dont il dispose, qui va filtrer les données.

Apprendre résulte d'une émergence issue de la fusion de potentialités nerveuses, d'une histoire individuelle mémorisée et d'un environnement direct ou médiatisé qui permet son actualisation permanente. Dans une activité pédagogique – comme en matière de médias – l'apprenant trie, valorise, réajuste, organise, coordonne les éléments qu'il peut comprendre ou dont il pense faire «son miel». Le reste est éliminé ou dévalorisé. Apprendre ne revient pas à entasser les informations, à accumuler les données. Appréhender un nouveau savoir, c'est l'intégrer à une structure de pensée existante. Au travers de savoirs propres, antérieurs à la situation

Différentes représentations de l'Europe chez de futurs enseignants.
(Source : LDES.)

éducative (ou culturelle), mais qu'il est capable de mobiliser dans celle-ci, l'apprenant décode les données nouvelles, les confronte, le cas échéant, et formule des idées neuves...

Apprendre, c'est transformer ses conceptions. Ou plutôt, passer d'un réseau explicatif à un autre, plus pertinent, pour traiter un contexte donné. L'enseignant, le médiateur qui souhaite « faire passer » un message doit ménager ces conceptions. S'il ne le fait pas, l'élève peut apprendre, mais... autre chose que prévu. En mathématiques, en sciences, les élèves apprennent que ces disciplines sont affreusement compliquées, qu'ils ne pourront jamais rien en tirer. Et ce savoir va perdurer toute une vie !

Cette intégration – quand l'apprentissage est réussi – relève d'un processus d'organisation[1] et de régulation d'éléments préalables. En interaction avec la situation nouvelle à laquelle l'apprenant est confronté, elle aboutira à leur métamorphose éventuelle. Toutefois, l'émergence de nouveaux savoirs suppose des conditions très draconiennes. Nous ne les évoquerons pas toutes d'emblée. Citons les principales.

D'abord, l'apprenant apprend s'il peut saisir ce qu'il peut en faire, et si possible dans le court terme. Ensuite, il apprend s'il parvient à modifier sa structure mentale initiale, quitte à la reformuler complètement. Enfin, il apprend si les nouveaux savoirs - ou la nouvelle formulation du savoir – lui apportent un « plus » dont il peut prendre conscience (métacognition) sur le plan de l'explication, de la prévision ou de l'action.

Pour accepter de renoncer à un savoir acquis, l'apprenant doit être en mesure de lui en substituer un neuf, à condition d'avoir l'impression que ce dernier remplit les mêmes fonctions que le précédent (voire plus), qu'il lui offre une maîtrise plus large et le conduit à pénétrer des aspects inconnus de la connaissance. Las, rien n'est immédiat. Le savoir en place occulte, pour de multiples raisons, les données nouvelles et, le plus souvent, les exclut catégoriquement. Les savoirs inédits étant menaçants, l'individu accepte mal de se faire bousculer. S'ensuivent des risques pour l'image de l'apprenant.

---

1. Il s'agit toujours d'une réorganisation. Elle s'apparente au mieux à un phénomène de récupération ; du moins, la récupération écologique fournit un bon modèle pour penser cette subtile mécanique.

On apprend au travers de ce qu'on est

Ni cloisonnement, ni hiérarchie

Au départ, apprendre procède d'une intention, d'un projet – même implicite – motivé par un besoin, un désir, un manque (une question qui interpelle l'apprenant par exemple). L'individu n'agit que sous l'empire d'un besoin. Celui-ci peut être direct (l'apprenant veut progresser vers ce qu'il croit pouvoir faire, doit répondre à une nécessité) ou indirect (l'élève veut la bonne note, attend de réussir un examen. En sport, il va apprendre le surf, car il peut vouloir se faire plaisir ou donner une certaine image de soi...).

Si son équilibre avec l'environnement est momentanément rompu, il agit pour remédier à ce déséquilibre passager, le réadapter à son milieu. Tout dépend de ce que l'individu a décidé d'être, de faire ou de savoir. Pour y parvenir, il va rechercher les moyens ou se « donner » les situations nécessaires. En tout cas, l'apprendre ne se départit jamais de l'affect (le « moteur » de tout le processus). Dans l'enseignement classique, même quand l'élève traîne les pieds pour apprendre, le fait de ne pas être trop cancre, la relation intime à ses parents ou à son professeur vont jouer. Par ailleurs, les émotions, le plaisir ou le désir favorisent la mémorisation en fournissant un « poids » aux informations, en facilitant leur sélection, sans doute en liaison avec la production de neuromédiateurs lors de l'établissement des synapses. Certes indispensable, l'aspect émotionnel ne suffit pas. On peut désirer tout savoir sur la mécanique quantique, encore faut-il entreprendre les démarches cognitives *ad hoc*.

L'apprendre procède alors d'un processus d'élaboration d'un individu confrontant les informations nouvelles et ses conceptions mobilisées, et produisant de nouvelles significations à même de répondre à ses interrogations. La transformation de la pensée de l'apprenant s'opère de façon discontinue, à coups de mini-crises qui peuvent aller parfois jusqu'à la crise d'identité, tant un individu peut s'investir dans ses actes. Heureusement, le savoir progresse, par optimisations successives, contre les séductions de l'apparence ou de l'évidence. Lorsqu'il y a compréhension d'un nouveau modèle, cela veut dire que la structure mentale s'est métamorphosée. Le cadre de questionnement a été reformulé, la grille de références largement réélaborée.

On ne traite plus les mêmes questions quand on passe de la génétique mendélienne à la génétique des populations. Les mots n'ont plus le même sens (même quand ce sont les mêmes), qu'il s'agisse de la vision macroscopique de la matière, de la théorie atomico-moléculaire ou de la théorie quantique. On ne peut ne contenter de dire que l'élève apprend ce qu'il est capable de mettre en relation ou d'assimiler en fonction de son mode d'appréhension. Les mécanismes d'élaboration sont polymorphes et varient selon les sujets étudiés. Ils passent par des phases de rectifications, de mutations et, éventuellement, d'interférences entre conceptions mobilisées et informations filtrées.

Une autre configuration se stabilise quand elle apparaît plus apte à résoudre les questions à l'origine de la démarche. La modification de conception est plus facile si un autre équilibre pointe à l'horizon, si un autre mode de fonctionnement, plus pertinent, se met en place, dont l'individu a pu tester le caractère opérationnel. Une fois formulée, cette expérience cognitive n'est pas simplement stockée. Elle doit être en permanence mobilisable et mobilisée. Heureusement, le cerveau déchire en permanence ses souvenirs pour les réorganiser en temps réel. C'est cette restructuration qui investit en retour la manière d'aborder la situation nouvelle[2]. L'élaboration d'un nouveau savoir ne passe pas nécessairement par la destruction des savoirs antérieurs. Le plus souvent, intervient soit une neutralisation soit une substitution. Différentes formulations peuvent cohabiter.

FAIRE NAÎTRE UNE INTERROGATION

Apprendre exige encore que l'apprenant donne une signification au savoir qu'il élabore. Pour parfaire un apprentissage, il importe que ce dernier prenne conscience de sa structure, de son importance et, surtout, de son usage. L'appropriation de savoirs se manifeste toujours par un changement de rapport que les apprenants

---

2. Plus nous disposons de procédures de traitement d'information variées, pertinentes, plus nous pouvons consacrer de ressources à l'interprétation d'une situation. L'apprenant dispose d'une pluralité d'approches de son environnement qu'il met en œuvre de façon différenciée suivant les situations et les contenus (conditions présentes). Si la situation est incongrue, déstabilisante, originale, il utilise une façon de faire inférieure à ses potentialités.

entretiennent avec les savoirs. Et sur ce plan, l'élève a également des conceptions (des métaconceptions, en fait). Il s'est fait une opinion sur l'école, sur ce que veut dire apprendre, sur la place des disciplines et le rôle des enseignants. Il sait réviser son jugement en relation avec un enseignant précis, avec lequel il jouit d'un contact particulier.

Ces conceptions interfèrent à leur tour sur l'apprendre. Ainsi, un enseignant qui souhaite introduire des innovations a beaucoup de difficultés à réaliser son projet dans les classes de fin de secondaire. La préparation aux examens fait que tout ce qui apparaît décalé est jugé avec suspicion, par souci d'efficacité. Même à titre inconscient, l'apprenant situe toujours les savoirs qu'il met en œuvre par rapport à un projet. Il les adapte à sa manière de faire. Son sentiment de responsabilité est un facteur primordial. Cela contribue à développer une attitude propice à l'apprendre. Le tout étant interconnecté, le métasavoir peut constituer, en retour, un projet ou un plaisir. L'apprendre est une dynamique qui émerge de multiples interactions, doublé d'une fonction complexe, non réductible à un seul modèle. Par de nombreux aspects, il présente même des composantes paradoxales.

Par exemple, l'individu comprend, apprend l'environnement au travers de ses conceptions. Ces dernières sont les seuls outils qu'il maîtrise. C'est au travers d'elles qu'il décode la réalité et les informations qu'il reçoit. En même temps, elles sont ses «prisons» intellectuelles qui l'enferment dans une façon de comprendre le monde. Pour apprendre dans une période de mutations sociales, il devra aller à l'encontre de celles-ci. Mais il n'y parviendra qu'en faisant «avec».

De coûteux détours sont indispensables pour réaliser une appropriation de l'expérience sociale. On n'entre pas directement dans la façon de penser de l'Autre. Lors d'usage de notions simples de physique classique, sous les mêmes mots (force, énergie, travail, accélération, puissance…), l'expert et l'apprenant n'opèrent pas sur les mêmes réseaux de signification. Leurs expériences n'ont pas la même signification. La force qui s'applique au centre de gravité est une invention de l'esprit qui arrange bien le scientifique ou l'ingénieur. C'est une bonne idée explicative, mais il faut maîtriser les conditions d'application «pour que ça marche». L'objet doit être supposé cohérent. S'il est déliquescent, le concept «centre de gravité» devient inutile. Pourtant, l'enseignement prend tout son sens à cet instant. Il en est de même en matière de médiation. Car, autre paradoxe, si l'individu doit apprendre seul, l'apprenant a peu de chance de « découvrir » seul l'ensemble des éléments pouvant modifier ses questions, ses concepts ou son rapport aux savoirs. Le sens que nous attribuons aux connaissances ne peut se transmettre directement. Seuls les apprenants peuvent élaborer leurs significations propres, compatibles avec ce qu'ils sont au travers de leur expérience propre. Toutefois, le médiateur peut faciliter cette production de sens en filtrant les multiples informations, en amplifiant ou réduisant l'apport des stimuli externes. Il peut faciliter la comparaison, les mises en relation (temporelle, spatiale, causale) ou encore inciter à l'organisation. Si le médiateur fait défaut, ou si les médiations sont trop pauvres, parcellaires, inadaptées, incompréhensibles, l'individu ne développe pas de démarche adéquate ou ne sait pas tirer parti des données de l'environnement.

LE MODÈLE ALLOSTÉRIQUE

Enseigner, médiatiser relèvent d'une alchimie complexe. Le modèle allostérique que promeut ce livre permet de catégoriser les ingrédients à rassembler[3]. Tous sont autant de facteurs limitants. L'apprentissage est impossible quand l'un manque à l'appel. Essayez de faire apprendre un élève qui a peur de se tromper ! La crainte nourrit des comportements primaires de paralysie ou de fuite. L'apprenant préfère décamper devant une menace. L'enseignement ou la médiation doit réaliser un subtil « cocktail » pour les rassembler. Une activité est signifiante quand elle permet à l'élève d'atteindre les buts qu'il vise ou quand elle lui permet de comprendre les événements qui titillent sa curiosité.

Le charisme d'un enseignant, son talent de comédien et son humour sont des traits susceptibles de rendre ses exposés captivants. Ils sont nécessaires mais non suffisants. Il lui faut appréhender les conditions optimales pour être convaincant. Les arguments qui marquent sont extrêmement divers, selon les individus. Ils doivent être particulièrement bien dosés.

---

3. Voir chapitre 14.

Une régulation entre ces divers paramètres par apprenant est encore à envisager. On oublie à la fois ce qui est inutile, mais également ce qui est trop intense : un traumatisme qui ébranle notre équilibre (comme l'annonce d'une maladie incurable) crée une dissonance trop forte qui évacue toute acquisition. Pour apprendre, il faut être perturbé dans ses certitudes. Mais pas trop, au risque de devenir paralysé. Toute perturbation doit aller de pair avec une confiance en soi ou un accompagnement. On accepte d'autant mieux une perturbation cognitive qu'on a une assurance d'accompagnement suivi.

Interaction, système, réseau, régulation, interférence sont les mots-clés de la dynamique cérébrale et par là, ceux de l'apprendre. Ils devraient devenir, avec d'autres[4], les éléments porteurs de l'apprendre. Ajoutons qu'il s'agit de développer un savoir biodégradable. Tout savoir qui s'installe – même le plus performant – devient, à la longue, dogmatique. Il conduit à une certaine rigidité mentale. Or, la situation actuelle est riche d'incertitudes. La savoir doit pouvoir s'adapter en permanence pour faire face à l'approximatif, à l'incomplet, à l'imprécis et à l'imprévu. Une telle résistance n'est pas l'apanage des élèves. On peut constater combien, chez les chercheurs eux-mêmes, les mêmes mécanismes sont à l'œuvre. Les conceptions nouvelles ne triomphent pas, ce sont les défenseurs des anciennes qui meurent !

---

4. Voir p. 181 et suivantes.

7

LE DÉSIR D'APPRENDRE

∎

> « *Donner à l'enfant le désir d'apprendre et toute méthode sera bonne.* »
> Jean-Jacques Rousseau, *L'Émile*, 1762.

« *On n'apprend pas sans être motivé !* » Voilà un consensus largement partagé, une manière de pont aux ânes dans le monde de l'éducation. Pour confirmer ce précepte, un proverbe est appelé à la rescousse. Ne dit-on pas : « *On ne fait pas boire un âne qui n'a pas soif* » ? Dès lors, tout le monde est satisfait. Nos pédagogues des pédagogies nouvelles n'ont plus qu'à clamer en chœur : « *Motivation, motivation* » ou « *Faut motiver, faut motiver* ». Et les sceptiques des innovations peuvent avancer : « *Avec le goût d'apprendre, tout se passe sans effort. Plus besoin des sciences de l'éducation, de la didactique ou des méthodologies de l'apprentissage.* »

Au milieu de l'enthousiasme général, se fait pourtant entendre un petit hic puisque, ces slogans une fois lancés, on reste coi et bien embarrassé quand on est enseignant ou parent. On ne se trouve guère plus avancé sur le plan pratique ! Comment, en effet, donner envie d'apprendre à ces chères têtes blondes ou brunes ? Comment obtenir ce déclic, le goût pour le savoir ? Comment s'y prendre, en particulier, avec des enfants que plus rien ne touche ? Il y a dix ans, il était de bon ton de parler de la génération «bof». Le phénomène s'est encore aggravé avec la crise économique et l'émergence de nouvelles formes d'exclusion. Un nombre grandissant de jeunes n'a plus envie d'apprendre.

Alors, privés de solutions[1], bien des professionnels de l'école jettent l'éponge et se bornent à noter sur les carnets de notes trimestriels : «*Élève peu motivé, travail nettement insuffisant*», «*Élève démotivé, résultats peu brillants*», «*N'a pas le désir d'apprendre*», «*N'a aucun projet*». Il est vrai que, par manque de formation, certains enseignants continuent de penser que la matière qu'ils incarnent est suffisamment motivante en elle-même.

Dépasser « la carotte ou le bâton »

Mais inutile de désespérer. Aujourd'hui, et c'est heureux, il est possible d'avancer en dépassant «la carotte ou le bâton», seuls universaux envisagés. Pour cela, à l'instar de nombreux aspects approchés dans ce livre, il nous faut renier quelques évidences fichées dans nos têtes. Commençons par l'essentiel, faute de quoi nous risquons d'engraisser d'énièmes désillusions. Il nous faut d'abord tordre le cou à une idée fréquente chez tout parent ou tout enseignant en matière d'éducation : l'idée que l'on peut trouver à coup sûr une solution pédagogique simple, définitive, complète et valable pour tous les moments et tous les individus (comme s'il s'agissait de presser un bouton électrique pour allumer la lumière).

Certes, le jeu et l'activité motivent d'entrée le jeune enfant. De même, un projet est toujours porteur pour tout adolescent ou tout adulte. Mais le résultat, lui, n'est jamais automatique. Des procédés n'ont pas forcément d'impact seuls, à n'importe quelle condition. Pour être dynamisants, ils demandent des spécificités très précises. Et puis, il y a activité et activité, projet et projet...

La motivation et son rôle dans l'apprendre ne sont pas des

---

1. Pourtant, ce n'est pas faute de travaux sur le sujet. Les banques de données sur la motivation répertorient plus de mille deux cents recherches chaque année !

mécanismes de la plus haute simplicité. Le désir pour le savoir est un processus multiforme, le terminus d'un enchaînement d'éléments. Il recouvre divers «ressorts» qui participent du biologique, du psychologique et du culturel. Il engendre à son tour de nouveaux processus et, surtout, s'enracine dans l'histoire de l'individu. Dès lors, notre propos ne peut être simple, sans qu'il faille, pour autant, en exagérer la difficulté.

La motivation peut être extrêmement facile à exciter. Un simple mot, une petite phrase suffisent parfois à entraîner un individu pour le meilleur ou... pour le pire. Combien de Français, d'Allemands ou de Japonais sont descendus dans la rue ou sont partis à la guerre motivés par quelques paroles qui ont immédiatement fait «tilt». Elles renvoyaient à un besoin immédiat, à un intérêt latent ou à des valeurs défendues par l'individu. Il arrive même qu'il soit inutile de motiver!

La motivation peut exister a priori, à «fleur de peau». Il suffit de la connaître ou de la faire émerger. Pas la peine de perdre son temps pour déclencher un intérêt sur certains thèmes. Les dinosaures, les volcans, l'Univers, les galaxies ou les hommes préhistoriques titillent d'entrée la curiosité. Le désir de savoir est déjà au rendez-vous, préalable à la situation. Cette motivation fait écho à certains de nos mythes, de nos fantasmes, de nos craintes ou encore à l'une des grandes préoccupations humaines : «Pourquoi y a-t-il quelque chose plutôt que rien?»

MOTIVER = MISSION IMPOSSIBLE

A contrario, motiver peut s'avérer une mission impossible! L'enseignant a beau proposer une panoplie complète de moyens captivants (l'humour, le charme, une accroche, une intrigue ou des technologies nouvelles), rien n'y fait. La mayonnaise, comme on dit, «ne prend pas». Quelque chose bloque : la situation, le comportement de l'orateur, l'image du savoir pour l'apprenant, le rapport aux copains de classe...

De nos jours, c'est ce qui arrive très fréquemment à l'école. L'institution, pour une frange de plus en plus large d'adolescents, est synonyme d'ennui et d'inutilité puisqu'elle ne permet plus d'accéder à un emploi. La démotivation à l'école ne date pas d'hier. La question a déjà fait l'objet de longs et âpres débats entre chercheurs et pédagogues. Quelques mots sur cette histoire nous permettront d'avancer plus vite et de dégager la plupart des facteurs qui influencent, positivement ou négativement, la motivation des élèves.

Pour Burrhus Skinner, le chef de file de l'approche behavioriste[2], un élève se démotive à la suite d'échecs trop fréquents. Les punitions morales ou corporelles ou le manque d'encouragements participent de ce phénomène. Pour Skinner, tout est – relativement – simple. Des stimuli extérieurs, tels des activités, des récompenses ou des encouragements, sont à rechercher pour déclencher une irrésistible envie d'apprendre et mobiliser l'énergie *ad hoc*. Enseigner est l'art d'identifier ces facteurs déclenchants. Par la suite, des renforcements seront mis en place pour en prolonger l'effet.

À l'opposé, dans les années soixante, le philosophe Carl Rogers et les pédagogues des courants humanistes ont estimé que la véritable source de motivation résidait dans les besoins intrinsèques de l'individu. Pour ce courant de pensée, la *libido sciendi* procède du besoin de s'épanouir. Le médecin et pédagogue belge Ovide Decroly tenait pour sa part l'apprendre pour un besoin parmi d'autres. L'enseignant, à son estime, se doit d'encourager ou de « *diriger les besoins innés* » ou acquis propres à chaque enfant ou adulte, et d'en faire naître de nouveaux. En réponse au besoin de défense chez l'enfant, par exemple, Decroly proposait d'inventorier avec lui les animaux dangereux, les plantes vénéneuses, de lister les moyens de défense (les coups, les cris, les attaques…) ou de protection (les écailles, les cornes, les dents…), pour faire naître l'envie de mieux connaître le comportement de ces animaux.

Le succès de l'approche constructiviste[3] a momentanément mis le débat sous le boisseau. La motivation était logée dans une relation permanente entre l'élève et son environnement. Celle-ci prend son origine dans les perceptions et les attentes d'un individu. Les possibilités d'interventions pédagogiques deviennent immédiatement plus vastes. L'enseignant peut s'appuyer sur les besoins

---
2. Voir p. 35.
3. Voir p. 37 et suivantes.

internes de l'élève, ses intérêts, ses désirs et ses attentes générées par la situation d'enseignement. Dans le même temps, il peut mettre en place des *« moyens externes de persuasion »* oraux, écrits ou médiatisés. Pour les plus jeunes, le jeu et l'action occupent une place privilégiée.

Toutefois, rien ne coule de source dans la pratique quotidienne. La motivation ne peut se résoudre en termes de recettes. C'est un délicat dosage qu'il s'agit d'organiser. Ce qui importe est de susciter un intérêt porteur qui incite l'individu à se surpasser. Tout juste peut-on prévoir les difficultés majeures qui inhiberont la motivation. Par exemple, cette dernière est rarement induite directement par des renforcements externes. Bien que très pratiquée dans de nombreux musées pour enfants, une telle approche ne produit qu'un intérêt très superficiel. De même, le fameux « carotte ou bâton » n'a que des effets très fugaces. La présentation d'images, la réalisation d'expériences, l'utilisation d'interactifs peuvent être un facteur déclenchant pour l'enfant, mais cet intérêt reste limité et inefficace s'il n'est pas relayé par un intérêt plus profond.

LA MOTIVATION CHEZ LES SOURIS

Dans les années quarante, l'éthologue Clark Hull, en poste à l'université de Yale (États-Unis), avait déjà remarqué chez les souris que, pour faciliter l'apprentissage d'un parcours dans un labyrinthe, il ne suffisait pas de fournir une récompense aux rongeurs. Encore fallait-il que celle-ci soit perçue comme telle. En l'espèce, l'animal devait être affamé. Réaliser un parcours était alors le résultat d'une combinatoire entre un besoin (la faim) et la réponse à ce besoin (la nourriture). Si l'animal n'a pas faim ou peu faim, la nourriture perd tout son intérêt. Hull proposait la loi scientifique suivante :

Apprentissage = Motivation x Habitude

formule que l'on pourrait ainsi amender :

Motivation = Besoin x Intérêt

En fait, la motivation est toujours le résultat – du moins en première approximation – de l'interaction entre l'état interne d'un individu et de multiples éléments de son environnement. Un nouvel état interne, moteur pour l'apprendre, doit être créé et enclencher toute une dynamique. Telle est toute la difficulté!

La motivation est donc, sans contexte, l'ensemble des mécanismes internes «poussant» l'individu à apprendre. Elle peut être comparée à une force, à une pulsion, à une tension et permet le déclenchement d'une action, tout en orientant l'apprenant vers des situations capables de le satisfaire. Dans le même temps, la motivation entretient l'énergie nécessaire pour mener un projet à son terme. Elle maintient l'attention et l'esprit en éveil, malgré les difficultés cognitives qui surgissent.

Mais la motivation n'est rien sans l'environnement. Elle est une sorte de réponse à ce dernier. Dès lors, pour un être humain, la question devient vite très complexe. Elle ne dépend pas uniquement de ses besoins immédiats. L'individu présente des intérêts, des désirs, voire des passions qui facilitent ou empêchent le processus de motivation. Tout se joue dans une résonance entre les besoins, les intérêts, les désirs, les attentes, les aspirations (c'est selon) d'un apprenant et les propriétés d'une situation à même de les satisfaire.

LA MOTIVATION, UNE PULSION

Grâce à cette nouvelle grille de pensée, tout s'éclaire ou presque! Du côté de l'apprenant, la motivation dépend, au départ, de ses besoins. Il serait absurde de nier la part du biologique en la matière. L'homme fait partie des espèces animales. Or, les mammifères et les oiseaux, notamment, présentent naturellement cette capacité (bien qu'à des degrés divers). L'observation des jeunes (celle, en particulier de leurs jeux) est révélatrice.

De la même manière, le bébé dispose à sa naissance de potentialités qui l'incitent à apprendre. Un certain tonus se retrouve au travers de ses premiers actes. Ses besoins moteurs, dans l'acquisition de nouveaux comportements, sont multiples. À l'origine, certains ont une base déterminée par les gènes: les besoins physiologiques, la faim, la soif, le sommeil ou le besoin sexuel. Cependant, contrairement aux insectes sociaux, les comportements programmés uniquement sur le plan génétique disparaissent très vite chez le nouveau-né. Les premiers apprentissages les transforment fortement ou les dénaturent. Dans l'espèce humaine, les pratiques alimentaires des repas de fêtes ont peu de choses à voir avec la faim ! D'autres besoins fondamentaux peuvent alors être catégorisés : les besoins de sécurité, de se réaliser, d'augmenter ses compétences, les besoins d'estime, d'appartenance, etc.

Tous sont à l'origine d'une forte motivation qui pousse à apprendre sur des plans différents. Inversement, chacun de ces besoins peut jouer un rôle de facteur limitant si le nouvel apprentissage est trop perturbant. À un premier degré, la motivation pour apprendre peut être comparée aux mécanismes régissant la faim ou la soif. Ne parle-t-on pas de « la soif d'apprendre » ? Un manque fait surgir un besoin, qui déclenche un comportement de recherche. En réaction, une satiété apparaît, qui détermine un plaisir.

La comparaison s'arrête là. La culture aidant, tout s'organise, formidablement. Au lieu d'une seule rétroaction négative, celle qui a tendance à limiter ou à arrêter la cause, des rétroactions positives se mettent en place.

L'envie d'apprendre augmente en retour l'envie d'apprendre[4]. Une dépendance, salutaire pour l'individu (du moins jusqu'à un certain point...) et contagieuse pour d'autres individus, est créée. Dans le même temps, les besoins peuvent interagir pour amplifier le phénomène, le limiter ou l'annuler. Un élève en recherche se démotive si son besoin d'estime de soi est dégradé par sa famille ou par l'école. Les événements extérieurs jouent un rôle stimulant ou bloquant, suivant leur intensité ou leur fréquence. Les influences de l'environnement, à commencer par celles du milieu familial, puis celles de la société interfèrent à tous les niveaux.

On entrevoit là la relation inextricable unissant l'inné et l'acquis, relation que le neurobiologiste Pierre Jaisson qualifie de « stratégie du cake » : les ingrédients de départ ne sont plus reconnaissables dans la pâte du gâteau final. En effet, sur ce terreau biologique, vont naître en interaction avec l'environnement, des intérêts, des désirs, des passions. L'individu choisit des projets d'être ou de faire qui, à leur tour, vont devenir directeurs.

---

4. Le phénomène n'est pas typique à l'apprendre. L'envie de boire augmente l'envie de boire jusqu'à plus soif !

Tout projet, en effet, prend une valeur affective pour l'individu. Celui-ci s'y engage personnellement et volontairement. L'intensité de cet engagement maintient la motivation. Sa mise en œuvre donne lieu à des investigations, à des anticipations qui créent une dynamique, laquelle renforce la motivation de départ. La confrontation permanente du but envisagé et des conditions de sa réalisation favorise l'autonomie de l'individu ou sa créativité. En retour, la motivation initiale est amplifiée. Si ce projet peut s'inscrire dans un projet collectif, le travail de groupe, l'interaction avec les autres peut encore développer cette motivation.

La réalisation d'une production attendue, technique ou artistique, peut être encore un facteur favorisant. De plus, des perceptions de soi, comme la confiance ou la compétence, influent sur la motivation de l'élève. L'image qu'un individu a de lui est si importante que ce sont pas tant les compétences réelles qui comptent que celles qu'il pense avoir. Très souvent, nous avons constaté dans les classes que les élèves jouissant d'une bonne appréciation de leurs capacités paraissent plus motivés et utilisent des stratégies d'apprentissage plus élaborées. Pour chaque sujet étudié, ils s'efforcent de dégager la structure du savoir, tentent d'établir des liens entre les parties et ce qu'ils ont déjà appris. À l'inverse, ceux qui doutent se contentent de mémoriser bêtement.

De même, la perception que l'individu se fait de la situation d'apprentissage est déterminante. L'importance, l'intérêt, la qualité d'une activité pédagogique, du moins l'image qu'il s'en fait en fonction des projets qu'il poursuit, vont plus ou moins motiver l'élève. Son engagement sera d'autant plus grand quand l'élève suppose que le savoir à apprendre est utile. En outre, le contrôle qu'il peut exercer – ou, du moins, qu'il a l'impression d'exercer – tant sur le déroulement que sur les conséquences d'une activité d'apprentissage, interviennent. Son sentiment d'autonomie dans le choix du sujet d'étude et sa maîtrise du processus favorisent la motivation. À contrario, les contraintes la défavorisent fortement.

Pour schématiser, disons qu'un élève motivé affiche des aspirations claires. Il perçoit l'intérêt et l'importance des activités proposées pour aller au bout de son projet. Il se perçoit capable d'accomplir les activités demandées ou de répondre aux exigences attendues. Et, dans ce cheminement, il a l'impression d'avoir un contrôle sur tout le déroulement. À l'opposé, un élève démotivé se sent coincé, a l'impression de ne pouvoir arriver au bout. Il ne trouve aucun intérêt aux situations et ne sait quoi faire de tout ce qui lui est proposé. Il recourt alors à des stratégies d'évitement. Autrement dit, il « fait tout pour ne rien faire ». Il peut passer des heures à « faire semblant de travailler », pour se donner « bonne conscience ». Il se contente, par exemple, de relire son texte de façon distraite ou de répéter mécaniquement une définition. Tout est prétexte pour faire autre chose : discuter avec ses camarades, se déplacer dans la classe, faire répéter son prof ou chercher ses affaires pour gagner du temps.

Conséquence de la motivation : le succès dans une tâche est une autre source... de motivation. Phénomène classique de feed-back, la réussite influe sur la perception qu'un élève a de ses compétences. Il est conduit à valoriser l'activité qu'il réussit. Plus sûr de lui, il pense exercer un contrôle plus grand sur les activités qu'il rencontre ou sur la poursuite du projet. Le phénomène est entretenu par un ressenti agréable : le plaisir qui renforce la motivation. Dans le même temps, la motivation conduit l'apprenant à donner du sens à ce qu'il apprend. À son tour, celui-ci augmente la motivation.

À l'inverse, l'échec amplifie la démotivation, du moins l'échec profond et répété, sans horizon. Tous les échecs, toutes les erreurs ne sont pas démotivants. Quand l'individu garde un regard positif sur l'erreur et s'il peut par rapport à elle prendre suffisamment de recul, sa prise en compte peut fournir un regain d'entrain.

La mécanique de la motivation

Comment impliquer les élèves dans l'apprendre ? Écouter continuellement des cours magistraux dispensés par un enseignant du haut de son bureau n'a pas un impact particulièrement motivant. Les sujets les plus passionnants passés par la moulinette d'un programme ne présentent plus qu'un intérêt relatif. Le travail mâché, prédigéré, l'absence de risque, l'organisation progressive des notions du – supposé – simple au complexe ne créent aucune dynamique chez l'élève. Pourtant, ces pratiques pédagogiques sont devenues, au fil des ans, une constante.

Systématiquement, on fait faire du solfège avant d'approcher la musique, on aborde les circuits dérivés avant d'étudier un poste de radio à transistors ou encore, on développe une biochimie décontextualisée (celle des molécules organiques), avant de s'intéresser au fonctionnement de la cellule ou à la physiologie du corps humain. Dès lors, le cours ne prend plus en compte les besoins, les intérêts immédiats de l'apprenant.

Au travers de telles approches, l'enseignant donne l'impression de répondre à des questions que l'apprenant ne se pose pas. Cette situation n'est pas du seul fait de l'école[5]. Les musées et certains médias présentent une telle tradition qui conduit tout droit à la démotivation. C'est sans doute pour cela que les musées scientifiques avaient jusqu'à présent peu d'impacts et que les grandes émissions scientifiques à la télévision sont rares.

Connaissant mieux les causes et les conséquences de la démotivation, est-il possible d'influencer une dynamique de la motivation ? Rien de simple ou d'automatique, bien sûr ! Quelques orientations, cependant. En première approximation, une activité, pour être motivante, doit présenter plusieurs caractéristiques. Elle doit prendre en compte des besoins, des intérêts ou des désirs des élèves suivant les cas, ce que nous nommons son projet d'être ou de faire.

Toutefois, le rôle de l'enseignant n'est pas de rester au niveau des besoins ou des désirs immédiats de l'élève[6]. Il doit toujours lui opposer un projet éducatif. Mais, au lieu de proposer un savoir à brûle-pourpoint, il cherchera d'abord à le concerner, en lui faisant prendre conscience de « à quoi ça sert » ou du moins « à quoi ça pourrait me servir... ».

Prenons un sujet habituellement repoussant : l'enseignement de la physiologie d'une paramécie. L'enseignant motive l'élève s'il resitue la vie de ce protozoaire par rapport à celle de l'individu. « *Il n'y a que*

---

5. Nous avons cependant été interpellés par les systèmes éducatifs japonais et russes. Bien que plus dogmatiques que les systèmes occidentaux, ils démotivent moins. La réponse est simple : le savoir continue à être un passage obligé, le maître reste un Maître. Dans nos sociétés, tel n'est plus le cas. Le maître a perdu beaucoup de son prestige. L'école perd même son sens du fait du chômage.

6. L'enseignant peut interpeller en laissant s'exprimer les envies de l'élève et en prenant appui sur celles-ci.

moi qui m'intéresse! », a tendance à penser l'élève. Comment fait-on pour vivre ? Comment vivent mes cellules ? Comment une paramécie, cellule unique, peut-elle accomplir des fonctions, alors que mon corps, lui, mobilise 60 mille milliards de cellules pour fonctionner ? Qu'est-ce que la vie d'une cellule libre par rapport celle d'une cellule associée ?

Ramener les explications à soi (« *Qui je suis ?* », « *D'où je viens ?* », « *Où je me situe ?* ») ou aux grandes questions sont toujours des sources de motivation. Tel est le choix que nous avons fait pour organiser les salles du Musée national d'histoire naturelle du Luxembourg. Le découpage habituel du savoir en zoologie, botanique, géologie, ne passionne plus les foules. En lieu et place, le projet a été de partir du visiteur et de quelques-unes de ses questions...

Par le biais de procédés interactifs, de jeux, d'éléments surprenants, l'idée est de faire entrer le visiteur dans une phase de questionnement préalable. L'individu ne se trouve pas directement face à des réponses. D'autres approches peuvent s'appuyer sur le besoin d'identité, le besoin de s'identifier ou encore la recherche, par les individus, d'une explication globale. Sur des sujets rébarbatifs, comme les fonctions, les dérivés, les exponentielles en mathématiques, les savoirs « passent » mieux quand on permet aux élèves de s'identifier aux personnages qui les ont faites, aux circonstances dans lesquelles elles ont été produites ou aux questions que des savants se posaient.

L'important est que l'apprenant, avant d'aborder un savoir, ressente un « vide » – disons un manque – dans son existence ou une insuffisance, et le besoin de la combler. Pour donner envie de s'intéresser au fonctionnement du cerveau, l'enseignant peut lui faire sentir qu'il n'a pas suffisamment de pouvoir sur lui-même ou sur ses capacités. Il se sait pas ce qui se joue dans sa tête. Ses connaissances sont insuffisantes pour le faire vivre. Partant, « il rate des trucs ». S'intéresser, connaître le cerveau n'est plus une accumulation de notions, des neurones aux neuromédiateurs. Il lui apparaît comme un passage obligé pour atteindre ses désirs ou réaliser ses projets. Avec des adultes en difficulté, les défaillances (professionnelles, familiales ou sexuelles) sont prétexte à faire prendre conscience de la méconnaissance de son potentiel cérébral. La maîtrise des mécanismes cérébraux impliqués dans l'acte doit lui apparaître comme un « plus ».

Une autre approche encore pour concerner est la confrontation directe de ce que l'individu pense avec des objets, des expériences ou les conceptions d'autres élèves. La photosynthèse, ce mécanisme particulier de nutrition des plantes, n'est pas du genre à passionner un élève. À l'origine des chaînes alimentaires de la planète, il importe que les élèves et le grand public sachent au moins de quoi il retourne.

Pour interpeller sur un tel sujet, on peut proposer à chaque apprenant de lister de quoi l'individu a besoin pour vivre : énergie, oxygène, aliment. On remonte alors à l'origine de ces trois éléments. Les plantes, et le mécanisme de la photosynthèse, prennent un éclairage nouveau. Par la suite, des petites observations, des expériences en liaison avec les conceptions des apprenants peuvent prendre le relais. Que fait une plante plongée dans le noir ? *« Elle meurt »*. Et une plante à l'ombre ? *« La tige cherche la lumière »* En quoi la lumière est-elle utile ? Une dynamique peut être enclenchée... Et doit se prolonger. En classe, le maître, assommé durant sa formation par l'idée de motivation, pense aujourd'hui proposer une situation qui déclenche la curiosité, l'envie de savoir au début du cours.

Mais cela n'a pas de suite car, l'enfant sitôt captif, un cours traditionnel lui est asséné. L'enseignant a une excuse : le programme ! Le choc est dévastateur. Et plus destructeur, à la limite, qu'une pédagogie classique. Rien de mieux pour décourager l'élève. C'est souvent ce qu'il se passe en matière de presse. Le titre est accrocheur. Le journaliste pense toujours à insérer une accroche. Mais, au fil des lignes, le texte devient insipide ou illisible. Le lecteur ne se laisse pas piéger plusieurs fois de suite. Une motivation s'entretient. Plus on tonifie cette dernière, plus l'envie d'activité grandit et persiste.

Une fois l'attention de l'élève captée, l'enseignant doit engager celui-ci dans une activité ou, mieux, dans un projet suivi. Lequel peut se présenter sous la forme d'un défi à relever (quelque chose à effectuer, une maîtrise à acquérir) et peut conduire à un projet fini ou à un « chef-d'œuvre ». Cette pratique commence à se généraliser, notamment en technologie. Il s'agit de mettre une équipe d'élèves face à la réalisation d'un produit. Ce peut être la réalisation d'un robot ayant un cahier des charges particulier, d'une voiture solaire ou, comme le font les Québécois, d'une machine « surprenante » et gratuite : celle qui lance un œuf à dix mètres sans le casser !

D'autres éléments composent encore la motivation. Nous ne pourrons les citer tous ici. Quelques exemples cependant : les situations pédagogiques sont encore plus « motivantes » si elles présentent de la nouveauté plutôt que de l'habitude, si elles donnent l'occasion de faire des choix, si elles conduisent à des questions plutôt qu'à des réponses immédiates et si elles permettent à l'individu de se fixer des objectifs à atteindre.

Un élève, engagé à participer à une compétition sportive se sent obligé d'améliorer sa vitesse. Il se mettra en demeure de faire des exercices de musculation, de développer sa vélocité ou encore d'améliorer son démarrage. Cela peut impliquer alors tel type d'entraînement, telle hygiène diététique, etc. Le niveau de compétence, une personnalité bien affirmée chez l'enseignant influencent également positivement la motivation de l'apprenant. Un enseignant passionné lui-même pour le contenu qu'il enseigne ou par le fait d'enseigner donne envie à l'élève de se dépasser. Le regard que l'élève porte sur lui sera différent, la passion qu'il met dans ses propos peut être contagieuse.

LES ÉLÈVES DÉMOTIVÉS

L'approche d'élèves particulièrement démotivés demande quelques considérations supplémentaires. Certains enseignants sont portés, inconsciemment, à éviter « ce type de personnages ». Ils ont peu de contacts avec eux, les laissent au fond de la classe, les interrogent peu, les encouragent encore moins. On ne peut plus en rester là, ces jeunes en difficulté sont de plus en plus nombreux.

Face à de telles attitudes, ces jeunes-là entrent dans un cercle vicieux. N'étant pas soutenus, ils deviennent faibles et en retour désintéressés, ce qui confirme l'enseignant dans son opinion : *« il n'y a rien à en tirer »*. Pourtant rien n'est plus erroné. Ces élèves démotivés, voire désobligeants sont en détresse. De petites sollicitations peuvent complètement retourner en quelque temps une situation. L'enseignant, l'éducateur peut tenter de leur porter autant d'attention, voire plus, qu'aux autres. Un de mes professeurs avait placé ses cancres – dont j'étais – au premier rang, sous son regard immédiat et constant.

Par ailleurs, l'enseignant peut éviter de les réprimander ou de leur exprimer de la pitié devant leurs camarades. Il peut même montrer de l'enthousiasme à leur enseigner, leur exprimer sa confiance en leurs capacités. À de nombreuses reprises, nous avons fait redémarrer des élèves en leur confiant des tâches de responsabilité dans la gestion d'un club de sciences ou en leur suggérant des activités annexes par rapport aux cours habituels, mais dans lesquelles ils trouvaient à s'exprimer. Ces élèves avaient la possibilité de réaliser des dessins ou de monter un reportage photographique ou cinématographique qui pouvaient ensuite être valorisés en cours. Éventuellement, l'enseignant peut les surévaluer dès qu'ils font preuve de prémisses de motivation.

Des enseignants ou des parents attentifs ont sans doute fait de telles observations. Les renforcements positifs sont toujours préférables. Les blâmes, les réprimandes sont source de stress, ils conduisent souvent à la résignation[7]. Faites croire aux individus qu'ils sont «capables», ou du moins qu'ils ont des capacités, et ils feront des progrès ou presque. Car il y a là encore un équilibre à trouver. De la pédagogie de la positivité à la permissivité, il n'y a qu'un pas étroit qu'il ne s'agit pas de franchir!

UN RÉSEAU NOMMÉ MOTIVATION

Au total, la motivation comme moteur de l'apprendre est loin d'être simple à comprendre. Elle est encore plus ardue à susciter. Le langage courant et le vocabulaire n'arrangent rien. Tous les mots en usage sont fortement connotés ou à double, voire triple sens. On parle de curiosité, d'intérêt, de désir, d'envie, de mobile, de volonté, de projet, de but... Ces termes, aux connotations fort différentes, expriment toutes les difficultés qu'on a eu pour cerner cette potentialité. Certains renvoient à des éléments biologiques innés: l'instinct, le besoin. D'autres expriment ce que l'on voudrait le plus caractéristique de l'espèce humaine, le produit d'une culture. Le projet, la volonté, l'intention expriment au mieux le libre arbitre de chaque être humain.

---

7. Des enseignants ou des éducateurs, notamment en sport, pensent motiver les élèves par des injonctions particulièrement négatives: *«vous êtes des nuls»*, *«vous n'avez pas votre place dans l'équipe»*. De telles pratiques ont une efficacité dans des circonstances bien précises. Elles permettent un dépassement chez les individus déjà motivés qui ont besoin d'un sursaut instantané. Ces sportifs connaissent intuitivement leurs compétences et généralement ces assertions ne sont même à leurs yeux et même aux yeux de ceux qui les profèrent, que temporaires.

Mais l'obstacle n'est pas là. L'obstacle est dans nos têtes d'éducateurs ou de parents. Tout est pensé en terme de panacée. Tout s'éclaire... presque, dès que l'on change ce repère. Il ne faut plus envisager la motivation comme une capacité intangible, faite d'un bloc. Il ne faut plus penser pouvoir la favoriser par un seul type d'intervention. Un grand nombre de ressorts interviennent, avec lesquels il faut jouer. Certains sont propres à l'individu, d'autres à la situation d'apprentissage.

La motivation, dans la situation éducative, n'est qu'un des aspects d'un domaine beaucoup plus vaste, à la dimension de la société, dans lequel s'inscrit le projet d'apprendre. Les parents, les copains interviennent, comme l'enseignant, par des attentes sur le travail, sur l'école, des encouragements, des récompenses (l'argent de poche par exemple), des contraintes ou des accompagnements. Tous ces éléments sont favorisants ou inhibants suivant les circonstances[8].

Au milieu de tous ses éléments, de leurs interactions et de leurs rétroactions, les chemins de la motivation peuvent apparaître impénétrables[9]. Pourtant sur un sujet très rébarbatif, un orateur peut enclencher une motivation dans son assistance par une certaine rhétorique, une présence ou une émotion. En fait, celles-ci font écho à quelque chose attendu par l'auditoire. Mon ami Michel Gonzalez, journaliste à la radio nationale française, a toujours passionné son auditoire par sa chaude voix, son débit mélodieux et une argumentation de bon sens axée sur les préoccupations immédiates de l'individu. Pourtant, les sujets traités sont parfois rébarbatifs comme le chaos, les fractales ou l'incertitude d'Heisenberg.

Ajoutons que les différents paramètres de la motivation ne sont pas indépendants les uns des autres. Tous interfèrent. Par exemple, l'intérêt, les désirs sont diminués par les contraintes mal assimilées ou inutiles : obligations, répétitions, impression de ne pas avoir de choix

---

8. Certains bons élèves ne font que le strict nécessaire par la simple peur d'être réprimandé. L'encouragement, la valorisation du travail accompli demeurent des stratégies parmi les plus efficaces pour faire émerger la motivation chez des élèves en difficulté.
9. Le moteur de l'intérêt ou de l'attention peut être un renvoi à un lointain souvenir agréable : la moustache du père, sa voix protectrice ou amicale, etc. L'émotion générée, pourtant totalement indépendante du sujet traité, devient une accroche. Elle vous entraîne dans une démarche qui, si elle est entretenue, stimule de proche en proche.

sur le sujet ou de prise sur la situation pédagogique. La récompense n'a pas que des aspects positifs. Elle peut avoir un effet à court terme ou pour de très jeunes élèves qui ne peuvent s'investir sur un projet long.

La récompense peut même avoir des conséquences pernicieuses. Récompenser d'emblée un apprenant qui juge une situation intéressante entraîne une baisse de motivation. Cela est particulièrement vrai en formation d'adultes. Une récompense n'a un effet favorable que si l'apprenant a l'impression de la mériter. Il ne supporte pas qu'on la lui ait proposée par «gentillesse» ou par «compensation». Les encouragements, le suivi par des commentaires pertinents sont favorables pour entretenir la motivation. La difficulté est aussi à double tranchant. Elle peut constituer un attrait, un défi que l'individu se lance ou qu'on lui lance.

La difficulté est même une caractéristique indispensable pour qu'un projet présente un attrait. Un succès facile est de peu d'intérêt. Un projet qui a demandé du temps, un certain effort, le dépassement de soi motive l'individu en même temps qu'il le valorise à ses yeux et aux yeux des autres. Toutefois passé un certain seuil de difficulté, la motivation des individus devient moindre: elle risque d'induire un sentiment d'incompétence. Des phénomènes de découragement se mettent en place en cas de demande excessive. Notamment quand l'exercice proposé ou les exigences de l'enseignant sont trop éloignés des possibilités en l'état de l'élève. Ces surcharges peuvent conduire à une forme de résignation: *«je suis nul»* ou *«je n'y arriverai jamais»* [10].

Tout est dans «l'art» de toucher juste. Les renforcements positifs sont liés au développement des enfants et aux valeurs qu'ils accordent aux «choses». Les jeunes ont besoin de récompenses immédiates. Certains adultes peuvent accepter des résultats très différés dans le temps. L'absence du ou des parents, le désintérêt de l'enseignant sont totalement démotivants, une trop forte promiscuité également; trop de conseils nuit! Un parent, un enseignant constamment sur le dos d'un enfant pour le stimuler, l'encourager

---

10. Heureusement pour l'individu et pour son estime de soi, ces échecs sont attribués à des causes externes, sauf dans les cas de résignation avancé: *«j'ai fait le maximum, mais les profs sont nuls!»* Une pédagogie de la valorisation peut relancer la motivation. Cette valorisation peut passer par des succès dans d'autres disciplines. Les maths jouent trop souvent le rôle de baromètre de la réussite.

créent des blocages, souvent profonds. De même, trop gâter les enfants diminue la motivation. Il faut trouver des situations suffisamment stimulantes pour engager l'élève dans un processus, mais pas trop excitantes pour le détourner de l'apprentissage.

LE DÉFI PÉDAGOGIQUE

Le défi pédagogique est toujours non pas d'imposer un projet mais d'amener les élèves à adhérer par eux-mêmes. Il faut ensuite qu'ils développent ou adoptent une démarche de travail, c'est-à-dire mettent en œuvre une succession de situations qui favorisent le développement de leurs capacités. Enfin, pour parfaire le tout, il faut des résultats. Or, un tel processus est rarement spontané. Il dépend fortement – mais indirectement – de l'enseignant. Au long du cheminement, l'apprenant doit percevoir les modifications positives de ses capacités ou se sentir performant par rapport aux tâches proposées, sous peine de découragements immédiats. Dans le domaine de la motivation, plus que dans tout autre, la prise de conscience de son propre fonctionnement est la méthode la plus sûre et la plus efficace pour induire une dynamique...

Ne perdons pas de vue que les très hauts niveaux de performance – quand l'individu devient expert dans un domaine – ne sont possibles qu'avec des motivations continues et longues dans le temps. Il faut au moins dix ans de travaux pour devenir compétent sur un sujet de recherche ou 10 000 heures d'exercices pour devenir un musicien.

En fait, ces différents facteurs propres à créer une motivation se régulent mutuellement. Il faut envisager des optimums. Plus n'est pas synonyme de mieux en la matière. Toute intervention présente un maximum d'efficacité. Dès que celui-ci est dépassé, un effet contraire se met en place. Ne pas répondre aux questions démotive, trop répondre a la même incidence. Trop de stress conduit à la résignation. En revanche, un peu de stress permet de se motiver et même de se dépasser. Le stress est d'autant plus porteur que l'individu connaît ses capacités ou maîtrise ses stratégies. Ne le voit-on pas constamment lors des compétitions sportives ou des spectacles?

Par ces régulations, la motivation entre dans une dynamique de rétroactions. L'individu apprend quand le savoir en jeu correspond à un besoin, à un désir ou à un projet. Il doit en comprendre l'intérêt et la valeur. Un de mes assistants, Hervé Platteaux, s'est passionné sur un sujet difficile : la physique des particules, parce qu'il avait été impressionné par le *Faust* de Goethe et notamment par sa découverte de « *ce qui tient au plus profond le monde ensemble* » [11].

Toutes ces caractéristiques, et bien d'autres, que l'on regroupe sous le terme générique de motivation, produisent un cocktail détonnant. Mais cela ne doit rien avoir de paralysant... Personne ne s'offusque qu'un cocktail, un plat ne soient pas faciles à réaliser instantanément. Pourquoi se sent-on dépassé quand il s'agit d'une appétence pour le savoir ? Il ne faut pas avoir peur d'affronter la complexité pour quelque chose d'aussi noble que l'apprendre. On l'a dit et nous y reviendrons : le métier d'enseignant – ou celui de parent – est bien difficile ! Seuls ont quelques chances de réussir aujourd'hui ceux qui ne voient pas les choses d'une manière absolue. Il faut constamment envisager des « compromis » pour obtenir l'équilibre idéal.

Toutefois, cet optimum ne veut pas dire compromission. Ce qu'il importe de garder à l'esprit est que, pour accomplir un apprentissage, il faut pouvoir s'imaginer ce qu'on va faire, quelle compétence il s'agit d'acquérir, du moins avoir une image du parcours. Tout ce qui est perçu comme favorisant ces aspects renforce la dynamique.

Enfin, une dernière illusion à dépasser : ne pas croire que l'équilibre est permanent. Il s'agit en réalité d'un déséquilibre constamment rectifié. Il est préférable qu'un enseignant se libère d'un cri face à une erreur, à condition qu'il puisse s'en expliquer ensuite, plutôt que d'essayer de rester sur une corde raide. Ce qui a été porteur, efficace, à un moment peut s'avérer inutile ou destructeur à un autre. Tout est affaire de dosage... La compréhension des mécanismes et des ressources diverses et variées à sa disposition permet le meilleur pilotage.

---

11. « *Erforschen was die welt im innerstein Insamment hält.* » Traduction Hervé Platteaux.

8

APPRENDRE, UNE ACTIVITÉ D'ÉLABORATION DE SENS

■

> « *C'est vraiment en forgeant qu'on devient forgeron,
> c'est en écrivant qu'on apprend à écrire.* »
> Célestin Freinet, *L'École moderne française*, 1954.

Sans doute avez-vous vu ou entendu parler du film *Les Dieux sont tombés sur la tête*. Tout, dans ce savoureux long-métrage, se passe dans une tribu de Bushmen qui ne savent que faire d'une bouteille de Coca-Cola vide tombée d'un avion. N'en déplaise aux enseignants, ce drôle de «scénario» se retrouve dans de nombreuses situations de classe, où les élèves ne comprennent absolument pas ce qui leur arrive. Certains contenus enseignés ne les concernent pas, mais alors pas du tout...

Pourtant, il est hors de question de rester à leur niveau. L'école doit impérativement promouvoir un projet en rapport avec les savoirs. Et l'Audimat n'a pas sa place dans cette institution. Il convient donc de poser la question des conditions qui permettent l'évolution d'une pensée et l'adhésion des élèves aux savoirs jugés importants pour leur développement intellectuel.

Jusqu'à présent, nous avons insisté sur l'importance de l'intention dans la dynamique de l'apprendre. C'est un point de départ indispensable. Toutefois, la mise à jour des savoirs peut tourner à vide. Et de telles pratiques sont insuffisantes pour atteindre des connaissances un tant soit peu élaborées. C'est dommage, mais c'est ainsi. L'apprenant ne s'approprie un savoir que s'il produit un surcroît de sens pour lui.

Ce sens, répétons-le, et par là le savoir, n'est jamais directement accessible, d'un seul coup d'un seul. Il ne peut être donné, répétons-le également. La situation d'apprentissage doit «accompagner» l'élève pour qu'il en prenne conscience. Le contexte dans lequel se situe l'apprendre est un élément central, s'agissant de l'élaboration d'un savoir[1]. Il constitue son soubassement. C'est en référence à ce dernier qu'il prend son importance. Un savoir est une «chose» que l'on s'invente pour expliquer – c'est-à-dire donner du sens à – une situation.

Un concept, par exemple, ne «fonctionne» que dans certaines conditions, loin desquelles il ne présente aucun intérêt ou prend un autre sens. Celui de «force» est, à cet égard, remarquable. À la limite, on peut rapprocher: «*J'ai de la force*», «*Je suis fort*», comme on l'entend dans la vie courante, du mot tel qu'on l'emploie en physique. Mais cette dernière a cherché à limiter sa signification. Une force est devenue la «*cause capable de déformer un corps ou de modifier le mouvement, la direction ou la vitesse de celui-ci*». Avec l'apparition des «forces électromagnétiques» et des forces dites «fortes» et «faibles», le sens du concept a continué d'évoluer (à tel point que les spécialistes des particules préfèrent désormais parler d'«interactions»). En technologie, force (celle d'un mur ou d'une barre) signifie résistance. Son sens est encore différent en biologie («la force musculaire»), en psychologie («la force de caractère») ou en économie («les forces économiques et sociales»), sans parler des «forces de l'ordre», des «forces aériennes», de la «force des choses» ou de la «force de l'âge».

Ainsi, selon la question traitée ou le mode de pensée usité, un même vocable (ici celui de force) véhicule des idées différentes.

---

1. Voir chapitre 14.

APPRENDRE, UNE ACTIVITÉ D'ÉLABORATION DE SENS

Pourquoi en privilégie-t-on une ? Parce qu'elle sert, à un moment donné, à traiter un contexte précis. Il en est de même pour tout concept ; suivant les questions que vous traitez ou qui vous concernent, vous donnerez au concept « santé » une signification bien particulière. Pour l'individu lambda, la santé « *c'est l'absence de maladie* ». Pour l'Organisation mondiale de la santé (OMS), la santé est un « *état de bien-être physique et moral* ». Pour d'autres encore, « *c'est une adaptation au monde* ».

Tout l'art de l'enseignant est là : faire partager l'intérêt pour un certain savoir, initier l'élève à ce savoir. Ce qui n'a rien, hélas, d'évident... La motivation, c'est 90 % du travail fait, en réalité des préliminaires. Reste le plus délicat : faire partager à l'apprenant la signification d'un savoir.

L'AGIR ET LE FAIRE

Devant la difficulté à faire « passer » du sens par le biais d'un enseignement-réception, l'agir et le faire sont, en général, promus. C'est la solution d'évidence qu'adopte tout béotien désireux que les « choses » changent en pédagogie. Un exemple récent vient encore d'en apporter la preuve : un généreux prix Nobel de physique, Georges Charpak, propose comme solution à tous les problèmes d'éducation dans les sciences de faire mettre « la main à la pâte » aux enfants. L'idée lui en serait venue après une rencontre avec un autre savant primé à Stockholm, le physicien Leon Lederman, qui a testé la méthode à Chicago, aux États-Unis.

Depuis cent ans, cette proposition est à la base de toutes les initiatives pédagogiques qualifiées d'« actives ». Montaigne et Rousseau s'étaient déjà faits les chantres de l'action « des mains » [2]. Pour l'auteur des *Rêveries du Promeneur solitaire*, le maître doit constamment offrir à ses élèves des activités à même de susciter leur intérêt, leur curiosité, leur réflexion, voire leur émotion. Emmanuel Kant, au XVIIIe siècle, érigea à son tour ce principe comme l'une des « *bases de l'entendement humain* ». Un siècle et demi plus tard, les psychologues Edouard

---

[2]. Il convient de privilégier également l'émotion et le plaisir. En fait, le jeune enfant construit son expérience avec tous ses sens.

Claparède, Jean Piaget et Henri Wallon confirmèrent, expériences à l'appui, que l'enfant apprend en puisant sa dynamique dans l'action.

Cela commence dès le plus jeune âge et se perpétue quelquefois toute la vie. C'est qu'apprendre est une *« suite d'actions intériorisées »*, pour reprendre l'expression du psychologue génevois Jean Piaget. Qui plus est, l'action stimule puissamment l'intérêt de l'élève et le place dans une situation telle qu'en retour, il éprouve le désir d'exécuter une tâche. Le philosophe et psychologue américain John Dewey résuma le principe, en 1912, d'une vigoureuse formule : « *Learning by doing* », en mettant en avant la spontanéité et l'élan « désiré » de l'élève. Dès lors, « *Apprendre par l'action* » devint le slogan favori des différents mouvements de l'Éducation nouvelle. Et Célestin Freinet fit du « tâtonnement expérimental » l'un des (trois) principes clés de sa pédagogie : « *Ce n'est que par l'exercice que* [l'élève] *peut apprendre* [...], *il n'apprendra jamais si vous ne le lâchez pas dans l'aventure.* » Ces pédagogies ont accouché de nombreuses activités d'éveil. Elles ont même été préconisées dans l'apprentissage de l'écriture, des langues ou de la musique. Nous n'insisterons pas ici, tant elles sont devenues des « must » éducatifs, même si elles ne sont pas toujours prises en compte par l'enseignement officiel.

Force est toutefois d'admettre qu'une pédagogie fondée sur la seule action reste le plus souvent stérile. Cette dernière est incontestablement un passage obligé, mais on ne peut l'envisager, même pour les plus jeunes, comme la panacée. Les évaluations soulignent très vite ses limites. D'une part, l'action doit être fortement contextualisée (l'action pour l'action peut même s'avérer préjudiciable et décourageante.) D'autre part, elle doit être couplée à d'autres relations (d'expression, d'écoute, d'échange) propres à l'apprendre et passer par des phases de confrontation.

L'examen des apprentissages réussis met toujours en évidence l'importance du terrain, du milieu concret. Sans expérience vécue, l'apprentissage s'englue dans le livresque. Qui pourrait apprendre à conduire en s'adonnant uniquement à des activités expérimentales de mécanique ou de cinétique ? Ces critiques n'ont rien d'original. Force dictons (« C'est en forgeant que l'on devient forgeron », « C'est au pied du mur que l'on voit le maçon », etc.) le proclament depuis beau temps.

La plupart des pédagogies actives feignent pourtant de l'ignorer et se déploient comme si les activités étaient une fin en soi. Or, seul importe de provoquer un intérêt profond susceptible de pousser l'individu vers des questions fondamentales, et non vers un intérêt de surface qui n'occupe son esprit que le temps de l'activité. La grande difficulté provient du fait que la vie de l'enfant, dans la société industrielle, est exponentiellement protégée. Elle ne comporte pas, comme celle de l'adulte, d'obligations à agir. Quand un enfant doit écrire une lettre à un ami en classe, l'exercice prend pour lui le tour d'un devoir, d'un travail sans importance sociale. Il n'a pas besoin de communiquer quelque chose à quelqu'un, à ce moment-là.

L'activité à l'école doit donc se rapprocher au maximum des situations réelles et des dangers qu'elles comportent. Bien sûr, l'environnement restera protégé pour limiter le coût d'échecs éventuels. Par chance, la curiosité ou le jeu peut devenir un puissant mobile. Il y a donc à rechercher, pour chaque âge, les intérêts profonds qui habitent l'élève et l'incitent à l'action. Au démarrage, les activités en classe doivent devenir le lieu de la libre investigation, d'un contact vivifié avec les objets, les lieux et les êtres vivants. L'enfant peut y manifester son pouvoir, y déployer sa créativité. Pour les adolescents et les adultes, les difficultés deviennent prétexte à recherches. Elles ne riment pas avec incapacité ou impuissance.

Les expériences de terrain laissent souvent une empreinte plus large qui favorise l'appropriation et la mémorisation. La rencontre avec autrui, le contact avec des questions concrètes développent une charge affective propice. Découvrir, élaborer à deux peut être un plaisir ou, au contraire, une angoisse. Mais une certaine souffrance n'exclut pas le plaisir d'apprendre, qu'elle aide à organiser. Les divers ressentis sont féconds s'ils sont contrôlés.

Apprendre, c'est se questionner

Nombre de pédagogies actives continuent aussi d'ignorer la finalité de l'apprendre. Connaître une formule mathématique n'a d'intérêt que si l'on peut, grâce à elle, effectuer des calculs ou résoudre un problème. Une loi physique, de même, n'a de valeur que si elle débouche sur une prévision. Trop souvent, l'élève accumule les activités, dont il tire des informations, sans se demander en quoi ce bagage peut éclairer sa conduite.

Cette famille de pédagogies accorde enfin une grande importance à la seule manipulation mêlée d'observations. Se figurer que l'on peut accéder au savoir pour la seule raison que l'on voit, est bien naïf. Dans la plupart des domaines, l'individu qui ne possède pas les outils intellectuels pour décoder la réalité ne perçoit rien directement. La réalité qui l'entoure a les contours d'un grand point d'interrogation. Nos sens, en effet, ne nous donnent accès qu'à l'environnement immédiat. La rotondité de la Terre, par exemple, ne saute pas spontanément aux yeux quand on observe l'horizon marin. Les molécules, les atomes, les quarks ne sont pas plus accessibles. Une expérience isolée ne convainc jamais. Elle n'acquiert son sens qu'en fonction des modèles sollicités par l'apprenant.

D'autres fois, l'individu voit, mais rien ne le pousse à s'interroger. Il pleut, il neige. Mais pourquoi pleut-il, pourquoi neige-t-il? Il neige et la neige ne tient pas au sol. Ou la neige ne tient pas au sol mais tient sur les carrosseries de voiture. Il fait chaud l'été et, pourtant, les glaciers restent en place, etc. L'individu peut faire ces observations et en rester là. Aucun apprentissage ne s'enclenche. Il ne cherchera à comprendre qu'en s'engageant dans une démarche de questionnement. Ce n'est que lorsque l'apprenant dépasse le stade du constat («la neige tient sur la voiture mais pas sur le sol quand il se met à neiger» ou «les glaciers ne fondent pas l'été») qu'il commence à apprendre.

Tout savoir est une réponse à une question. La question est un des moteurs de l'apprendre: elle engage un processus où s'insère l'activité.

APPRENDRE, C'EST SE CONFRONTER À LA RÉALITÉ

C'est en expérimentant (un geste), en testant (une hypothèse), en soupesant (une idée), que l'on apprend. Certes, il ne suffit pas d'écouter ou d'engranger l'expérience d'autrui, bref de thésauriser des données, pour apprendre. Écrire «vraiment», comme disent les enfants, suppose que l'on «essaie» ses idées, que l'on avance des images avant de les confronter à la lecture des autres.

APPRENDRE, UNE ACTIVITÉ D'ÉLABORATION DE SENS

En géographie, en histoire, il faut émettre des «si», mettre à l'épreuve ses certitudes pour apprendre vraiment. En sciences, il est encore parfois nécessaire d'éprouver le phénomène en le confrontant à la réalité. Pour comprendre l'inertie[3], on peut prendre un chariot – de supermarché – et le faire démarrer, l'arrêter ou changer de direction. Plus le chariot est rempli, plus la manœuvre sera difficile (un camion de 40 tonnes possède une énergie quarante fois plus grande qu'une voiture d'une tonne et cette énergie est d'autant plus élevée également que la vitesse est élevée). Les élèves peuvent aussi travailler sur des mobiles en mouvement puis sur des chocs. Si une voiture d'une tonne roule à 30 km/h et si une autre de même masse roule à 120 km/h, donc quatre fois plus vite, le choc sera 16 fois plus violent. La seconde voiture restitue lors du choc une énergie 16 fois plus grande. En mouvement, cette énergie est fonction de la masse et du carré de la vitesse : cet aspect est contre-intuitif. Nombre d'automobilistes pensent pouvoir s'arrêter sur place ou du moins sur une distance réduite. Or il faut une force puissante pour faire perdre l'énergie cinétique d'une automobile. En freinant, les forces de frottement réduisent l'énergie cinétique à zéro. L'énergie cinétique se transforme en chaleur, les freins chauffent. Leur température augmente. Ils peuvent rougir comme on le voit parfois sur les plaquettes de frein des Formules 1. Le freinage n'est pas instantané. Il faut une force suffisante pour arrêter le véhicule ; elle dépend également de l'énergie cinétique et donc de la masse et de la vitesse.

Tous ces exemples trahissent dans le même temps les limites d'une pédagogie de l'activité. Pour entrer dans un phénomène physique de base et «penser» le phénomène, des analogies, des comparaisons, des symbolisations[4] et des modèles sont plus que nécessaires.

De plus, il faut des confrontations avec la réalité pour envisager de quelle manière un modèle nous «parle» ou une équation rend compte de la suite des événements. Une force qui agit sur un véhicule vide ne suffit plus dès lors qu'il est chargé. Attention à la

---

3. Il s'agit de l'énergie qu'il faut apporter à un véhicule pour le faire démarrer ou qu'il faut «épuiser» pour l'arrêter. Ce dernier aspect joue un rôle capital dans les accidents de la route.
4. La mise en équation est une forme de symbolisation.

vitesse ! Quand le véhicule va trois fois plus vite, la force doit être neuf fois supérieure. On peut alors faire intervenir la distance par rapport à l'obstacle, point fondamental en matière d'accident. De même, on se sent protégé à l'arrière d'une voiture et l'on ne s'attache pas. Pourtant, s'il y a un choc à 50 km/h, on est projeté vers l'avant, avec une force initiale d'une tonne.

APPRENDRE, C'EST SE CONFRONTER AUX AUTRES

Rencontrer le réel n'est pas toujours chose aisée. Se frotter aux documents, en histoire ou en économie, peut suffire, pourvu que la confrontation fasse surgir des différences, des contradictions, des conflits à dépasser. Déjà, la simple confrontation à l'autre aide à avancer.

Depuis Socrate, le fait de travailler à deux est valorisé. Mais il s'agissait alors du Maître et de son élève. Au XVIIe siècle, avec l'enseignement mutuel, le travail entre pairs ou en petits groupes fut à nouveau mis à l'honneur[5]. Les pédagogues des éducations dites « nouvelles » ont inscrit le travail à deux ou en petits groupes dans leurs pratiques, arguant que l'apprenant y accomplit des progrès impossibles en « solo ». En histoire, un apprenant solitaire envisage plusieurs hypothèses face à un événement. Il avance au mieux une seule explication, celle à laquelle il tient le plus. Le fait d'être deux ou plus induit une variété d'idées qui souvent s'opposent. Les conceptions de l'individu vacillent. La dynamique du couple ou du groupe l'incline à modifier ses idées ou ses façons d'appréhender l'environnement.

APPRENDRE, C'EST S'EXPRIMER

« Bémoliser » ses points de vue, évoquer différents possibles ou envisager d'autres approches que la sienne : autant de pratiques qui passent par la verbalisation ou l'expression écrite. Le rôle du langage dans le développement cognitif du jeune enfant est chose

---

5. Il fallait assurer l'instruction de 200 élèves à la fois. Des moniteurs, des élèves plus âgés assuraient la formation de plus jeunes.

connue – et reconnue. Les interactions précoces entre la mère (ou le père) et l'enfant, à travers des échanges verbaux et non verbaux, joue un rôle majeur dans le développement de sa pensée. Les discussions entre enfants, partenaires de jeux, contribuent au développement des stratégies d'action et favorisent la résolution des problèmes. À l'école, la parole et l'écriture sont des passerelles entre deux ou plusieurs apprenants et les instruments de la prise de conscience. Formuler à haute voix ses idées permet de les «voir» autrement. Les écrire augmente leur cohérence et leur organisation.

L'expression oblige chacun à débattre, à prendre en compte les avis contraires pour élaborer en commun une autre explication. S'opposer, chercher ensemble la proposition appropriée à un problème conduit à prendre du recul par rapport à une conception initiale, à étoffer ses raisonnements, à reformuler ses idées. Ces dialogues permanents entre élèves, dans des groupes de travail, conduisent à l'abstraction, à la conceptualisation ou à la modélisation. Des symboles[6], des schémas, un vocabulaire adéquat, des concepts peuvent en rendre compte.

APPRENDRE C'EST ARGUMENTER

Pour apprendre, il faut donc pouvoir argumenter. Nous passons une grande partie de notre temps à nous convaincre ou convaincre les autres, à exprimer des certitudes ou des doutes. L'argumentation n'est pas seulement une activité présente en classe dans la dissertation. Citons pour mémoire les discours politiques, les discussions amoureuses, le courrier des lecteurs dans la presse ou encore les multiples discussions entre copains.

Argumenter, c'est défendre un point de vue tant qu'il «tient la route», puis l'abandonner dès qu'il est périmé. C'est aussi réfuter des thèses contraires aux siennes et ménager une place aux contre-propositions. Tout effort d'information, toute démarche d'investigation affinent ou déplacent les conceptions de l'apprenant.

---

6. La symbolisation est difficile dans un premier temps. Ensuite, elle est une économie de pensée. Elle permet des raisonnements ou des inférences directs.

Au départ, en règle générale, seul un argument (le plus souvent une affirmation) étaye une proposition. Devant les objections formulées par les autres élèves, les individus prennent l'habitude d'avancer plusieurs arguments, qu'ils interconnectent pour réaliser un maillage sans faille ou presque. Pour convaincre, l'élève peut s'appuyer sur des exemples, avancer des idées générales tirées de cas vécus ou conclure à partir d'exemples particuliers.

« Brosser » un récit repose sur une suite d'éléments reliés entre eux par une simple relation de temps. Argumenter, en revanche, exige la construction de relations plus denses. Il s'agit de mettre l'accent sur les causes, les conséquences, sans oublier les concessions et les restrictions. Parmi les pratiques de l'argumentation, une petite démonstration est toujours préférable quand elle est possible. Il convient de prouver de manière concrète et irréfutable que les arguments avancés ne sont point des paroles en l'air.

Au-delà des arguments avancés, ce qui compte n'est pas l'enchaînement des arguments, mais leur consistance, et leur cohésion. Ils doivent cerner, museler la conception contraire pour lui faire lâcher prise. En situation d'interaction, la mise en place d'une argumentation élaborée est facilitée par la présence même des arguments et des contre-arguments de l'autre. Chacun peut prendre appui sur ce qui vient d'être dit pour compléter, nuancer, réfuter les arguments adverses.

L'idée de négociation peut surprendre. Elle tient pourtant une place de choix dans l'apprendre. Les objections font partie intégrante du processus. Le fait que l'élève objecte prouve qu'il s'intéresse au contenu en jeu. Qu'il réagisse ainsi, quand le savoir va à l'encontre de ce qu'il pense, est tout à fait normal. Déstabilisé, il résiste. Une première réaction est simplement de lui demander pourquoi il dit cela. L'apprenant est obligé de se livrer. Il précise alors sa pensée en avançant d'abord les arguments qui lui tiennent à cœur. Le fait de les exprimer lui suffit souvent à se rendre compte de leur inconsistance[7].

---

7. Quand on lui oppose des objections, l'élève va livrer des aspects qui ne manqueront pas d'enrichir l'argumentation.

Certaines lois de la physique (celle de la gravita[tion par] exemple) laissent évidemment peu de place à la négociation[. La] modification d'une conception, qu'il s'agisse d'un simple [ajuste]ment ou de l'adhésion à une autre conception, ne peut être contrainte par un discours argumentatif direct. L'individu doit participer en reconstruisant partiellement son schéma explicatif. Pour rendre cette participation possible, il lui faut se ménager un espace de négociation. On ne peut convaincre quelqu'un – y compris un élève – qu'en le laissant libre d'adhérer à la nouvelle idée. Pour faire accepter une autre représentation du monde ou d'un phénomène, l'enseignant doit fonder ses arguments sur des idées et sur des valeurs partagées par l'élève.

Apprendre, c'est mettre en réseau

Les arguments sont ainsi les poutres maîtresses qui consolident l'édifice[8]. Ils doivent être mis en relation et se renforcer mutuellement. Apprendre, c'est changer le niveau d'organisation des informations. Ainsi, pour appréhender le fonctionnement de son corps, l'élève doit établir des liens entre les différents systèmes (nutritif, respiratoire, circulatoire, excréteur…) et entre ces systèmes et les organes. Le trajet de l'oxygène qu'il respire ne s'arrête pas au niveau du poumon. Il doit concevoir son devenir dans l'organisme jusque dans l'intimité de ses cellules, puis son évacuation. Pareille approche remet en cause une conception du corps en parties séparées dont les enfants ne perçoivent pas les liens, ce qui arrive quand le corps est présenté comme une suite de monographies d'appareils.

Cette mise en relation passe le plus souvent, y compris dans les matières non scientifiques, par la formulation d'hypothèses. Une hypothèse est, par définition, une invention mettant en relation un ou plusieurs éléments pour expliciter, d'une part, et provoquer la

---

8. Les arguments ne sont pas totalement convaincants en eux-mêmes, du moins ils sont convaincants de façon précise ; trop d'argumentation « bloque » la démarche de l'élève. Ils doivent arriver au bon moment. Dans un magasin, si la vendeuse accoste trop vite le client, généralement il part.

recherche d'autres éléments, d'autre part. Elle introduit une dynamique qui, de loin en loin, permet de fédérer un ensemble d'éléments.

La mise en relation pour apprendre semble évidente à tout enseignant. Pourtant, tout notre système de pensée, toute l'organisation scolaire s'y opposent implicitement. De par la formation en place, tout individu reste très cartésien. Il a appris que pour résoudre un problème, il lui faut le décomposer en autant de petites parties qu'il peut ensuite traiter séparément. À l'école, le savoir est distribué en disciplines, les disciplines en cours ou chapitres, les chapitres en éléments ; chacun d'eux est traité séparément. Comme le dit le sociologue Edgar Morin : « *Notre mode de pensée nous amène à être très lucides pour séparer et myopes pour relier.* » Pourtant le sens est relation. Une nouvelle conception relève d'un processus d'organisation d'éléments préalables qui aboutira à l'élaboration de modèles émergents.

APPRENDRE, ET ENCORE...

Action, expression, mise en relation, confrontation ne s'excluent pas, mais se complètent. Cessons d'opposer expérience et abstraction. Cette dernière permet d'extraire l'essentiel d'un vécu, aide à structurer ou à organiser, induit d'autres actions. Un schéma, une maquette ou un plan, offrent, eux, une vue sur le monde, aident à l'apprivoiser ou à éveiller de nouvelles pratiques. Reste que tous ces éléments ne suffisent toujours pas à permettre l'apprendre. D'autres obstacles sont à dépasser...

9

APPRENDRE, UN PROCESSUS DE... DÉCONSTRUCTION

■

> « *Le mouvement d'appropriation ne naît pas lui-même dans l'abstrait, c'est l'acte de travail concret qui le suscite, puis le soutient.* »
> Gérard Mendel, *La Société n'est pas une famille*,
> Éditions de La Découverte, 1992.

Pourquoi se compliquer l'existence, nous dira-t-on ? Pourquoi ne pas enseigner immédiatement les « bons » savoirs, plutôt que de s'échiner à identifier les conceptions mobilisées par les élèves ? Tout bonnement parce que l'enseignement ne suffit pas à éradiquer les idées frelatées ! Quand un élève dit que la laine « chauffe », cette conception naïve n'est pas une idée isolée, mais une véritable explication, voire une modélisation dotée d'une logique intrinsèque[1]. Il ne suffit pas de mettre un thermomètre à l'intérieur d'un pull-over pour suggérer que la laine n'a rien d'un radiateur mais se comporte comme un isolant !

Pour qu'un apprenant – enfant ou adulte – s'approprie un morceau de savoir, une véritable déconstruction de ses conceptions s'impose. Considérons le « poids », la « force pesante » (que les physiciens

---

1. Voir chapitre 1.

me pardonnent!) d'un individu (ou d'un objet). Voilà l'exemple même du concept malaisé à transmettre au commun des mortels, difficulté qui prive irrémédiablement le gros de nos jeunes contemporains des «bienfaits» de la mécanique classique que l'enseignement de la physique entend propager. C'est que l'expérience quotidienne du poids (comme celle du travail) n'a rien à voir avec la définition savante qu'en donnent les experts. Pour mémoire, supposons que vous montiez au sixième étage dix sacs de 50 kilos de plâtre (puisqu'on ne dit pas «kilogrammes» dans la vie quotidienne...), et que vous redescendiez ces dix mêmes sacs, remplis de gravats de même poids. Tout bon physicien vous le dira: «Le travail est... nul.» Impossible d'imaginer formulation plus éloignée de l'intuition. Et si, dans un excès de zèle, vous transportiez d'autres sacs du sixième au rez-de-chaussée, votre travail sera... négatif! Cette anecdote suffit à comprendre qu'on ne traite pas des mêmes questions[2].

Vos erreurs m'intéressent

Devant de tels écarts que l'enseignement – sauf exceptions – ignore, les apports «culturels» de la physique sont pratiquement nuls. En matière de poids, les étudiants ne retiennent, après un cours, que la nécessité de dessiner une flèche pour matérialiser cette notion. Mais où situer, sur un être humain, le point d'application (l'ancien «centre de gravité» et actuel «centre d'inertie») de cette force? Les élèves le font aussi bien partir du nombril que du nez, ou encore du sommet du crâne (voir les dessins ci-contre). Ces erreurs sont moins des fautes a priori condamnables que des «symptômes» signalant les obstacles sur lesquels a buté leur pensée. Chacun des choix est parlant: le nombril, lieu symbolique, est couramment considéré comme le centre de l'individu et le nez comme le centre du visage. Le dessus de la tête, lui, correspond à l'idée que le poids résulte de *« l'air (de l'atmosphère) qui presse sur la tête*[3] ». Rien de plus faux pour un physicien. De même, les élèves placent souvent l'extrémité de la flèche en contact direct avec le

---

2. Nous vous renvoyons pour compléter cet aspect au chapitre 13.
3. D'autres élèves sont plus enclins à ce que l'air pèse sur les épaules. On est là face à une variante de la même idée, le poids d'un individu vient de la pression exercée par l'air.

sol. L'idée d'action à distance, chère à Newton mais trop éloignée du sens commun, leur est étrangère. Ces obstacles, parmi d'autres, bloquent l'accès à la vraie définition du concept de poids.

Conceptions du « poids » chez les adolescents. (Source LDES.)

Pour progresser, une « déconstruction » de l'influence de l'air s'impose. Exercice facile sur le papier, truffé d'écueils sur une estrade ! Plusieurs pédagogues et philosophes s'y sont attelés, dont Gaston Bachelard, selon lequel il importait de détruire (« *rectifier* », nuancera-t-il) les connaissances frelatées « *en surmontant ce qui, dans l'esprit même, fait obstacle* », de « *penser contre le cerveau* », le « *déjà là* ». Soit. Mais, concrètement, comment y parvenir ?

Une argumentation expérimentale, si l'on suit Bachelard, pourrait être proposée : un individu équipé d'un scaphandre et d'une bouteille d'oxygène est pesé dans une enceinte vidée de son air. À moins d'utiliser une balance de précision[4], on ne constatera aucune variation sérieuse en pesant le même homme à l'air libre. CQFD : l'air n'intervient pas.

---

4. Pour les spécialistes, une balance de précision montre une légère augmentation du poids. Il n'y a pas que dans l'eau que la célèbre mais peu comprise poussée dite « d'Archimède » existe !

127

Cette démonstration, hélas, ne suffit pas à modifier la conception initiale. Au mieux, l'individu prend conscience de la présence d'un vice caché dans son raisonnement et pimente ce dernier d'une hypothèse supplémentaire, pour ne pas avoir à l'abandonner. Au pire, il n'entend pas l'objection. L'histoire des sciences fourmille d'exemples de ce type, comme l'a montré la « grande » historienne des sciences, Maryline Cantor, à propos de la génération spontanée. Pasteur n'entendait pas les objections de Pouchet et se gardait bien de faire les expériences que son rival lui proposait. Les deux hommes ne partageaient ni le même cadre de références ni le même mode d'argumentation.

Quand les chercheurs s'écoutent (ce qui arrive...), cela ne suffit pas non plus à les convaincre. Ainsi, au XVIIIe siècle, une controverse opposa deux zoologistes. Le naturaliste Woolf ne croyait pas à l'idée que le germe du futur bébé préexiste dans l'œuf. Il proposa le test suivant à son contradicteur suisse, De Haller : casser chaque jour un œuf pondu par la même poule, fécondé, et en examiner le contenu. L'expérience, croyait Woolf, devait démontrer une fois pour toutes l'inexistence du bébé lors de la fécondation ainsi que son organisation progressive. De Haller se plia de bonne grâce à l'opération mais resta arc-bouté sur son idée. Si le bébé est invisible, répétait-il, c'est que l'embryon est transparent. Pour le prouver, il suggéra à Woolf de colorer les œufs en ajoutant, comme on le faisait alors pour faciliter l'observation, un fixateur, en l'occurrence un acide, qui fit coaguler le blanc d'œuf. Une structure apparut, que De Haller considéra aussitôt comme un poussin[5] !

La métaphore du mur

Apprendre serait-il impossible ? En aucune sorte. Le simple fait de multiplier les arguments – ou mieux les contre arguments – augmente les chances de convaincre : l'un d'eux peut toujours finir par « faire mouche ». Le plus souvent le résultat est désespérant...

S'agissant du poids, on peut entre autres proposer de le mesurer quand la personne est allongée : la surface d'appui de l'air étant

---

5. Si vous mettez un acide (jus de citron ou vinaigre) sur le blanc d'œuf, les protéines se polymérisent, le blanc d'œuf coagule.

plus grande, il augmente. On peut aussi glaner des informations sur le poids d'une même masse sur la Lune, en l'absence d'atmosphère.

Valable pour celui qui sait déjà, cet argumentaire a toutefois peu de chances d'entraîner l'adhésion d'un débutant. Une petite fissure dans la coque ne fait pas couler un navire, surtout si l'équipage écope... D'autres voies, plus subtiles, peuvent aider à « casser » l'obstacle. La conception en place se comporte comme un véritable obstacle à l'apprendre ; elle fige l'apprenant sur son savoir, elle le ferme à toute nouveauté, voire originalité.

Une métaphore nous aidera à y voir plus clair. Puisqu'il s'agit de fermeture, figurons-nous l'obstacle comme un mur, qui bloquerait le passage vers un autre espace de savoirs (l'image n'est pas gratuite puisque le mot latin *obstare* signifie *« ce qui tient devant »*, *« ce qui obstrue »*). Briser le mur requiert de la main-d'œuvre et des outils. Or, la pédagogie est encore bien jeune... Et n'a pas encore inventé la poudre ou le bulldozer. Sortir le pic et la pioche, d'autre part, demande beaucoup de temps et d'énergie.

Pour franchir cette paroi, il importe d'abord de savoir ce qui se trouve dessous, quel est le soubassement. C'est la tâche de l'enseignant ; une approche des conceptions le permet[6]. Pour l'élève, ce qui importe, c'est ce qu'il y a derrière, dans le champ de savoirs qui s'ouvre à lui. Si le mur est vraiment trop haut pour jeter un coup d'œil alentour, l'envie n'en effleurera même pas son esprit (ce qui nous renvoie au problème de la motivation évoqué dans le chapitre 7). Il faut alors lui fournir des échelles ou le faire grimper sur une hauteur.

Ceci fait, plusieurs possibilités se présentent. Si le mur est suffisamment bas, l'apprenant peut le franchir à pieds joints, en prenant de l'élan. Si l'obstacle est trop élevé, il peut s'aider d'une perche, l'escalader à mains nues ou empoigner une corde. À moins qu'il ne construise un escalier ou un plan incliné. La courte échelle, pour filer la métaphore, peut être un travail de groupe au sein duquel des pairs s'entraident pour élaborer du savoir. Et « la grande échelle », une information fournie par l'enseignant. Mais où placer l'instrument ? Le mur (l'obstacle) n'a pas toujours à être évité. Il peut devenir un point d'appui. Jean-Louis Martinand, de l'École normale supérieure de Cachan, a ainsi

---

6. Voir chapitre 12.

proposé l'idée «d'objectif-obstacle». Principe: rechercher les obstacles, dont le dépassement est à la fois possible et enrichissant, puis définir les conditions didactiques permettant de les franchir.

Revenons à notre mur, il n'est pas toujours utile de vouloir le franchir à tout prix, on peut seulement le fissurer; avec le temps, il s'effondrera. Une perturbation peut faire l'affaire. Certaines pratiques pédagogiques peuvent paraître très paradoxales; par exemple, on peut encore surélever un mur, en le chargeant, jusqu'à ce qu'il s'écroule, comme la Tour de Babel. Dans ce cas, l'enseignant peut fournir une somme d'informations qui toutes rassemblées autour de la conception initiale la rende intenable... Pourquoi, enfin, ne pas creuser un tunnel, et, si le mur est dans une cuvette, l'inonder pour la passer à la nage? Les parades sont infinies. Cette métaphore montre la richesse des pratiques pédagogiques dès que l'on sort du train-train habituel; il ne reste qu'à adapter les situations ou les arguments au problème à traiter et aux conceptions des élèves.

Apprendre est tout autant déconstruction que construction. On pourrait parler même de «dessaisie», comme le suggère le neurophysiologiste de Montpellier, Daniel Favre. Pour apprendre, l'individu doit sortir de ses repères habituels. Il doit quitter ses habitudes. L'appropriation de savoir procède de bouleversements, de crises fécondes ou de discontinuités profondes.

Pour apprendre, une dissonance doit viser le «noyau dur» de la conception, elle doit créer une tension telle qu'elle rompt le fragile équilibre atteint par le cerveau de l'apprenant. Un concept, à plus forte raison un modèle qui en comporte plusieurs, ne peut s'élaborer à partir d'une seule situation. Enrichir l'expérience de l'apprenant est donc une priorité. Sans une telle maturation de la situation, toute observation ou tout expérience qui va à l'encontre glisse sur la surface de la pensée de l'élève; toute argumentation peut ne pas être entendue. Ne dit-on pas au quotidien *«ça lui entre par une oreille et ça lui sort par l'autre!»*.

ENRICHIR L'EXPÉRIENCE

Retour au poids. La pomme, la pluie, le parachute (bref tout ce qui tombe), la balançoire, le pendule, sont des phénomènes à travailler ensemble pour qu'un individu s'approprie le concept. On

APPRENDRE, UN PROCESSUS DE ... DÉCONSTRUCTION

retrouve là l'importance du terrain que nous citions au chapitre précédent. Quoi que l'on fasse, un objet sur Terre retombe toujours, attiré par une force puissante et invisible : la gravité, qui agit sans cesse et partout. Si l'on pouvait creuser un trou jusqu'au centre de la Terre, elle nous y conduirait. Du moins le suppose-t-on, tant cette zone reste mystérieuse, comme la nature de cette force, dont on sait seulement qu'elle résulte d'une attraction de la matière par la matière. Cette limite, liée à notre ignorance actuelle, fait d'ailleurs partie de l'apprendre. Contrairement à un préjugé courant dans l'enseignement, les limites du savoir aident aussi à apprendre.

La gravité terrestre, en tout cas, manifeste ses effets sur de vastes distances. C'est elle qui « retient » les satellites artificiels tournoyant autour de notre planète à des centaines de kilomètres d'altitude. L'astre cendré, pourtant distant de 380 000 kilomètres, subit aussi son influence.

Les voyages extra-atmosphériques nous ont familiarisés avec l'état d'impesanteur, du moins avec ses manifestations les plus spectaculaires : la difficulté de boire, les gouttes d'eau à la dérive, la valse des astronautes... Franchir un fossé, sauter à la corde sont autant d'occasions pour reproduire les sensations que l'on éprouve dans une cabine spatiale. La seule différence tient à la brièveté de l'expérience. De la même manière, une boîte contenant des figurines et lancée en l'air mime un vaisseau dans l'espace. Ses « occupants » sont ballottés, leur poids mesuré par des tensiomètres diminue puis s'annule un très court instant.

Ces cheminements sont nécessaires. La déconstruction de l'obstacle, cependant, ne doit pas être « chosifiée », ni parfaitement circonscrite. On ne saurait en faire le tour, tant ses adhérences sont multiples, et elle ne se limite pas au seul domaine rationnel. Ses racines plongent dans l'affectif, l'émotionnel et le mythologique. La pensée humaine est truffée de constantes auxquelles il est difficile d'échapper. Tous les individus, jusqu'à des niveaux très avancés de l'université, ont beaucoup de mal à ne pas envisager des forces qui tirent ou poussent au moindre mouvement.

Ainsi, la belle recherche de Laurence Viennot, menée à l'université de Paris VII, se trouve confirmée, vingt ans après. À la question : « *Quelles sont les forces qui agissent sur une balle lancée sur une trajectoire verticale»*, des étudiants – et même certains enseignants – de physique répondaient[7] : deux forces, la pesanteur... et une force d'impulsion! La physique apprend pourtant à se méfier de l'intuition. Malgré leurs connaissances académiques et l'usage immodéré des calculettes programmables, plus de 50 % des étudiants interrogés continuaient à professer la vieille théorie de l'*impetus*: si la balle poursuit son ascension, c'est qu'elle possède un «capital de force», une sorte d'élan. Erreur! La balle sitôt lâchée, une seule force intervient: la pesanteur.

Comme quoi notre «poids» pose toujours de «graves» problèmes à nos brillants futurs chercheurs! Les étudiants ne peuvent que constater, navrés, l'immense difficulté à jeter un pont entre les formules qu'ils appliquent quasi machinalement et leur signification exacte[8].

PAS DE GARANTIE CONTRE LES OBSTACLES

La métaphore du mur nous a fait toucher du doigt que si la déconstruction est toujours souhaitable, elle n'est jamais à prendre au pied de la lettre. Il s'agit rarement de démonter le mur! On peut s'attaquer aux fondations et non à l'obstacle lui-même. Cette déconstruction peut encore être une autre construction: un échafaudage, une porte, un plan incliné ou un tunnel.

Chaque analogie peut aussi avoir une traduction pédagogique, sous certaines conditions. Dans son livre *Human Understanding*, l'épistémologue Stephen Toulmin en donne une bonne description, qu'a complétée sur le plan didactique le psychologue Michael I. Posner. Pour ces deux auteurs, les apprenants doivent s'apercevoir que les conceptions dont ils disposent sont insatisfaisantes. À charge, pour l'enseignant, de motiver ce ressenti, de proposer (de manière intelligible) un nouveau savoir et de convaincre l'élève que ce dernier est cohérent avec les autres domaines de sa pensée et plus efficace, pour des raisons «d'élégance, d'économie ou d'utilité».

---

7. Pour les spécialistes, on néglige les frottements et la poussée d'Archimède.
8. La dynamique à mettre en place est plus complexe que le processus de catharsis proposé par Bachelard. Celui-ci est trop frontal, il s'agit de générer un processus de détachement.

Cette pédagogie du « changement conceptuel » a déclenché un ensemble de réflexions et de propositions, notamment chez les Anglo-Saxons. Pour la didacticienne anglaise Rosalind Driver, le point central de la démarche est la première phase : la déstabilisation des connaissances antérieures. Phase d'expression, qui permet à l'enseignant de les identifier et de proposer, dans la foulée, des contre-exemples. Les idées une fois détrônées, par une réflexion commune et l'aide du maître, d'autres modèles sont formulés, testés et stabilisés en les appliquant à de nouveaux domaines.

Cette approche n'est pas sans intérêt, mais accorde trop de vertus aux contre-exemples. Est-on certain que l'élève entende la contradiction ? Le travail dans les classes nous convainc du contraire. Ce qui semble logique à l'un (l'enseignant) n'est pas admis par l'autre (l'élève). Autre faiblesse de la méthode : l'insuffisante prise en compte des conceptions des apprenants. La présentation d'un fait en contradiction avec la pensée d'un élève ne garantit pas l'acceptation, de la part de celui-ci, d'un changement d'idées. Et ce d'autant que le contre-exemple est souvent unique et trop bref – parfois une seule séquence de classe – pour convaincre. À quoi s'ajoutent les difficultés d'élaborer une nouvelle formulation du savoir, phase souvent implicite ou occultée.

En 1974, la collaboratrice privilégiée de Jean Piaget, Barbel Inhelder, défendit une idée plus pertinente : le « conflit cognitif », qui mettait l'accent sur la bataille d'idées qui peut naître de l'affrontement d'opinions opposées. Pour elle, l'apprenant peut opérer une « rééquilibration majorante », c'est-à-dire un dépassement de sa pensée. Le conflit d'idées attaque de façon dynamique la structure cognitive. Il crée les conditions propices à une « décentration intellectuelle », explicite les différences. Les situations d'interactions sociales où les élèves doivent coordonner leurs actions ou leurs points de vue conduisent ainsi à des progrès cognitifs.

Pour que le conflit soit pertinent, certaines conditions générales sont requises. L'explicitation nette de plusieurs points de vue doit être possible. Ce qui amène à soumettre aux élèves des situations motivantes où le désaccord est flagrant, des situations balisées afin d'éviter les faux-fuyants. L'école de psychologie génétique, puis celle de psychologie sociale de Genève avec, dans ses rangs, Wilhelm

Doise, Gabriel Mugny et Anne-Nelly Perret-Clermont, ont activement exploré cette notion dans de multiples situations, au point d'en faire un peu vite un remède miracle[9].

L'approche du conflit cognitif ne peut être évacuée. Il en va, ni plus ni moins, de la démocratie, qui repose sur le postulat suivant : *« On peut être plus intelligent à plusieurs.* » Ainsi, le débat politique direct, ou indirect, *via* nos représentants au Parlement, devrait déboucher sur les meilleurs choix, au service du bien commun. On connaît tous les détournements sociaux de telles pratiques.

Mais *quid* de l'élaboration de savoir ? Sur ce plan, le conflit cognitif reste le présupposé théorique le plus propice à la production de savoirs quand la corroboration expérimentale est impraticable. La meilleure argumentation débattue au sein d'une communauté doit emporter l'adhésion du groupe. Les limites sont toutefois nombreuses, même au sein de la communauté scientifique. Toutes sortes de raisons jouent en sa défaveur, des rapports de pouvoir aux manipulations de la communication.

Il en va de même en matière éducative, où cette idée a besoin d'être enrichie et relativisée. Il est vrai que le travail de groupe intervient souvent comme déclencheur. La confrontation profite à la motivation : elle donne envie à l'élève de défendre ses opinions et de contrer celles des autres. Argumenter enrichit son point de vue. Quand celui qu'on défend s'avère fragile ou limité, la confrontation aide à en rechercher d'autres. La démarche élargit les conceptions ou son champ d'action ou de représentation. Mieux que le cours magistral, elle provoque une perturbation interne de la pensée sur des points que l'élève pensait maîtriser, sur des idées qu'il supposait établies, et conduit à une transformation des idées par la production, toujours à l'aide du groupe, de nouveaux savoirs.

Mais cette « co-résolution » n'est pas réductible au seul niveau cognitif. Les dimensions sociales et affectives sont tout à fait essentielles. Il y un double déséquilibre à dépasser : social (*« on n'est pas pareil »*), et cognitif (*« on ne pense pas à l'identique »*). Les psychologues, qui acceptent aujourd'hui ces limites, préfèrent parler de « conflit socio-cognitif ».

---

9. Les chapitres 9 et 10 proposent les autres éléments nécessaires.

APPRENDRE, UN PROCESSUS DE ... DÉCONSTRUCTION

L'opposition des idées n'est pas automatiquement féconde pour l'apprendre. La confrontation rebute souvent les individus, notamment les plus âgés. Il est vrai qu'ils ont souvent une expérience du conflit qui blesse plus qu'elle ne construit. La confrontation doit être dûment préparée. Les individus n'aiment pas s'affronter (cela oblige à se dévoiler) et redoutent toute argumentation qui remet en cause leur façon de voir. Les stratégies d'évitement sont alors multiples et vont de l'ignorance de la situation et de ce qui est dit à des prises de position incontournable, ou à des prises de pouvoir[10].

L'enseignant doit légitimer cette confrontation. Pour de jeunes enfants, le jeu est une direction possible. Pour des adultes, le jeu de rôle est une première étape moins traumatisante. Dans les deux cas, un travail de réflexion sur l'apprendre est indispensable.

La prise de conscience, par les apprenants, de l'existence de conceptions différentes de la sienne renforce l'idée que ces différences ne sont pas un obstacle à la compréhension. Le conflit devient un « fil rouge », qu'il s'agit d'entretenir. Un nombre important de démentis, de contre-exemples, de mises en lumière de limites, sont nécessaires pour que l'individu commence à prendre de la distance avec les idées auxquelles il croit, à mettre en discussion leur infaillibilité ou à ne plus penser que leur application est absolue... Alors il devient prêt à les réenvisager. La confrontation doit engager une coordination des points de vue et des démarches pour arriver à un accord. Même si l'une des conceptions l'emporte, l'autre ne doit pas le vivre comme un échec, mais comme un dépassement.

LE MUR EST-IL INFRANCHISSABLE ?

Parfois, le mur est infranchissable. Il fait partie d'une forteresse ceinte de précipices et de fossés. N'empêche, l'obstacle est consubstantiel à l'apprendre. Il n'est pas ce sur quoi vient buter la pensée, mais fait partie intégrante de cette pensée. Avant d'être une difficulté, il est d'abord une facilité que la brillante pensée s'octroie, la preuve d'un certain conformisme intellectuel. Pour paraphraser le

---

10. Voir chapitre 10.

pédagogue de l'université de Rouen Jean-Pierre Astolfi, nous aimons bien penser «*avec l'esprit dans les charentaises*».

L'obstacle est en fait un espèce d'agent double. D'une part il constitue le «passage obligé», l'outil nécessaire, de l'autre, il est une source potentielle de blocages. En d'autres termes, la construction du savoir telle que Piaget la définit, et telle que la reprennent de nombreux constructivistes, se réalise rarement de manière automatique. Elle représente plus une potentialité pour l'apprenant qu'un cheminement réaliste.

Le modèle constructiviste, si on ne peut le contester sur le plan de la pensée, se trouve être pour les sciences cognitives et pour l'éducation un modèle idéalisé. Il oublie seulement les conditions de mise en œuvre sur des savoirs particuliers. Rien d'étonnant que Piaget et ses successeurs se soient limités à décrire les opérations très générales de la pensée, en faisant abstraction de toute l'infrastructure qui supporte cette dernière. *Idem* pour Bachelard et ses disciples. Pour avancer dans ces domaines, construction et déconstruction doivent être envisagées comme les deux facettes d'un même phénomène. De leur tension émerge la dynamique de l'apprendre. Comme nous l'indiquions au chapitre 2, toute nouvelle connaissance est une réélaboration de connaissances déjà là, en fonction d'un projet. On apprend avec et contre les perceptions, les supposés, les évidences et les opinions immédiates ou toutes faites.

10

MODÉLISATION, MÉMORISATION, MOBILISATION

———■———

> « *Sa femme l'appelait grand vaurien ou grand saurien peut-être*
> *oui c'est comme cela je crois bien grand saurien*
> *ou autre chose, est-ce que je sais, est-ce que je me souviens*
> *Tout ça futilités fonds de tiroirs miettes et gravats de ma mémoire*
> *Je ne connais plus le fin mot de l'histoire.* »
> Jacques Prévert, In Memoriam, *Paroles*.

Apprendre ne se réduit pas à larder d'informations la mémoire individuelle que possède chaque individu. Ce modèle classique, qui place sur un pied d'égalité apprendre et enregistrer, vient de loin, très loin. Les penseurs d'Égypte et de Mésopotamie avançaient déjà de telles idées. Pour ces peuples, la Connaissance était une concaténation de notions disparates, transmises par le Maître à l'élève, par imprégnation et respect, ce dernier devenant à son tour Maître après avoir « tout reçu ». Les penseurs grecs, pourtant férus de scepticisme[1], creusèrent le même sillon pédagogique.

Des siècles plus tard, Descartes imagina de placer à l'intérieur du cerveau un *homonculus*, qui regardait à loisir l'image des objets imprimés. L'idée reprit vigueur au XIXe siècle, où de petits personnages, tassés dans la boite crânienne, manipulaient fioles et appareils

---

1. « *La seule chose que nous savons, c'est que nous savons pas.* », Socrate.

pour représenter la pensée. Le philosophe Henri Bergson enfoncera le clou : « *Le cerveau ne doit pas être autre chose [...] qu'une espèce de bureau téléphonique central ; son rôle est de donner la communication ou de la faire attendre. Il n'ajoute rien à ce qu'il reçoit...* »

La digestion mentale

Rien de tel, on l'aura compris ; notre esprit n'opère jamais ainsi. Le cerveau nous l'avons vu, « digère » les informations qu'il reçoit, ou plutôt qu'il recherche. Il n'emmagasine pas tels quels les faits, encore moins les sensations ou les souvenirs, mais les organise, les interprète et les pare d'une valeur éthique, esthétique ou affective.

Quand sa structure de pensée est faible ou décalée, l'apprenant ne sait que faire des informations isolées, chiens sans collier. Leur accumulation lui encombre l'esprit. Il s'y noie. À l'inverse, plus sa structure de pensée est robuste, plus elle lui permet de dominer son domaine d'apprentissage. Il intègre aisément les données qu'il choisit de sélectionner. Tout élément neuf trouve sa place. Paradoxe, celui-ci peut à son tour empêcher d'autres apprentissages !

Entre ces deux extrêmes, si l'on ose dire, existe une zone où l'apprenant cherche à peaufiner sa pensée ou à en élaborer une autre, du moins quand il ressent que celle en sa possession est limitée ou périmée. Plusieurs stratégies se proposent alors à lui. Il peut tout élaborer par lui-même, mais cela prend du temps et les possibilités d'interprétation s'avèrent rapidement insuffisantes. Il peut aussi chercher des structures « clefs en main », posture coutumière des débutants motivés qui accueillent avec enthousiasme les données très structurées qu'ils dénichent dans les livres ou qu'avance l'enseignant. Las, le marché est pauvre. Il n'est pas toujours aisé d'avoir à sa disposition des moyens de penser adaptés à sa demande et compréhensibles sur-le-champ.

Le solution optimale ? Le « kit » ! L'apprenant prend appui sur des « aides pour penser ». Ces ressources facilitent l'organisation de son savoir, la pensée ne s'élaborant pas sur du sable. Dans la vie quotidienne, la langue maternelle fait peu ou prou l'affaire. Mais en économie, en sciences, ses limites s'imposent vite. Un raisonnement

MODÉLISATION, MÉMORISATION, MOBILISATION

employant, dans ces matières, des mots communs peut être très fastidieux et coûter cher, en termes cognitifs. Un langage symbolique, comme celui des mathématiques, rendra alors service. Avez-vous déjà essayé de faire une multiplication sans user de symboles (en l'occurrence les chiffres indiens, dits « arabes »)? Encore s'agit-il de les choisir à bon escient. L'intérêt des symboles mathématiques reste toutefois limitée, quand manque un apprentissage *ad hoc*[2]. Il n'empêche : un problème est plus aisé à résoudre par l'algèbre que par l'arithmétique, dès lors que l'on maîtrise quelques rudiments de la langue algébrique. Cette dernière, avec ses inconnues, ses variables et ses constantes, est une économie de pensée.

LA FORCE D'UNE IMAGE

Dans d'autres cas, l'élaboration du savoir passe par l'image, la métaphore, l'analogie ou le schéma. C'est qu'il faut coder la réalité avant de la décoder. Il n'existe pas, dans la nature, de cellules ou d'atomes! En revanche, *via* des modèles, la même nature devient intelligible. Un graphique sur l'évolution du chômage ou une image sur les rouages de l'inflation facilite la compréhension de ces mécanismes et stimule leur mémorisation. L'image a valeur d'exemple et rend limpide une situation complexe, en allant à l'essentiel. Un slogan tel que : « *Un verre ça va, trois verres, bonjour les dégâts!* » résume en quelques mots les éléments significatifs d'une situation.

Tout est affaire de dosage. Des termes trop éloignés de son univers familier ont toutes chances d'éloigner l'apprenant de la connaissance. Mais dans le même temps, il a besoin de points d'appui. Il doit trouver des « perches » sur son chemin. Un proverbe chinois le confirme : « *La rivière n'est rien sans les berges pour la conforter.* » La bande dessinée, à cet égard, est de plus en plus souvent utilisée[3]. Il est vrai que l'image a envahi le monde, comme le prouve la floraison

---

2. L'école fait un emploi abusif trop tôt de l'écriture symbolique sans qu'elle donne les moyens à l'enfant d'apprendre à la lire. La complexité du langage mathématique est due au fait que s'y entremêlent plusieurs sortes de procédés linguistiques - des mélanges de mots et de symboles - et plusieurs niveaux de discours. Les élèves butent très souvent sur le sens des exercices qu'on leur propose de faire.
3. On la croit immédiatement accessible.

des pictogrammes dans les lieux internationaux. Partout, et pour tous, un cercle rouge barré de rouge sur fond blanc signifie «interdiction» ou «danger».

La comparaison d'un événement inconnu avec un fait connu est rassurante. La force d'une image n'est toutefois pas son contenu intellectuel, mais l'interprétation qu'elle fournit. Elle débouche sur des idées recyclables dans l'action. Rien d'étonnant que les poètes soient mieux compris que les philosophes et que les grands prophètes, de Moïse à Mahomet, en passant par Jésus, aient tous prisé la parabole.

Pour l'apprentissage, les choses ne sont pas aussi simples. L'usage de l'illustration, pour traiter de concepts abstraits, n'a de sens que si l'apprenant est averti des difficultés qu'il rencontre. L'opération tient souvent de la gageure... La principale difficulté est liée à la lisibilité et à la compréhension du procédé. Une analogie ou une métaphore n'est pas la réalité, mais une interprétation élaborée et formalisée, à un certain degré, d'un problème à résoudre. En diététique, par exemple, un régime efficace peut être présenté comme un «marathon», et non comme un «sprint». La quantité d'énergie sera mieux comprise si on la présente ainsi: «*Avec l'énergie contenue dans une plaque à chocolat, vous pouvez faire 1 km en voiture, 15 km à pied et 40 km à bicyclette. En inventant la bicyclette, l'homme est parvenu à utiliser l'énergie le plus efficacement possible, mieux que tous les êtres vivants...*»

Un des exemples les plus réussis (et les plus iconoclastes) est une tentative en chimie signée Jacques Deferne. Ce conservateur au Muséum de Genève propose, dans son livre *Le Monde étrange des atomes*, une famille d'hommes (les anions), une famille de dames (les cations) et des célibataires (les gaz rares). Tous ces atomes sont affublés d'un plus ou moins grand nombre de bras (le nombre de relations qu'ils peuvent établir) et nantis d'un «poids» imaginaire (le gron) correspondant à leur masse atomique. Une carte d'identité recense leurs principales caractéristiques. Une grande photo de famille présente la classification habituelle de Mendeleïev. Certaines réactions chimiques sont racontées sur le mode conjugal. Des règles de mariages précisent les réactions chimiques.

Exemple: «*1/Les unions possibles sont la monogamie, la polygamie, la polyandrie, les communautés; 2/Les partenaires doivent compter autant de bras féminins que masculins; 3/Toutes les mains doivent être liées à des mains d'atomes de sexe opposé; 4/Les couples ou les groupes ainsi constitués portent le nom de molécule.* » L'anatomie des atomes permet de tout savoir sur les particules qui les composent. La fission et la fusion nucléaire, enfin, sont traitées comme des maladies génétiques frappant les atomes !

Une réaction chimique vue par Deferne. « *Au cours d'une promenade, le couple Hcl rencontre le trio NaOH. Quelques idées de changement germent dans les esprits... Madame Chlore et Monsieur Sodium se mettent en ménage, confiant la garde des deux petits hydrogène à Madame oxygène qui s'en accommode fort bien !* » (Source: Jacques Deferne, *Le Monde étrange des particules,* Éditions de la Nacelle, Carouge, 1994)

La schématisation

Autre point d'appui pour comprendre: le schéma, qui jouit, dans certaines disciplines, d'une supériorité importante par rapport au langage[4]. Il donne une idée du problème à résoudre en matérialisant et en synthétisant un ensemble d'informations.

---

4. Des schémas normalisés sont de plus en plus fréquemment utilisés en technologie. Des règles d'écriture et de lecture très strictes sont à connaître.

Les schémas, à l'origine très descriptifs et réalistes (à la manière de dessins) se sont peu à peu allégés pour ne présenter que les éléments pertinents d'une situation ou d'un phénomène, et en montrer les interactions. En électronique, ils sont devenus l'équivalent d'une partition musicale. En géographie et en géologie, les cartes ont atteint un niveau de sophistication sans pareil. On peut s'y repérer du premier coup d'œil. Toutefois, la lecture d'un schéma ou d'une carte s'avère extrêmement difficile pour le non-initié. Les enseignants et les auteurs de manuels sous-estiment trop souvent les problèmes. Toute schématisation procède en effet d'un choix préalable permettant une condensation de la réalité. Or, ce processus doit être adapté à l'évolution de l'élève.

Il importe que ce dernier apprenne à réaliser lui-même les schémas, puis les confronte avec ceux de ses congénères. La démarche lui fera prendre conscience du choix des éléments à représenter ou des liens existant entre ces éléments. Les conventions d'écriture et les contraintes (un schéma est statique mais doit signifier une dynamique) peuvent être travaillées et des aspects ludiques développés. Un des moyens que nous utilisons fréquemment, y compris en sciences avec des adultes, est le jeu de rôles. Celui-ci consiste à mimer des mécanismes en utilisant, si nécessaire, des accessoires. En astronomie, des « danses » avec de jeunes élèves permettent de simuler la trajectoire des astres. En biologie, les élèves du secondaire deviennent des chromosomes lors des divisions cellulaires, des hormones, des électrons en physique-chimie. Leurs gestes, leurs déplacements représentent les interactions qui se déroulent dans une mitochondrie ou un chloroplaste. À l'université, nous avons utilisé cette technique[5] avec succès, malgré les réticences initiales (bien compréhensibles) des étudiants. Chaque fois, elle a permis une ébauche de schématisation pour comprendre des mécanismes intracellulaires ardus comme la régulation d'une fonction enzymatique ou la perméabilité de la membrane cellulaire.

---

5. Du moins pour ce qui concerne les questions que l'on se pose !

MODÉLISATION, MÉMORISATION, MOBILISATION

Les modèles

Les modèles sont une autre forme d'aide à penser. Certains sont accessibles immédiatement, comme les maquettes ou les modèles réduits. Ils permettent de comprendre des phénomènes comme les avalanches ou l'ensablement du Mont Saint-Michel. Toutefois, la plupart posent des problèmes encore plus intenses que les schémas. La modélisation est une activité qui implique des ajustements permanents entre des données issues de l'environnement et les savoirs que l'individu peut mobiliser pour comprendre.

En géographie, en économie ou en sciences, on constate un décalage important entre les conceptions des élèves et les modèles distillés par les manuels. En physique, par exemple, les auteurs semblent considérer la structure particulaire et discontinue de la matière comme une évidence. Rien de plus discutable. Même s'ils ont entendu parler de molécules ou d'atomes, les élèves pensent que ces derniers se touchent.

Comme pour la schématisation, il est très difficile de rentrer dans un modèle, lequel demande à être travaillé et mis en relation avec les conceptions des élèves. Ceux sur la matière ne prennent sens que lorsque ces derniers parviennent à se représenter dans leur tête la taille des atomes, à se faire une idée des distances entre ceux-ci et entre leurs particules, ou de la quantité que l'on peut loger dans un millimètre cube.

Des analogies peuvent servir de relais. Exemple : si l'on enlevait toutes les distances entre les poutres et les poutrelles de la Tour Eiffel, le monument tiendrait dans un cube de 30 mètres de côté. Si l'on supprimait, maintenant, les distances entre les atomes, on ferait tenir l'édifice dans un cube de la taille d'une tête d'épingle (la masse restant bien sûr identique) !

Pour apprendre, il importe de faire produire des modèles. Et de fournir des exemples en kit pour permettre aux élèves de les monter et de les tester. Par exemple, les élèves (et même les adultes) confondent chaleur et température[6]. Ils peinent à accepter l'idée que l'on puisse chauffer une maison en puisant de l'eau froide, principe

---

6. Voir chapitre 1.

contre intuitif. De même, ils renâclent devant le principe de l'équilibre thermique, puisque toutes les sensations de la vie courante l'infirment: les tomates brûlent le palais, alors que la pâte de la pizza ne procure aucune sensation douloureuse. Pourtant, les deux sortent du four à la même température...

Une approche modélisante se doit de relier une notion à un donné perceptif immédiat. Une intuition têtue et fort répandue peut servir de point de départ: *«La chaleur est (comparée à) une substance.»* Une analogie peut alors être avancée: la quantité d'eau est identifiée à la quantité de chaleur et le niveau de l'eau à la température.

L'important, dans une modélisation, n'est pas le modèle lui-même, mais les possibilités d'explication et de prévision qu'il infère. Il s'agit de le faire fonctionner immédiatement. La différence de nature entre la quantité et le niveau d'eau – si l'on reprend le modèle ci-dessus – permet de distinguer nettement chaleur et température. Grâce à un tel modèle, on peut inciter les élèves à prévoir. Par exemple, comment va évoluer la température d'un mélange de deux liquides? L'eau s'écoule du récipient dont le niveau est élevé vers celui où le niveau est bas. La température du liquide chaud va diminuer. Le niveau atteint à l'équilibre est le même dans les deux récipients. Il se situe entre les niveaux initiaux. La variation des niveaux lors du transfert dépend de la quantité contenue dans les récipients.

Où l'on voit qu'après avoir versé une petite quantité d'eau à une importante température dans un volume d'eau plus grand à une plus basse température, la température finale est proche de ce dernier. Habituellement, les élèves additionnent les deux températures et trouvent donc une réponse supérieure à la température initiale la plus grande. On peut faire de même avec des quantités d'eau et des températures différentes. Chaque fois, on fera varier les hauteurs (pour les températures) ou les diamètres (pour les quantités). Et l'on peut voir comment évolue le modèle avec des liquides de nature différente.

Ce modèle, pourtant, est rejeté par les zélotes d'une certaine modernité parce qu'il reprend un concept scientifique dépassé. Certes, il faut tendre au plus tôt vers l'enseignement des savoirs les plus contemporains. Nous sommes partisans d'une initiation aux modèles d'atome, de cellule ou encore à l'enseignement d'une certaine forme de relativité... dès l'école maternelle ! Mais encore faut-il le faire à travers des images compréhensibles et utilisables par les élèves.

Dans le domaine très délicat de la thermodynamique, notre modèle, bien que poussiéreux, est un passage obligé. Il permet une double avancée aux élèves. D'une part, il est opératoire pour penser la plupart des questions énergétiques de la vie courante. D'autre part, il est adapté à leurs conceptions et leur permet certaines manipulations mentales. Ils comprennent bien mieux «de quoi il retourne». On peut même en discuter les limites (il reste rigoureux tant qu'il n'y a pas changement d'états[7]).

Notre (pro)position est foncièrement pragmatique : envisager des modèles limités, mais directement utilisables par l'apprenant. De toute façon, il n'en existe pas d'«idéal». Chacun présente des avantages et des inconvénients. Les plus performants, à un moment donné, se métamorphosent tôt ou tard en obstacles. Tout support imagé fige les processus. Une réflexion sur l'usage des images, des schémas ou des modèles doit toujours être prévue. Un optimum possible est de ne jamais envisager avec les élèves un seul modèle à la fois. Plusieurs outils, plutôt qu'un seul, préviennent l'enfermement. L'élève peut envisager leur emploi respectif, leurs possibilités et leurs limites.

Une métaphore pédagogique peut aider à comprendre notre proposition ! Dans les travaux de bricolage, plusieurs tournevis sont nécessaires, suivants les vis, leur dispositions ou leurs usages !

DE LA MODÉLISATION À LA MÉMORISATION

S'il est très utile de comprendre et d'organiser les savoirs, il l'est tout autant de les conserver (si possible) à disposition dans la tête. Ce que l'on a coutume d'appeler la mémoire. L'investigation de cette capacité surprenante du vivant, et plus particulièrement de l'Homme, est en plein progrès. Ces travaux bouleversent beaucoup nos conceptions, notamment en matière d'éducation.

---

7. Un passage de la glace à l'eau liquide par exemple.

Jusqu'à présent, la mémoire était définie comme un banal phénomène de stockage dans un espace circonscrit. L'analogie la plus fréquente était celle d'une bibliothèque, la plus moderne celle du disque dur d'un ordinateur. Renoncer à apprendre par cœur certaines notions, pensait-on, dégageait de la place pour en engranger d'autres. Or paradoxalement, le fait de retenir des listes de préfixes ou de suffixes, des ensembles de fossiles ou les différents départements avec leurs préfectures et sous-préfectures, passait aussi pour favoriser le développement de la mémoire.

Il n'en est rien. *Je me souviens...* Le regretté Georges Pérec a décliné cette capacité comme une valse à trois temps. Indispensable outil de travail, pilier de notre vie quotidienne, la mémoire est bien plus que cela. Elle est le fondement de notre identité. Mieux vaudrait d'ailleurs parler de «mémoires», au pluriel, tant les mécanismes impliqués sont divers. Pour nous limiter aux mémoires acquises, citons la mémoire immédiate, comme celle des cellules qui engrangent les expériences de l'environnement. L'immunité contre les microbes, les accoutumances aux drogues, aux médicaments et les allergies se situent à ce niveau. Vient ensuite la mémoire réflexe, celle qui nous permet de manger, de boire, de faire du vélo ou de jouer au tennis. Le troisième niveau concerne la mémoire représentative, chargée de représenter les objets, les personnes et les événements. C'est à ce seul niveau que nous nous référerons quand nous parlerons ici de mémoire.

Les outils de cette mémoire-là sont encore multiples. Les langages, maternel et imagé, et les conceptions en constituent le support, le processus et le produit. La capacité à mémoriser des images ne semble pas identique à la mémorisation des visages, laquelle diffère encore de celle des sons. On peut également distinguer une mémoire à court terme, autrement appelée «mémoire de travail», et une mémoire à long terme. La première assure le travail d'association de l'information. Elle permet de fixer une date, un numéro de téléphone, un code ou un geste, mais n'est pas prévue pour stocker une grande quantité d'informations[8]. Elle «adresse» les diverses données. Elle est

---

8. Sept éléments – chiffres, noms, dates... – en moyenne peuvent être retenus sur un très court laps de temps, quelques minutes au maximum.

immédiate, très sélective, et retient moins d'un pour mille des données qui affluent vers le cerveau. La mémoire à long terme (ou «mémoire sémantique») possède une très grande capacité. On ne lui connaît pas de limites. Notre identité, les fondements de notre savoir, les éléments déterminants de notre parcours personnel y sont inscrits. La conservation des informations est organisée de façon très structurée. Des associations d'idées, des indices (la canonique «petite madeleine» de Proust) permettent de se remémorer une époque ancienne et de déclencher le processus du souvenir. Cette mémoire est, en liaison avec la mémoire culturelle, le produit de l'histoire de notre civilisation. Beaucoup d'éléments en dépendent : notre langue, nos façons de raisonner, le découpage du temps, l'essentiel de nos valeurs... On voit par là la haute complexité d'un tel phénomène.

La mémoire en 3 temps

On ne peut réduire la mémoire au seul enregistrement. Cette phase est totalement impossible sans les mécanismes de perception et de compréhension évoqués plus haut. Elle nécessite un état réceptif, c'est-à-dire une intentionnalité[9]. Il importe d'avoir envie ou d'être obligé par les circonstances. Pour réussir, il s'agit d'agréger des informations à des connaissances antérieures ou à des pratiques de référence. Mais pas seulement. Nous avons vu l'importance des structures en place dans le décodage, et leur résistance. La mémorisation résulte de mécanismes de mise en relation, de connexion dans des réseaux de savoirs, mais également d'interactions, de confrontations, de reformulations. On facilite la mémorisation quand on entre dans la signification. Et celle-ci ne se termine pas avec le stockage. L'enregistrement d'un savoir n'a d'intérêt que si l'on peut y revenir. Il faut pouvoir retrouver les savoirs, lorsqu'on le souhaite. Ce qui pèche le plus souvent n'est pas le maintien en mémoire, mais cette faculté de rappel. La convocation d'une information est d'autant plus aisée qu'elle aura été enregistrée de multiples manières (verbale, imagée, motrice) et associée à d'autres éléments déjà mémorisés.

---

9. Voir chapitre 7.

La mémoire est constamment reformulée, chaque jour ou presque, durant notre sommeil. Un ordinateur «se remplit» sans rien oublier. Notre cerveau, lui, fait sans cesse le «ménage» pour accueillir de nouvelles informations. Il oublie salutairement ce qui n'a plus de sens pour notre vie.

UNE MÉMOIRE DISTRIBUÉE

Il n'y a pas si longtemps, la mémoire passait pour résider «quelque part». Pendant une centaine d'années, la gent savante a traqué ce nid. D'aucuns avancèrent qu'il logeait dans une zone interne du cerveau limbique: l'hippocampe ou les amygdales, deux régions très riches en cellules nerveuses. La suppression de ces structures provoque, *de facto*, l'impossibilité de mémoriser. Aujourd'hui, on considère plutôt ces lieux comme un relais ou un central téléphonique[10]. Ce qui explique pourquoi la mémorisation s'arrête en cas d'ablation: un central téléphonique défaillant, s'il bloque la transmission des communications, ne peut créer celles-ci. La mémoire apparaît distribuée, c'est-à-dire dispersée dans l'ensemble des couches corticales et sous-corticales. Des zones plus profondes interviennent également.

L'inscription d'un savoir dans la vie cérébrale repose sur des réseaux de neurones, en vertu d'un double processus électrique et chimique[11]. Il y a établissement de synapses et, sans doute, également des codages moléculaires. En résultent des synthèses d'ARN ou de protéines pour neuromédiateurs. Certains chercheurs vont jusqu'à envisager la mémoire comme un hologramme. Chaque point de l'objet est mémorisé par l'hologramme entier et, réciproquement, chaque point de l'hologramme contient une information sur chaque point de l'objet, donc sur l'objet entier. On a beau briser l'hologramme, chaque partie présente encore l'objet en entier, du fait de la multiplicité simultanée de l'information enregistrée.

Au vrai (!), une conception contient implicitement la totalité – du moins une grande partie – de l'édifice conceptuel. En l'état actuel

---

10. Voir chapitre 3.
11. Se souvenir de tout engorgerait ces circuits complexes qui souffrent le plus souvent d'hypermnésie.

des connaissances, difficile d'en dire plus, d'autant qu'une telle approche heurte notre logique cartésienne, qui nous a habitués à décomposer le tout en parties ! Une nouvelle information doit trouver sa place dans l'ensemble des structures mobilisées. Elle peut se raccrocher, globalement, aux réseaux de neurones existants, ou les modifier. De nouveaux réseaux naissent, d'autres sont inactivés ou éliminés. Nous possédons plus de 100 milliards de cellules nerveuses pouvant établir jusqu'à 20 000 synapses, soit 10^{14} à 10^{15} connexions possibles... 1 avec 15 zéros à la suite. Notre potentiel de rétention est énorme et largement sous-exploité. De nombreuses techniques bien connues facilitent ce processus. Toutefois l'essentiel n'est pas là. Le savoir une fois engrangé, il s'agit, pour l'apprenant, de le mobiliser. C'est sur ce plan que l'école doit mettre l'accent.

DE LA MÉMORISATION À LA MOBILISATION

Cette mobilisation commence quand l'élève est capable de réutiliser le savoir mémorisé dans un contexte si possible éloigné de celui où il l'a appris. Par exemple, il est capable de lire les fonctions urbaines sur la carte topographique au 1/50 000e de la ville de Genève, alors qu'il a appris à le faire sur la ville de Bruxelles. Bien sûr, cette mobilisation sera plus assurée quand l'élève, lors de la réalisation d'un dossier sur une ville, dégagera d'un corpus de données (plans, cartes topographiques à · différentes échelles, photos aériennes, statistiques, textes et graphiques) l'évolution des fonctions urbaines. Cette question, que d'autres pédagogues baptisent « transfert », est fondamentale à nos yeux. L'apprenant doit prendre conscience qu'un savoir n'a d'intérêt que s'il peut être appliqué ou critiqué (les erreurs, les limites d'un savoir ne sont, répétons-le, jamais une perte de temps).

Ce transfert se fait mal aujourd'hui. Les élèves étudient durant leurs études secondaires l'électrocinétique, c'est-à-dire la conduction d'un courant électrique. Ils apprennent par cœur les principales formules, marquées par V (en Volt) = R (en Ohm) x I (en Ampère). Au programme, ils étudient les piles et les batteries capables de débiter de forts courants électriques (entre 100 et 200 Ampères) sous une faible tension (6 ou 12 Volts). Toutes ces questions ne posent pas de gros problèmes et les élèves ou les étudiants se débrouillent convenablement aux examens. Il en va tout autrement dans la vie courante. Ils ont mémorisé, mais n'ont rien intégré. Confrontés à une difficulté d'alimentation électrique avec leur propre automobile, les mêmes jeunes prennent la direction du garage, sans vérifier l'état de la batterie. Pour ceux qui osent la recharger ou la remplacer, plusieurs gestes sont révélateurs. Mille précautions sont prises pour ne pas toucher les cosses avec la main car ils ont peur de s'électrocuter. Pourtant, s'ils les saisissaient, ils ne sentiraient absolument rien. Le courant qui circulerait est infime. C'est une conséquence directe de la formule $V = RI$. Notre corps ayant une grande résistance, le courant est forcément très faible, et ce d'autant que la batterie est déchargée. En revanche, ces mêmes jeunes vont empoigner à pleines mains la batterie pour la transporter, alors qu'ils ont appris qu'elle contient de l'acide sulfurique concentré. Avec une batterie chargée, ils prendront le risque de laisser tomber un tournevis ou une clef sur les cosses et de l'enlever à la main. Cette fois, le conducteur risque de provoquer un court-circuit violent, conduisant à faire rougir le métal et donc à provoquer de profondes brûlures.

Bel exemple du fossé séparant l'école de la vie (où le savoir scolaire devrait s'inscrire). Deux univers de signification, décalés l'un par rapport à l'autre, s'y affrontent. Le savoir académique sert au mieux à réussir aux examens ; son transfert dans la vie courante pour traiter une question n'est pas fait. On voit jusqu'à quel degré d'absurdité un tel enseignement non confronté à l'expérience conduit. Il privilégie les capacités des élèves pour leur faire absorber rapidement et utilement une grande masse d'informations bigarrées, mais ne tient pas compte de leurs capacités de réflexion, d'imagination et de conceptualisation.

DES ACTIVITÉS DE MOBILISATION

La mise en place d'activités de mobilisation dès l'école évite ces désagréments. Elles sont multiples. Il peut s'agir de simples exercices, conçus très différemment des exercices habituels où l'on applique seulement des données, des lois ou des savoirs mémorisés.

Dans ce cas, le savoir appris doit se frotter à une situation nouvelle. Celle-ci doit permettre de clarifier celui-là, et conduire à affiner un schéma, voire à produire un modèle totalement nouveau par rapport à celui développé en classe.

Cette mobilisation peut passer encore par l'auto-enseignement. Les élèves défendront leurs savoirs devant des camarades. Nombre d'enseignants ou de responsables de formation en font l'expérience quotidienne : on ne comprend vraiment un savoir que lorsqu'on doit l'enseigner. L'école pourrait favoriser le partenariat ou les échanges de savoir entre les apprenants. Des élèves d'âge, ou de conditions différentes, peuvent très bien s'expliquer mutuellement des savoirs. L'enseignement mutuel a eu une place considérable au XIXe siècle. Il est dommage qu'il ait disparu avec la professionnalisation du métier d'enseignant.

Dernière forme de mobilisation : le transfert dans l'action. Dans de nombreuses branches professionnelles, cet aspect est développé de façon systématique en relation avec les professions correspondantes. Des logiciels, de petits robots, des jeux ont servi d'ébauche pour des produits commerciaux. Des enquêtes réalisées par des élèves ont modifié les pratiques de fabrication ou de vente.

En fait, c'est l'apprentissage d'une pragmatique (balbutiante même chez les personnes dont c'est le métier : autorités locales, décideurs, administrateurs) qu'il s'agit de mettre en place. La volonté d'aboutir à une action concrète doit conduire les apprenants à rechercher les moyens d'une telle action. Ils doivent apprendre à clarifier une situation pour poser les problèmes, en présentant les différents points de vue et les diverses contraintes (en particulier économiques). Une alternance de travaux d'investigation sur le terrain et sur la documentation recueillie et de structuration en classe peut faciliter l'analyse. Le travail de groupe et la discussion collective sont l'occasion de reformuler la question, de rechercher des solutions alternatives et de les inscrire dans le contexte. La classe change alors de statut. Elle n'est plus seulement le lieu de la transmission, elle devient un lieu de production de savoirs.

En matière de santé ou d'environnement, l'action envisagée peut être une sensibilisation de la population par le biais d'une exposition, d'une petite publication ou d'un article pour la presse locale.

Ce peut être une action de « lobbying » auprès des autorités locales, d'une participation à un débat, ou encore des études préalables à des aménagements : plan d'occupation des sols, remembrement, enquête préalable d'impacts, proposition de plan de circulation et de parcage, etc.

L'action peut être « grandeur nature » et conduire à une opération concrète avec les autorités locales, une entreprise ou une association. Dans les travaux en classe que nous avons menés, beaucoup d'études ont pu déboucher sur des aménagements réels : jardins scolaires, organisation spatiale de l'école et aménagement de temps scolaire, terrains de jeux sur le quartier et leur gestion, espace récréatif « de quartier » à vocation multiple, réfection et la recherche d'esthétique pour une école[12].

Certaines actions n'ont pu être conduites jusqu'à leur terme, faute de temps ou en raison de contraintes. Peut-on cependant parler d'échec ? Il ne semble pas. Une action « grandeur nature » est toujours un révélateur pour les apprenants. Elle révèle mieux que tout enseignement les divers paramètres d'une étude. Il y a beaucoup à apprendre, même dans un échec. L'important est de pouvoir évaluer l'action entreprise, d'en discuter pour faire surgir les faiblesses ou les contraintes.

---

12. Voir chapitre 16.

11

LE SAVOIR SUR LE SAVOIR

■

« Connais-toi toi-même. »
Socrate.

Chercher à apprendre «comment on apprend» peut paraître curieux, voire présomptueux, quand la plupart des individus pensent que leurs capacités cognitives sont innées et illimitées. Pourtant, le «savoir sur le savoir», que certains nomment, avec un brin de pédantisme : la «métacognition», est encore constitutif de l'acte d'apprendre. Lorsque cette activité ne peut se réaliser spontanément, ou implicitement, l'apprenant n'apprend pas... Cette dimension est si importante, et si particulière, que nous préférons la distinguer des autres composantes de l'apprendre, et l'approfondir en propre[1].

Le 29 juillet 1996, quand le grand public entendit, pour la première fois, aux informations nationales françaises : «*Aujourd'hui, à Paris, le taux d'ozone est de 187 microgrammes*», il crut que la presse annonçait (pour une fois) une bonne nouvelle. Sa stupeur grandit en apprenant que «*le niveau d'alerte 2 (de pollution) était atteint*», et culmina quand le journaliste assura que «*cet ozone, dû aux transformations des gaz d'échappement des voitures sous l'effet photochimique du soleil, est très dangereux*».

---

1. Depuis une vingtaine d'années, nous avons mis au point une série d'exercices baptisés espaces de «réflexion sur», qui s'avèrent très fructueux sur le plan de l'apprendre.

En effet, jusqu'ici, l'ozone avait toujours été présenté, dans les gazettes et sur les ondes, comme un gaz ami de l'humanité. N'évitait-il pas les cancers de la peau les jours de grand beau temps ? Ne limitait-il pas la pénétration des rayons ultra-violets ? Mais le problème incombait alors au « trou d'ozone », c'est-à-dire à son absence dans l'atmosphère.

A priori, l'idée qu'une même substance possède des qualités contraires hérisse la sagesse populaire. Pour admettre qu'un produit puisse être tantôt « bon », tantôt « mauvais », suivant les quantités en jeu, les lieux ou les circonstances, il est nécessaire de poser un autre regard sur le monde. Ainsi en va-t-il de l'ozone, qui dispense ses bienfaits dans les hautes couches de l'atmosphère, où il capte les rayons ultra-violets, mais devient nocif au ras du sol, où son pouvoir oxydant s'exprime.

Une telle « réflexion sur… » ne peut être abstraite, malgré l'idée que s'en font nos collègues et amis philosophes. Elle n'est convaincante que si elle s'appuie sur des exemples pratiques, concernant directement l'individu. Si l'on veut faire « passer l'idée » qu'« un produit n'est pas ou tout bon ou tout mauvais »[2], mais que ses qualités dépendent de la quantité, de la concentration ou du contexte, on peut commencer par travailler sur les médicaments, ces derniers s'avérant bénéfiques ou néfastes, selon la quantité que l'on ingère. Cela, les élèves, même très jeunes, peuvent le comprendre. À faible dose, un calmant a un pouvoir relaxant, donc réconfortant. Mais à forte dose, il risque de vous expédier *ad patres*. Même chose pour l'alcool, soporifique ou euphorisant quand on le consomme avec modération, très excitant sitôt que le coude se lève pour un oui ou pour un non. Un verre de vin a des vertus thérapeutiques, il évite les problèmes de circulation artérielle et favorise le fonctionnement de la rétine. Dès le deuxième, en revanche, les réflexes s'émoussent. Et à la longue, la cirrhose du foie menace.

Une telle prise de conscience n'est pas immédiate. Un grand nombre de cas concrets sont à décortiquer pour dépasser l'idée de l'attribut unique pour un produit. Pour transformer sa logique, l'individu doit la confronter à une somme d'arguments d'une part et

---

2. La sagesse populaire peut être une autre approche.

expliciter tous les tenants et les aboutissants d'autre part. Ces arguments, comme nous l'avons envisagé précédemment, doivent le perturber, tout en l'aidant à penser. Toutefois, seule une prise de conscience et un retour sur toutes ces données conduisent à comprendre alors les possibilités bénéfiques ou néfastes de l'ozone dans l'atmosphère.

Cette «réflexion sur» doit encore se prolonger lors d'une mobilisation sur d'autres situations, comme nous l'avons évoqué au chapitre précédent. Pour le point étudié, des produits très courants, l'eau ou l'oxygène, peuvent être encore appelés à la rescousse. L'oxygène est vital pour l'homme. En cas d'accident, on l'emploie pour permettre au blessé de récupérer. Pourtant, à forte pression partielle, comme en plongée sous-marine profonde, ce gaz devient un poison violent. De même, l'eau distillée, la plus pure, est l'un des meilleurs moyens pour accomplir un crime parfait! Elle provoque une embolie immédiate dans les vaisseaux sanguins.

Un phénomène d'adaptation

Apprendre est un phénomène d'adaptation, comme tel rétroactif. Dans le cas de la vision, les axones des cellules venant de la rétine font un relais dans un noyau gris du thalamus. En retour, le noyau géniculaire latéral contrôle la perception. En interaction avec notre mémoire visuelle, les informations qui viennent de l'œil sont filtrées et décodées par cette structure du cerveau, dont la partie corticale commande les mouvements oculaires. La prise d'informations est toujours étroitement ajustée à l'objectif que l'individu s'est fixé. À coups d'incessantes rétroactions avec les différentes zones du cerveau, ces données sont ensuite interprétées, autre forme de régulation. Pas de vision, bref, sans interprétation. Les zones corticales postérieures interviennent à leur tour pour contrôler ces mécanismes. L'ensemble est sous la dépendance des lobes frontaux qui régulent toute la démarche...

Pour apprendre, notre cerveau procède à l'identique, en élaborant des réseaux d'idées. Le sens émerge des liens établis entre ces idées. Et le savoir sur le savoir clarifie ces régulations. Pour y parvenir, l'entraînement (le *drill*, comme disent les Anglo-saxons) ne suffit pas (ici apparaissent les limites des pratiques behavioristes). Des exercices d'un nouveau style, que l'on pourrait appeler de métacognition, explicitent – du moins dans un premier temps – les procédures, les rend conscientes et, partant, favorisent la conceptualisation. Par exemple, face à différentes conceptions avancées en sciences, les enfants peuvent trancher en votant! Un travail sur la pertinence en sciences est riche quand on le compare aux critères choisis par la société. Le travail peut être poursuivi en recherchant les critères en jeu dans le droit ou la théologie... Leur usage dans une autre situation enrichit le processus, d'où l'intérêt du transfert. Un jeune enfant de quatre à cinq ans amateur d'échecs est plus capable de mettre en œuvre ou de mémoriser une stratégie d'attaque qu'un adulte sur-diplômé étranger à ce jeu.

Le facteur le plus influent pour apprendre, nous l'avons vu, est la connaissance préalable que possède l'apprenant du domaine de savoir qu'il est appelé à traiter. En son absence, le savoir ne peut que prospérer sur un fond d'idées préalables très ancrées. Ainsi, des apprenants possédant des connaissances qui se sont avérées utiles dans le passé ne les abandonneront pas pour la simple raison qu'un professeur ou un livre leur en intime l'ordre. Deux conceptions antagonistes peuvent cohabiter dans le même cerveau tant qu'elles ne sont pas mises en opposition ou qu'un travail sur elles n'est pas entrepris. En Afrique, il est fréquent de voir un scientifique avancer des savoirs totalement divergents, selon qu'il travaille dans son laboratoire ou réside dans son village natal. En Europe, un étudiant mémorisera, en vue d'un examen, une «bonne» théorie, puis «récupérera» son ancien savoir sitôt les vacances arrivées. Sur le plan professionnel, un enseignant n'emploiera pas les mêmes approches ou les mêmes raisonnements suivant qu'il dispense un cours de mathématiques ou de physique et restera écartelé dans sa pratique tant qu'il n'aura pas mis à plat l'origine de son malheur!

UN TRAVAIL SUR LES SAVOIRS

Un travail sur les savoirs est une première façon d'aborder la métacognition. Mais avant de traiter le contenu par – ou pour – lui-même, l'intérêt peut se porter sur l'image du savoir que véhiculent les élèves. S'agissant des mathématiques, par exemple, la plupart des difficultés scolaires ne proviennent pas de la discipline en tant que telle, mais de la représentation que les programmes et les enseignants en donnent, et qui s'est enracinée dans la tête des élèves. Les mathématiques enseignées ont beau n'avoir rien de bien sorcier, elles sont affublées, nous l'avons dit, d'une phraséologie et d'un vocabulaire hautement répulsifs. L'usage du symbolisme y est démesuré et les implicites omniprésents. Le professeur ne signale jamais, par exemple, qu'il utilise la parenthèse dans un sens complètement différent de celui qu'elle a dans la vie de tous les jours. Or, dans cette discipline, son contenu est prioritaire, tandis que «faire une parenthèse», dans le langage courant, c'est mettre de côté. Beaucoup d'élèves butent sur ce simple «non-dit»... De même, les problèmes prennent constamment le contre-pied de la réalité vécue par l'élève, qui saisit la signification littérale des énoncés mais n'en comprend pas la valeur. La discipline charrie en permanence un discours parallèle, inaccessible au non-initié. Pris dans cet engrenage, l'élève ne saisit pas ce dont il est question. Et comme, par-dessus le marché, la matière fait office d'instrument de sélection, le mythe des mathématiques fonctionne à plein régime !

Un travail thérapeutique en amont doit être instauré, tant les obstacles sont légion. Il permet aux élèves d'aborder autrement les problèmes, d'analyser le faire et l'image du faire, de dresser une «check-list» des solutions ne ressemblant pas à celles auxquelles ils ont coutume de recourir. Démarche bien plus efficace que les vade-mecums préconisant des marches à suivre stéréotypées[3].

Les espaces durant lesquels l'apprenant réfléchit sur son savoir augmentent son pouvoir de discernement. Il comprend enfin ce qu'on lui demande, la généalogie de ce savoir et l'histoire des hommes qui l'ont produit.

Prenons l'usage du zéro en arithmétique. Ce chiffre peut être présenté comme un vulgaire automatisme, sans plus. Il prendra toutefois une autre dimension si on le met en perspective. L'élève verra

---

3. Les enseignants de mathématiques et de sciences sont très performants dans leur domaine. Malheureusement leur formation reste académique et rares sont ceux qui possèdent une culture de leur propre discipline.

alors que sa signification est toujours relative. Placé à la droite d'un autre chiffre, par exemple, il décuple sa valeur dans le système de comptage à base dix. Cette signification change d'ailleurs chaque fois avec le système de comptage utilisé. En binaire, sa valeur est autre. Le modèle devient encore plus riche quand on rattache ce savoir à d'autres domaines. Le zéro n'a pas qu'un seul usage. Il peut être origine, dans un système de repères, et permettre de repérer une grandeur (l'altitude, les température relatives[4] ou encore la température absolue : le zéro absolu). Raconter l'invention du zéro aide aussi à penser. Nos ancêtres ont longtemps tâtonné avant de pouvoir représenter ce qui est «rien» par quelque chose, puisque écrire un «0», c'est malgré tout laisser une trace (en latin, *zéphiro*, qui a donné zéro, signifie «rien» ou encore «du vent». Faire du vent, n'est-ce pas toujours ne rien faire ?[5]).

On pourrait multiplier les exemples du même tonneau. Ainsi, quand un enseignant explique que *«l'eau bout à 100 °C»*, il néglige des paramètres qu'il juge négligeables (la pression, l'altitude, la composition exacte du liquide, les conditions expérimentales, etc.) et qui, pourtant, interviennent chacun dans l'ébullition (de fait, l'eau bout à 100 °C dans des conditions très particulières).

Dans ce cas, l'enseignant «va» à l'essentiel. Ailleurs, il «surfe» sur les modèles, par commodité pour sa démonstration. Pour les profanes ou les médecins, le tube digestif fait partie de l'intérieur du corps. Les physiologistes, eux, ont éprouvé le besoin d'introduire une autre idée, celle de «milieu intérieur», concept qui les conduit à considérer irrémédiablement le tube digestif comme externe. Qui l'ignore ne peut entrer dans la pertinence du savoir.

Le symbolisme et la schématisation sont d'autres aspects exigeant de prendre du recul. C'est que les chausse-trapes sont partout, comme nous venons de le voir à propos des parenthèses. La langue usuelle ne dispose pas des moyens de délimiter un domaine. Le code mathématique le permet. En retour, cette propriété nouvelle introduit

---

4. Elles sont définies au-dessus ou au-dessous de zéro (degré de température de la glace fondante dans les échelles centésimales).
5. Le zéro peut être encore le vide, dérivé de l'arabe *sifr* (même origine que chiffre), qui veut dire vide.

des contraintes; il est impossible d'insérer une formule dans une autre, ce que permet la langue maternelle avec les incidentes ou les parenthèses! Les élèves tombent fréquemment dans de tels pièges, s'ils n'ont pas l'occasion de réfléchir de façon comparée sur la structure de ces diverses écritures.

L'APPROPRIATION DE DÉMARCHE

Autre domaine où la métacognition facilite l'apprendre: l'appropriation de la démarche. Sans cela, le savoir se réduit à des étiquettes, des algorithmes, des rituels ou à des tâches parcellaires. L'élève ne parvient pas à relier les points qu'il doit apprendre et des principes plus larges. Qu'il s'agisse d'une activité d'investigation en géographie, d'une observation en biologie ou de l'apprentissage d'une liste de verbes irréguliers en anglais, il importe d'« éplucher » sa démarche et d'éclairer l'apprenant sur les conséquences de ses actes.

Tout peut se faire simplement: il suffit de demander comment chaque élève a travaillé, éventuellement de travailler sur le « dire » (qu'est-ce qu'il dit) et le « faire » (qu'est-ce qu'il a réellement fait?). Il découvre alors que certains individus observent autrement que d'autres, mémorisent mieux ou interprètent plus correctement les données. Il saisit qu'il existe plusieurs types de stratégies, là où il n'en envisageait qu'une, et qu'il ne suffit pas de lire, de fermer les yeux et de répéter pour apprendre. Au gré des contenus à retenir, il lui sera loisible de se raconter une histoire, de rechercher des repères mnémotechniques ou de tisser des liens entre les informations ou de les rattacher à d'autres savoirs, déjà maîtrisés. Il repérera en outre que les mots n'ont pas toujours le même sens et ne répondent pas au même usage suivant les disciplines ou que les questions n'ont pas toutes le même statut. Il existe différents niveaux de questions: il forgera les critères *ad hoc* pour les distinguer.

On peut encore travailler la relation liant la question et la réponse. Dans la conversation courante, toute réponse « éteint » la question. Cette dernière n'est qu'un prétexte à communiquer. Il importe d'essayer de comprendre pourquoi quelque chose nous interpelle et à quoi nous renvoie une question. Savoir (se) poser les

« bonnes » questions est l'outil intellectuel principal dans la période de mutations sociales que nous traversons. Les changements en cours nous obligent à passer d'une civilisation de la réponse à une civilisation de la question. Il n'existe plus de réponses définitives.

De la sorte, plutôt que de multiplier les situations où les élèves se contentent de résoudre des problèmes, mieux vaut les amener à s'en poser. S'emparer d'énoncés pour en débattre transforme radicalement la relation au savoir[6]. L'élève est forcé de proposer ses propres solutions, de contredire celles des autres et d'argumenter : « *De quoi parle-t-on au juste ? Que veut-on montrer ? Je suis sûr que ce que j'avance est vrai, voilà pourquoi.* » Il découvre ce qu'est une démonstration, les arguments qu'il faut actionner pour convaincre, l'importance du raisonnement et le sens précis des mots. En fin de secondaire, les élèves n'ont pas toujours conscience qu'une hypothèse en mathématiques (où elle est un dogme qu'on ne peut transgresser) n'a pas le même statut que dans le reste des sciences, où elle n'est qu'une explication parmi d'autres, que l'on adopte et adapte le temps de trouver les moyens de la corroborer ou de l'infirmer. Maîtriser la polysémie d'un tel vocable évite bien des confusions.

En résumé, tout n'est pas qu'affaire de technique. L'élève doit faire preuve d'imagination et de sens critique pour distinguer ce qui ressort du réel et du modèle et faire la part entre l'intuitif, le montré et le démontré. La recherche d'une certaine « vérité » - même provisoire - passe par la mise en cause des préjugés, le dépassement des évidences naïves et l'invention de stratégies adaptées[7].

Apprendre comprend une quadruple dimension : cognitive (le traitement de l'information), affective (les intentions et l'implication personnelle), métacognitive et sociale (ce que l'on apprend dépend de son mode de vie, des technologies). Plus l'apprenant réfléchit sur le traitement d'une tâche, plus il en repère et en répare les erreurs, les limites et les dysfonctionnements. Il devient rapidement capable

---

6. On peut prendre conscience de ce qu'est une démarche expérimentale. La comparer à une démarche juridique, sociale ou théologique. Chacune repose sur une stratégie propre pour fonder le « vrai ».
7. L'enseignement universitaire actuel est inhibant sur le plan des idées. Il présente un seul niveau de savoir. Le modèle proposé devient la seule référence. Il enferme l'étudiant dans une unique façon de voir le monde.

d'analyser les événements en cours, d'expliciter la stratégie utilisée et sa pertinence. Une efficacité optimale émerge.

Prenez un groupe d'élèves et faites-le discuter sur la télévision, le tabac ou l'usage des logos des marques à la mode sur leurs affaires de classe. Tous, au début, soutiendront mordicus qu'il s'agit là d'idées ou de façons de vivre formidables. Les minutes passant, ils introduiront des bémols, avant de revenir sur leurs conceptions initiales, évitant de réagir à l'encontre de leurs penchants immédiats.

Une attitude favorable à l'apprendre

Pareille démarche doit commencer tôt. On sait combien les premiers savoirs déterminent toute la vie et modèlent intensément le quotidien. Parler de façon livresque aux jeunes (notamment ceux des milieux populaires) des choses qui les entourent les enferme dans une relation à l'école et aux savoirs qui ne leur permet guère d'accéder au sens et au plaisir d'apprendre. Ces pratiques pédagogiques vermoulues entretiennent une certaine démobilisation, voire du « suivisme ». Pis, elles arriment dans la tête de l'élève l'idée qu'il ne pourra jamais avoir de prise sur les savoirs. Ce ne sont pas les siens. Il ne sait pas d'où ils viennent, ni quoi en faire. Il ne peut que s'en remettre aux experts qui vont penser à sa place.

À l'école maternelle, ce travail peut démarrer par des jeux du genre : *« Quelle est la part respective de la vérité et de l'imagination dans un conte ou dans l'observation d'un animal ? »* (« *Qu'est-ce qui est vrai ou imaginé dans le comportement du petit lion ou de Babar ?* ») L'enseignant peut aussi aiguiller la discussion vers l'intérêt ou l'usage d'un objet quotidien : *« À quoi sert le téléphone portable ? »*, *« Facilite-t-il la vie ? »*, *« Son utilisation peut-elle être stupide ? »* Dès trois ans, l'enfant a sa petite idée sur la question. On peut enfin le faire travailler sur les valeurs ou les conséquences de ses actes : *« Pourquoi vaut-il mieux dire bonjour à la dame ? »*, *« Pourquoi fait-on des cadeaux d'anniversaire ? »*, *« Qu'est-ce qu'un beau cadeau ? »*, *« À quel moment dans l'année en fait-on, et pourquoi ? »*, *« Par quoi pourrait-on remplacer un cadeau ? »*

Les conceptions sur soi, sur le rapport aux autres, sur le rapport à l'autorité ou à l'école, changent du tout au tout, en particulier pour les enfants en difficulté. Il n'est pas rare d'entendre, à la fin de séances que nous avons animées : «*Je suis également capable de réfléchir*», «*Je sais faire des choses*», «*Mes idées ont aussi de la valeur*».

Pour des adultes, la recherche de métaphores, le fonctionnement analogique ou le jeu de rôles incitera à la réflexion en provoquant l'imagination, comme dans la démarche surréaliste. Chaque fois, réfléchir sur l'apprendre permet de corriger l'image stéréotypée que l'on se fait de soi-même et de dépasser l'alternative : «*Je réussis en classe ou aux examens et je me considère intelligent/J'échoue et je ne suis pas intelligent, l'école m'ennuie.*»

Un travail complémentaire sur l'imaginaire, intimement lié à l'envie d'apprendre, est souhaitable. Prenons une planche robuste, d'une largeur d'un mètre et d'une dizaine de mètres de longueur. Posée par terre, nous n'avons aucun mal à la parcourir sans mettre un pied en dehors. Supposons maintenant que cette planche soit placée entre deux immeubles, à la hauteur du sixième étage. À la seule idée de jouer les équilibristes, l'imagination (la panique) prend le pas. L'utilisation de l'imaginaire est un atout de premier ordre pour faciliter l'apprendre et déclencher un cheminement cognitif.

Un dessin, une affiche, une photo peuvent aussi mettre en branle notre imaginaire. Et ces éléments en appeler d'autres. Les publicitaires le savent, qui jouent avec les images et les sons pour provoquer des désirs d'achat.

Un autre rapport au savoir

Une telle pratique de la métacognition est pour nous plus qu'une simple formation méthodologique : un apprentissage d'un rapport au savoir et même d'un rapport au monde. Notre cerveau comprend plus que ce que nous nous explicitons habituellement. Chaque individu se crée en créant son propre monde. Mais les individus ne conçoivent pas toujours que le niveau de leurs performances dépend, en partie, de leur propre investissement. Ils ne perçoivent pas toujours la nécessité de recourir à une stratégie particulière. Quand ils le font, la procédure sélectionnée n'est pas toujours la plus adaptée. Lorsque la procédure est malgré tout pertinente, son efficacité peut s'avérer très faible. La mise en œuvre laisse à désirer, l'effort cognitif requis est trop élevé. Toute la difficulté est de passer d'un fonctionnement automatique mais local, adapté aux quelques situations que l'apprenant a l'habitude de traiter, à une mobilisation plus large de procédures de pensée intégrées dans des stratégies gérées consciemment. L'élève peut savoir utiliser une règle de trois, il a un grand pas à faire pour maîtriser une théorie des proportions dans laquelle s'inscrit la règle de trois. Le passage de l'un à l'autre, l'intérêt de le faire, les relations entre les deux aident à apprendre.

Il va de soi qu'une telle démarche doit être un moment différent de l'élaboration du savoir. Quand on marche et que l'on essaie de comprendre comment on marche, en général, on s'emmêle les pieds. C'est l'erreur classique des professeurs de sport. Ils demandent de penser au passage du poids du corps d'une jambe sur l'autre, lors des virages au ski. Pour un smash de tennis, ils exigent de penser à la prise de la raquette, de pointer la balle avec une main et d'armer « le plus vers l'arrière » la raquette avec l'autre bras. L'élève ne peut directement dans l'apprentissage d'un geste, repérer intérieurement tous ces éléments et les coordonner. Un travail à partir d'un geste spontané s'avère plus profitable.

C'est là où réside un véritable paradoxe. Une réflexion sur les activités ne peut se faire en « temps réel », comme disent les informaticiens[8]. Dans le même temps, elle ne peut être complètement séparable de la production de savoir. L'un ne va pas sans l'autre. L'un n'a pas de sens sans l'autre. La pensée ne peut pas s'exercer en dehors d'un contenu.

---

8. Dans tous les cas, il s'agit d'un moment difficile qui demande une médiation. Il n'est pas évident de prendre conscience de la suite des opérations mentales réalisées. Même pour un adulte, il n'est pas simple de dégager la méthode utilisée inconsciemment. Le rôle de l'enseignant est fondamental, sans lui la métacognition a fort peu de chance de se réaliser. Il peut faciliter l'expression et la prise de recul, dévoiler aux élèves leur propre stratégie de pensée. Il doit permettre un retour sur et une compréhension de ce qui a rendu possible l'apprentissage.

PARTIE 3

LES TRANSFORMATIONS DE L'ÉCOLE ET DES ORGANISMES DE CULTURE

# 12

CONNAÎTRE L'APPRENANT

∎

> « *Le seul individu formé, c'est celui qui a appris comment apprendre, comment s'adapter, comment changer, c'est celui qui a saisi qu'aucune connaissance n'est certaine et que seule la capacité d'acquérir des connaissances peut conduire à une sécurité fondée.* »
> Carl Rogers, *Liberté pour apprendre*, Éditions Dunod, 1976.

Toutes les recherches sur l'apprendre, malgré leurs divergences, se rejoignent pour affirmer qu'un apprenant n'est pas une page blanche sur laquelle l'enseignant inscrit un savoir. Tout enfant, comme tout adulte, appréhende le monde ou décode les informations à travers ses conceptions. Or, ces dernières sont multiples. Elles portent sur tout ce qui concerne l'apprenant lui-même, son environnement physique ou social. Elles sont sa grille d'analyse et donnent du sens à ce qui l'entoure. En lui permettant des prévisions ou des prédictions, elles déterminent ses prises de position.

Le général de Gaulle, par exemple, a toujours été partisan de l'abolition de la peine de mort pour les femmes et de son maintien pour les hommes. De fait, il a gracié systématiquement toutes les femmes condamnées, durant les deux périodes où il a exercé le pouvoir suprême à la tête de la France. Cette décision peut paraître surprenante puisque, d'après le Code civil, la femme est l'égale de l'homme en responsabilité. La lecture de ses écrits ou celle des entretiens rapportés par son ministre Alain Peyrefitte est révélatrice. Deux conceptions complémentaires émergent, qui éclairent la politique de l'ancien chef de l'État en matière de peine capitale. D'une part, *« l'homme et la femme sont égaux, mais ils ne seront jamais pareils. [...] Et puis, il y a quelque chose de sacré dans la femme. Elle donne la vie. Une mère, c'est beaucoup plus qu'un individu, c'est une lignée »*. Et d'enchaîner : *« Il faut respecter dans la femme les enfants qu'elle peut avoir. »* Par ailleurs, estime-t-il, *« les grands criminels sont des calculateurs. Ils pèsent le pour et le contre, le bénéfice à attendre de leur crime. [...] Les femmes ne sont pas calculatrices. Elles tuent par passion, par impulsion. La dissuasion ne joue pas sur ce genre de criminels, alors qu'elle joue pleinement sur les criminels de profession, ou les conspirateurs, ou ceux qui préméditent »*.

« Avant Dieu, il y avait les Gaulois »

Cerner la pensée de quelqu'un permet de comprendre, du moins dans ses grandes lignes, son comportement et ses décisions. On n'a quelques chances de le convaincre ou de l'influencer qu'en tenant compte de son point de vue, et encore ! Il en va de même en éducation. Connaître l'apprenant semble un point de départ indispensable pour toute pratique. Observer, écouter, doit devenir un nouveau « réflexe » pour cerner les subtilités de la pensée de l'enfant ou du non-spécialiste.

Mais ce qu'il nous importe de pénétrer, c'est sa pensée profonde (ce que nous nommons ses conceptions), puisque c'est elle qui doit évoluer. Gare, toutefois, aux confusions ou aux simplifications abusives. Une conception n'est pas directement ce que dit, prétend, fait ou montre l'individu, mais ce qu'il a « en tête », autrement dit ce qu'il pense réellement et qui détermine son comportement. Expliquons-nous.

«*Avant Dieu, il y avait les Gaulois.*» Prise au premier degré, cette phrase d'une fillette de sept ans a de quoi surprendre. On pourrait être tenté de l'interpréter de manière totalement erronée en supposant que son jeune auteur signifie par là que les Gaulois sont antérieurs à un supposé commencement. Il n'en est rien. Pour elle, Dieu = Jésus-Christ. Dès lors, son savoir est totalement opératoire. Cela revient à dire qu'il faut interpréter les réponses des apprenants avec une certaine circonspection. Autrement, les erreurs d'interprétation prolifèrent.

De la même manière, il faut toujours situer ce qu'ils disent par rapport à une situation, un contexte ou une histoire personnelle. L'enfant ou l'adulte, lors d'une interview, répond en fonction de ce qu'il pense qu'on attend lui. Bien qu'il ne comprenne pas tous les enjeux, et peut-être parce qu'il ne les comprend pas, il privilégie, parmi les réponses qu'il peut produire, telle ou telle, plutôt que telle autre.

Bref, ce que dit ou fait un apprenant doit systématiquement être contextualisé. L'oublier peut déboucher sur des pédagogies illusoires. La question n'est pas seulement scolaire. En matière d'élection, les opinions préélectorales peuvent être également trompeuses. En France, certains responsables politiques l'ont appris à leurs dépens en mai 1997... L'expression d'un choix ou d'une opinion, à un moment donné, n'est pas sans valeur mais n'exprime jamais qu'un sentiment, une préférence, dans une circonstance particulière. Elle ne sera pas identique lors d'un autre sondage ou dans le secret de l'isoloir. Des biais, des enjeux, ont toutes chances de se glisser dans la réponse finale[1].

LE RÔLE DES CONCEPTIONS

Pour favoriser l'apprendre, l'enseignant ou le médiateur a besoin de repérer ce qui fonde les formulations et, surtout, de mettre en relation les idées ou les façons de faire avancées avec les autres idées ou d'autres approches que l'apprenant peut mobiliser. Cette

---

[1]. Les questions posées peuvent induire certains types de réponses ou les créer de toutes pièces.

autre façon de connaître les publics a tendance à limiter les effets de surface. Mais nous ne sommes pas au bout de nos peines. Les dimensions d'une conception sont multiples.

Prenons à nouveau une conception personnelle pour mettre à plat ses composantes. Pour tout vous dire, quand je me déplace dans une ville, j'ai l'habitude de me repérer par rapport à la « course » du soleil dans le ciel. Depuis mon enfance, je me suis construit le modèle suivant : le soleil se lève à l'Est, se déplace dans la zone Sud du ciel et se couche à l'Ouest. Compte tenu de l'heure, je peux repérer une direction méridionale suffisante pour anticiper mes déplacements. Or, la première fois que je fus invité en Australie pour une série de conférences, je fus complètement désorienté. Chaque fois, je prenais une direction totalement opposée.

La première explication que je me donnai était que, résidant en Australie, je devais avoir les pieds en l'air. Tout était donc opposé ! Il me fallait rectifier mon modèle en renversant ma direction. Cette nouvelle proposition, bien qu'insatisfaisante pour l'esprit, me suffisait pour retrouver mon chemin mais restait très incomplète sur le plan de la géographie... Je tâtonnai deux jours durant, pour tenter de me faire une idée plus précise. J'utilisais des cartes – sans succès – puis des schémas, enfin la mappemonde gonflable de ma fille ! Tous ces artifices me furent nécessaires pour accepter l'idée qu'à midi, en Australie, le soleil est au... Nord.

Intellectuellement, cet infime changement de conception me fut difficile. Affectivement, plus encore. Méditerranéen de souche, je ne pouvais concevoir le soleil qu'au Sud ! La compréhension emprunte de bien surprenants cheminements. Un des arguments qui me convainquit de changer de repères fut un souvenir scolaire auquel je fis appel. Ce dernier me laissait supposer que le soleil est au zénith à midi à l'équateur. Ayant passé l'équateur, cette réminiscence me conduisit à mettre le soleil « de l'autre côté ».

J'appris par la suite que la conception qui m'avait aidé à élaborer mon nouveau savoir était également erronée. Le soleil n'est au zénith que deux jours par an à midi à l'équateur. Le reste de l'année, il oscille entre le Nord et le Sud.

Apprendre, c'est opérer sur ses conceptions

À travers cet exemple, il apparaît qu'une conception est toujours une tentative d'explication. L'individu cherche à produire une signification, traque une réponse à une question qu'il se pose. Me concernant, la question était très concrète. J'avais une action à effectuer : me diriger dans un espace. Mais, parfois, la question peut demeurer très implicite. L'apprenant n'arrive pas à la formuler. Elle reste incluse dans une sorte de ressenti non explicité correspondant à «quelque chose qui ne marche pas». La clarification de la question facilite l'apprendre.

En réalité, cette clarification se fait simultanément. On explicite la question à mesure que s'élabore la réponse. Où l'on voit aussi que la conception n'existe que parce qu'il y a raisonnement, lequel établit des liens entre des éléments qui appartiennent à la culture de l'individu. Nous appelons cette dernière, dans notre jargon didactique, le «cadre de références». Notez que ma conception était au point de rencontre de quelques données sur le soleil, son parcours dans la journée, le repérage de l'espace avec des points cardinaux, l'idée que l'on se fait du déroulement du temps dans une journée, etc. En prenant appui sur toutes ces références, les mises en relation effectuées produisent de nouvelles significations. Ce peut être de simples liaisons : «*Le soleil à midi représente le sud*», du moins par convention. Ou encore des déductions : «*Si le soleil se dirige dans cette direction… c'est l'ouest*». Enfin, des inductions : «*Si le soleil est au Nord à midi, je peux supposer qu'il se couche malgré tout à l'Ouest, vu la rotation de la Terre.*» De ces multiples opérations mentales émerge une nouvelle signification.

Schématiquement, on peut considérer que le sens naît d'un ensemble d'interactions dues aux raisonnements effectués sur un ensemble de références, au travers des mots que l'individu emploie et des schémas mentaux ou visuels qu'il se donne. Ici, on peut noter un nouveau réseau associatif pour répondre à une question : «*Le soleil indique le Nord à midi*», et cela en vue d'une action : trouver sa direction. Encore faut-il, pour apprendre, être prêt à changer ses conceptions.

Pour ma part, j'étais disposé à renverser totalement mes repères ! Je souhaitais continuer à me repérer, comme j'en avais l'habitude. Ce que confirme mon modèle immédiat de « la tête en bas ». Mais il n'en est pas toujours ainsi. Les obstacles sont légion : problèmes de motivation ou de concernation, frustration, peur de la nouveauté, risque de déséquilibre personnel, perte de confiance... N'y revenons pas[2].

UNE CONCEPTION N'EST PAS SEULEMENT UNE IMAGE

Sur cet exemple de repérage dans l'espace, on voit très bien comment la modification d'une conception outrepasse la manipulation d'une simple image. On peut, au surplus, isoler les obstacles et, *a contrario*, les « aides à penser » favorisent la fabrication d'un savoir.

Au passage, remarquons combien le vocabulaire est révélateur et peut faciliter ou empêcher. Je continue à employer les verbes « se lever » et de « se coucher » à propos du soleil, même si je sais que les choses ne se passent pas ainsi. La connaissance d'une Terre qui tourne sur elle-même et autour du soleil reste une connaissance d'essence culturelle. Dans la gestion de nos repères terrestres, le passage ne s'est pas encore produit, ce que traduit le vocabulaire. Ce dernier, comme tous les autres symbolismes que l'on mobilise, fait partie prenante d'une conception. Le choix des mots, la production des phrases, l'organisation d'un schéma favorise ou entrave la production et la « manipulation » de la conception. Un modèle plus fruste, en l'occurrence celui du soleil tournant autour de la Terre et que traduit le vocabulaire quotidien, est plus pertinent que le modèle savant. Toujours sur cet exemple, on constate également combien chaque individu a dû mal à changer de repères, au sens propre comme au sens figuré ! Les enseignants et les auteurs de manuels ou d'exposition[3] ne sont pas épargnés. Très souvent, ils avancent comme explication qu'il fait plus chaud l'été « parce que la Terre est plus près du soleil ». Cela est illustré ou argumenté par des présentations de trajectoire de la Terre autour de notre étoile. Or,

---

2. Voir chapitres 7 et 8.
3. La connaissance des repères est un problème très délicat et malheureusement pas assez travaillé. Pour la petite histoire, 30 à 40 % des enseignants situent le soleil à midi au zénith sous nos latitudes ! 90 % d'entre eux n'ont aucune notion de changements de repères, sujet pourtant enseigné au secondaire.

ces illustrations sont trompeuses. La trajectoire quasi circulaire[4] illustrée en perspective déforme les distances. Pourtant, une simple question aurait dû suffire pour convaincre ces personnes du caractère non fondé de leur conception. Quand il fait chaud chez nous, pourquoi fait-il froid dans l'hémisphère Sud, et inversement ?

Toujours grâce à cet exemple, on aperçoit la place respective des raisonnements et du cadre de références, ainsi que les difficultés qu'ils peuvent engendrer. Un autre permettra de les préciser. Tous les enfants d'Europe savent aujourd'hui que les *« petits bébés »* se développent *« dans le ventre de la maman »*. Cette conception nourrit automatiquement, dans la tête des élèves, l'idée suivante : les bébés *« dans la maman sont vivants »*. Et s'ils sont vivants, *« ils doivent manger »* et *« respirer »*. Aussi, quand le maître demande de commenter la vie d'un bébé avant la naissance, il obtient comme explication l'existence d'un « tuyau » partant de la bouche ou du nombril du bébé et allant jusqu'à la bouche de la maman[5].

Ici, le cadre de références intervient pour induire un type particulier de conception. Pour un enfant, « manger » signifie absorber des « aliments solides ». Boire n'est pas manger, sauf pour le bébé qui s'alimente avec du lait. Comment un bébé peut-il prendre des

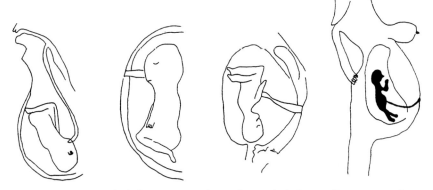

La respiration du bébé vue par des enfants de 7-9 ans. (Source : LDES).

---

4. En fait, il s'agit d'une ellipse. Mais la différence entre le grand axe et le petit axe est de moins de 3 %. Ce qui est négligeable.
5. Ce tuyau est souvent appelé le « cordon médical » Il est vrai que la naissance est souvent médicalisée...

aliments solides tout en restant à l'intérieur du corps ? Les autres savoirs que manipule l'enfant et les raisonnements qu'il induit suscitent directement la réponse : « un tuyau ». CQFD... Ce tuyau ira à la bouche de la maman ou, variante (pour les plus grands), directement dans son estomac ou jusqu'aux seins. De même, la respiration n'est jamais, pour un bambin, une affaire d'air « sous une forme de gaz ». Derechef, un simple tuyau fera l'affaire. Cette fois, ce dernier ira chercher l'air à la bouche de la mère ou à ses poumons. Ce même cadre de références l'empêchera longtemps d'accepter que l'air puisse être transporté dissous dans le sang.

Autre solution possible, toujours à travers le même cadre : un tuyau direct vers l'extérieur *« par le nombril de la maman »*. Le tuba de la plongée sous-marine tient lieu de référent, cette fois. Certains enfants font encore des déductions plus simples. Pour eux, le vagin (ou l'utérus) est grand ouvert sur l'extérieur! Pour tous, le tuyau est un système explicatif très simple dans son principe. De ce fait, il est constamment utilisé. Il est de même fait appel à lui pour expliquer l'excrétion de l'urine. Un conduit part cette fois de l'estomac ou de l'intestin, en direction des reins. Ce référent trop simple et trop présent alimente à chaque fois une conception erronée[6].

Le corps humain n'est jamais le siège de solutions simplistes. Un travail simultané sur l'idée de tuyau sera indispensable pour permettre aux élèves d'élaborer un savoir plus pertinent. Pour la petite histoire, il n'est jamais fait appel à un tuyau pour expliquer la fabrication des spermatozoïdes. Pourtant, ces derniers sont bien produits par les cellules d'une multitude de canaux situés dans les testicules. Les glandes génitales des hommes contiennent environ 250 mètres de tuyaux où se développent et maturent les spermatozoïdes. Nous sommes tous les enfants des tuyaux! Cependant, sur ce phénomène, nous ne pouvons l'envisager. Cela ne paraît pas possible car sans doute contraire à une certaine idée de la dignité que nous nous faisons de nous-mêmes.

---

6. Un tuyau est toujours conçu comme un simple tube creux. À travers ce cadre, les étudiants ont d'énormes difficultés à comprendre le modèle du néphron dans le rein. Un tuyau peut transporter, il ne peut ni filtrer, ni sécréter, encore moins fabriquer.

Mettre en place des stratégies

Pas étonnant qu'il soit si difficile de décoder les nouvelles informations ou de les intégrer à ses propres conceptions. Pour comprendre quelque chose de nouveau, il faut avoir un cadre de références suffisant dans le domaine, il faut pouvoir le manipuler pour faire émerger du sens. Auparavant, l'apprenant doit pouvoir avoir accès à ce qu'il a mémorisé. Or, ses référents ont pu être rangés dans un autre registre. L'accès dépend alors de la disponibilité d'esprit et des opérations que maîtrise l'élève[7]. Les formes de raisonnement sont ainsi à mieux connaître en parallèle au cadre de références. Elles aussi induisent les comportements au travers du processus d'élaboration du savoir. En physique, on néglige un facteur de 10^6 par rapport à 10^{23} dans une équation. Les étudiants ont de grandes difficultés à accepter cette opération : « *un million, c'est important* » ; ils ne peuvent se résoudre aisément à l'abandonner. De même, le grand public a tendance à raisonner par entités absolues : le « bien ou le mal », le « beau ou le laid », le « chaud ou le froid », le « vrai ou le faux ». Un savoir est, dès lors, vrai ou faux. Le raisonnement avec un niveau d'incertitude – « *c'est vrai avec une certitude de 60 %* » – est très peu pratiqué[8], même dans les milieux intellectuels. La plupart des individus raisonnent également en termes de « cause » ou d'« effet ».

Pourtant, les questions d'environnement ou de santé ne peuvent se comprendre qu'en envisageant une pluri-causalité et une bonne dose d'incertitude. Nombre d'experts continuent de négliger l'idée de relativité, d'échelle de grandeur ou de données significatives. L'idée d'une causalité multiple ou d'une causalité cybernétique – l'effet rétroagit sur la cause – figure encore aux « abonnés absents », même chez les spécialistes.

En revanche, les mêmes individus ressentent intuitivement une certaine proportionnalité entre cause et effet. Et, automatiquement, en concluent que « plus, c'est forcément mieux ». L'idée d'optimum

---

7. La qualité de ces données est proportionnelle au niveau de difficulté du traitement de l'information nouvelle. L'apprendre opère sur une transformation de ces derniers.
8. L'enseignement des mathématiques n'a pas encore trouvé bon d'inclure cet aspect, pourtant fondamental, dans les programmes.

est chose peu partagée dans le grand public. Celui qui fait son jardin est tenté de mettre plus d'insecticide que n'en préconise le mode d'emploi (et s'étonne de brûler son feuillage). Le patient, lui, prendra un comprimé en plus que ne le prévoit l'ordonnance. Le cuisinier forcera sur les conservateurs dans sa recette. Chaque fois, l'absence d'effets attendus ou contraires surprend, sans que naissent de «pourquoi».

CONCEPTIONS ET PARADIGMES

Au-delà des changements d'idées, de vocabulaire ou de façons de raisonner, une conception renvoie, plus globalement, à un paradigme. Lequel est une façon particulière de produire du sens, quasi-caractéristique d'une époque et d'une société et toujours sous-jacent à une conception. L'histoire des idées est fort édifiante en la matière. Toute la science du XIXe siècle, par exemple, s'est construite sur une idée ultra-déterministe de la Nature. Le physiologiste français Claude Bernard proclamait, au milieu du siècle dernier, que *«dans les êtres vivants, aussi bien que dans les corps bruts, les conditions d'existence de tout phénomène sont déterminées d'une manière absolue»*. Son combat visait alors le vitalisme, c'est-à-dire le principe d'une propriété liée à la vie indépendante de la matière.

Cette pensée déterministe a fait copieusement progresser la physiologie. Comme tout outil, le modèle présente aujourd'hui de multiples limites. Pour avancer, les chercheurs ont dû changer de lunettes et entendre que certains phénomènes se réalisent de façon aléatoire. La théorie du chaos – qu'il faudrait plutôt appeler la théorie des systèmes dynamiques... – en a fait ses choux gras.

Pour apprendre, il ne s'agit pas non plus de seulement transformer un raisonnement particulier. Un changement d'idées va de pair avec une évolution de nature épistémologique. Pour changer, il faut souvent modifier sa façon de «voir le monde», la façon de le questionner ou de réagir à un problème qui intervient en synergie. Autant d'éléments à connaître et à prendre en compte dans l'acte d'éduquer.

Le raisonnement des jeunes enfants, par exemple, est très tributaire d'une forme de pensée sensualiste. Pour comprendre, ils ont besoin de sentir, de toucher ou de voir des effets immédiats. Face à quoi l'enseignement est souvent trop abstrait, théorisé et lointain, du moins dans ses effets. Comment entrer dans ces jeux de connaissances scolaires qui ne sont pas les leurs ? La façon de raisonner des adolescents reste elle-même très immédiate. Ils ne se projettent pas, ou mal, dans l'avenir.

Reprenons la question du tabagisme. Toutes les présentations qui cherchent à les convaincre de l'augmentation de la mortalité – multiplication des cancers par un facteur 40 chez les fumeurs – ne les « touchent » pas. Le plaisir immédiat, l'image de marque qu'impose la cigarette à travers les médias sont bien plus forts. Même les arguments les plus récents, qui montrent que le cancer démarre de plus en plus tôt, ont peu d'impact. Pour eux, à 35 ans, on est un... vieux !

Dans le domaine économique, de telles études sur les paradigmes ne manqueraient pas d'intérêt. Les modèles traditionnels sont fondés sur l'hypothèse que l'être humain se comporte de façon rationnelle. Or, les études empiriques que nous avons entreprises montrent qu'il n'y a pire irrationnel que dans les prises de décision financière. Tout comme les élèves, les investisseurs ont tendance à ne retenir, comme arguments, que les informations apportant de l'eau à leur moulin, et négligent toutes les autres.

Les informations les plus récentes ou celles qui laissent le plus de traces, parce que les journaux en ont présenté d'élégants histogrammes, prennent de plus en plus le dessus. Par ailleurs, les investisseurs affichent des comportements proches des joueurs de roulette. Si le noir est sorti dix fois de suite, par un mouvement de compensation, ils parieront sur le rouge, au motif qu'il a plus de chance de sortir.

En bourse, une période de hausse doit être forcément suivie d'une baisse, et cela d'autant plus que la hausse a été longue ou spectaculaire. Même chose en matière de placement : les jours de la semaine ne sont pas négligeables dans les prises de décision spontanées. L'achat d'action est conseillé le lundi, seul jour de la semaine où les cours seraient le plus bas. Pour la vente, le vendredi est privilégié. Enfin, la concordance subjective entre des informations d'origine apparemment diverses renforce la confiance, sans que la fiabilité ou l'indépendance des sources n'ait été vérifiée. À l'inverse, les données divergentes provenant d'autres sources sont écartées.

LA GLOBALITÉ DE LA CONCEPTION

La composante «paradigmatique» d'une conception présente une importance remarquable au moment où l'éducation se doit de répondre aux mutations de la société. Le «hasard», par exemple, pose toujours de lourds problèmes conceptuels en introduisant une rupture dans la pensée occidentale. L'accepter reste pénible, tant il heurte le déterminisme évoqué plus haut. Aussi, quand la physique quantique, au début du siècle, a mis en exergue le rôle «statistique» du hasard, et bien d'autres choses tout aussi iconoclastes comme la difficulté de connaître en même temps la masse, la position ou la vitesse d'une particule, la gent scientifique a rué dans les brancards. Einstein a proféré son célèbre «*Dieu ne joue pas aux dés*» pour réfuter une telle approche. Depuis, avec les possibilités prédictives et explicatives engendrées par la physique quantique, il a fallu s'y résoudre.

Mais le hasard n'est pas encore dompté par nos esprits. De même, l'idée qu'un événement incertain a une probabilité de se réaliser n'est pas encore partagée, loin s'en faut, par le plus grand nombre. Si nos concitoyens réalisaient le peu de chances qu'ils ont de gagner aux jeux, joueraient-ils encore? Et puis, la connaissance d'un risque est bien insuffisante pour convaincre. Nous savons tous que l'on a beaucoup plus de risques de mourir en voiture qu'en avion. Mais la crainte de l'avion reste vivace. La voiture nous est tellement familière. Comment ces lourds engins arrivent-ils à voler comme de «beaux» oiseaux? Sans compter que chacun pense toujours pouvoir s'en tirer lui-même dans une voiture.

La perception des risques par les individus est très subtile. Elle n'a rien à voir avec de savants calculs. Une enquête réalisée par notre laboratoire met en évidence que leur perception dépend de son degré d'atrocité, du nombre d'individus exposés, du degré de compréhension de ce dernier et, surtout, de la publicité que lui font les médias. Résultat: les décès dus au sida sont nettement surévalués et la mortalité liée au tabac ou aux accidents vasculaires sous-évaluées d'un facteur dix. Les personnes interrogées réclament plus de protection contre les événements ponctuels mais marquants (une inondation ou un attentat) qu'à l'encontre de dangers quotidiens. Les accidents de la route ou les accidents ménagers font partie de la fatalité. Pourtant, ces derniers sont nettement plus coûteux en victimes.

LA CONCEPTION, UNE STRATÉGIE ADAPTATIVE

Réflexion faite, une conception est une stratégie adaptative. Elle présente une cohérence interne par rapport au contexte et pour la personne qui la mobilise. Elle permet une certaine pertinence dans l'action. On voit bien pourquoi on ne peut se contenter de les ignorer ou de les détruire. Pour apprendre, l'élève doit s'en emparer dans toutes ses dimensions et s'investir dans la recherche d'une signification pour que l'ensemble du processus puisse s'engager efficacement.

On retrouve ce que nous avons mis en avant au chapitre 6. La question doit être suffisamment ouverte au gré de l'élève, susciter chez lui l'envie de savoir, sans pour autant paraître inaccessible, et s'appuyer fortement sur ce qu'il sait, sans que ce cadre de référence confine à l'aveuglement. Certains éducateurs proposent de partir des questions de la vie quotidienne pour assurer l'intérêt des élèves et leur permettre de s'appuyer sur une certaine maîtrise.

Cette option est possible mais, à l'usage, paraît trop rigide. Ce qui est quotidien pour l'enseignant ne l'est pas obligatoirement pour l'élève. Les chemins de l'intérêt sont plus fins. D'autres ne parient que sur la résolution de problèmes. De savants et complexes détours sont très souvent indispensables. Pour accepter que les lois de l'univers ne sont pas totalement déterministes, il nous faut accepter que la Nature fonctionne comme un match de football. Les règles du jeu sont précises. Pourtant, dès que plusieurs joueurs se disputent un ballon, le résultat n'est plus prévisible! Le moindre détail a une incidence sur la suite des événements…

Les lois peuvent se contrecarrer, puisqu'elles interagissent. Même en les connaissant toutes, on ne peut déterminer à l'avance ce qui va se passer. Toutes choses qui écornent notre bon sens habituel. Reste que les conceptions participent de l'équilibre de l'individu, voire de sa sécurité de base. Toute remise en question est vécue comme déstabilisante et, de ce fait, peut être inconsciemment évitée. Mais apprendre est à ce prix!

13

CONNAÎTRE L'APPRENDRE

―――■―――

« *Scinder l'homme de la société, c'est lui décortiquer le cerveau.* »
Henri Wallon, *L'Enfant turbulent*, thèse, 1925.

La multiplicité et la complexité des éléments en jeu dans l'apprendre font que le processus ne peut pas être ni linéaire ni accumulatif. Convoquons une première métaphore pour en saisir la finesse. Quiconque souhaite avancer sur la glace ne glisse jamais en conservant une ligne droite mais s'appuie sur un pied, puis sur l'autre. Chaque fois, le patineur avance, mais pas directement dans la direction souhaitée.

La trajectoire instantanée fait un angle d'environ 45 degrés par rapport à l'axe de la course, dans un sens, puis dans l'autre. De plus, le déséquilibre est permanent. On prend appui sur des lames relativement fines qui fuient vers l'arrière dès que le pied fait pression sur la glace. Un débutant s'aperçoit vite, à ses dépens, que chaque foulée provoque une perte d'équilibre, aussitôt rectifiée. Pas moyen de faire autrement. Seule la dynamique permet de tenir debout et d'avancer.

LE MODÈLE DE LA PLANCHE À VOILE

Une autre métaphore permet de comprendre comment l'individu façonne un savoir. Prenons une planche à voile (pour figurer l'instrument dont dispose l'apprenant) voguant au milieu des flots, vers une bouée (le savoir à acquérir). Bien sûr, il faut du vent (les nouvelles informations), un vent venant de front. Supposons maintenant que l'individu souhaite aller directement vers la bouée. Peine perdue ! Il ne pourra remonter vers le vent qu'en louvoyant.

Voilà, très exactement, la situation de l'apprenant : il doit élaborer un savoir, alors que ce dernier va, la plupart du temps, à l'encontre de ce qu'il pense. Il doit prendre appui sur ses conceptions, malgré leur instabilité. Où l'on voit que l'élaboration procède d'une interaction entre les données glanées et les conceptions de l'apprenant, tout comme la planche avance en jouant avec le vent, la voile et sa dérive (pour se rapprocher des difficultés rencontrées par l'apprenant, il faudrait encore parsemer la mer d'obstacles et la rendre très agitée...).

L'élève, comme le planchiste, doit donc « tirer des bords ». L'histoire des sciences est riche d'exemples corroborant cette idée. Par exemple, la théorie de la fécondation, nous l'avons vu, montre successivement les apports d'une approche préformiste (selon laquelle l'enfant est préformé chez l'un des parents) et d'une

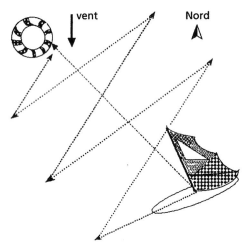

Le modèle allostérique et la métaphore de la planche à voile.

approche épigéniste (l'enfant est le produit des deux). Au fil des siècles, chacune de ces directions l'a emporté tour à tour, faisant faire, à chaque fois, un pas à la connaissance.

Dans la théorie de la lumière, le savoir, lui, a oscillé entre une théorie corpusculaire (la lumière repose sur des particules infiniment petites) et une théorie ondulatoire (la lumière se comporte comme une onde). Dans les deux cas, la théorie moderne est un savant jumelage entre hypothèses adverses. De nombreux suivis d'élèves en train d'apprendre nous confortent dans cette façon de voir.

Dégager une organisation

Apprendre requiert ainsi l'emploi d'habiletés et de stratégies mentales, autant de processus mobilisés par l'apprenant dans l'accomplissement de tâches précises : argumenter, prendre des notes, structurer, prédire ou prendre une décision. Ils s'inscrivent dans la culture d'un lieu ou d'une époque.

Pour la petite histoire, face à une difficulté à franchir, un Français cherchera plutôt à affronter les obstacles les uns après les autres. Un Belge dira plutôt : « *Essayons de voir ce qui est possible. Pour le reste, nous aviserons plus tard.* » Un Suisse, pour sa part, éludera d'entrée tous les problèmes en déclarant : « *Il n'y a pas le feu au lac.* » Puis, il prendra tout le temps nécessaire en tirant parti des erreurs d'autrui.

Répétons-le, il n'existe pas une unique façon d'apprendre. Chaque individu passe par des cheminements spécifiques. La transformation des conceptions relève d'un processus personnel. Heureusement pour l'enseignant, il est loisible de tracer quelques passages obligés !

Par exemple, les individus qui réussissent le mieux sont ceux qui savent organiser leurs idées. Quand on demande à un élève débutant d'exposer son savoir en géographie ou en économie, on obtient au mieux une juxtaposition de données incomplètes et éparses. Soumis à la même question, le spécialiste enserrera les informations dans un réseau cohérent et argumenté. Si on lui fournit une donnée supplémentaire sur le chômage, le même élève l'apposera à l'ensemble, quand l'expert la connectera immédiatement au Produit intérieur

(PIB), au bilan du commerce extérieur ou au niveau d'investissent des entreprises.

Plus ce processus personnel devient conscient, plus il «proce». La connaissance des rapports au savoir par chaque apprenant est un des paramètres que l'enseignant ne peut négliger. L'élève apprend mieux quand on le fait plancher sur ce «qu'apprendre veut dire». De la même façon, la réflexion sur les stratégies cognitives et la mise en place de situations pour les tester facilitent leur transfert[1].

L'élève doit pouvoir reconnaître quand ses idées et ses raisonnements s'avèrent limités ou erronés, choisir d'autres stratégies plus appropriées et évaluer leur apport. Prendre conscience de ses méthodes de travail, de ses capacités de mémorisation, contrôler ses activités pour les utiliser à mieux escient fait partie de la réussite de l'apprendre.

Apprendre, un processus complexe

L'apprendre, on le ressent à travers tous ces chapitres, n'est pas facile à saisir. C'est une capacité qui émerge d'un ensemble d'éléments et comporte plusieurs dimensions. Pour approcher cette potentialité, il faut relever à la fois le défi de la tradition pédagogique et des modèles psychologiques.

Toutefois, quand un domaine résiste fortement aux investigations, il devient urgent de s'interroger sur les paradigmes qui le sous-tendent. Actuellement, il apparaît évident de dépasser l'impasse cognitiviste d'un individu (appelé «sujet») seul face à un «objet» d'étude. D'entrée, cette relation est à situer dans le contexte social qui lui donne un sens. Les institutions, les circonstances, les outils et les ressources – ainsi que leurs interactions – qui favorisent l'apprendre ou le brident constituent la matière première des études à mettre en place. Dans le même temps, l'apprendre, qui résulte du «travail» du cerveau qui en détermine les possibilités et les contraintes, est à préciser en permanence par rapport à ses supports neuronaux et neuromédiateurs. L'apprendre est aussi trop complexe pour être réductible à un seul modèle.

---

1. Voir chapitre 6.

Les esprits persuadés que les avancées physico-chimiques des neurones donneront un jour une bonne compréhension des mécanismes psychiques se bercent d'illusions. On ne peut déduire les propriétés de la molécule d'eau à partir de celles des atomes qui la constituent. Dans un système organisé, le tout vaut « plus » (à tout le moins autre chose) que la somme de ses parties. Les interactions régissant ces dernières font émerger de nouvelles propriétés. L'école, le médiateur, l'apprenant, le cerveau, les neurones, les synapses ne sont pas des niveaux indépendants. S'en tenir à la seule démarche analytique, comme le prescrivent les disciplines habituelles, conduit immanquablement à une impasse.

Un découpage trop fin dénature l'objet d'étude. Il y a fort peu de chances de comprendre l'apprendre en se cantonnant au seul fonctionnement des neurones, au seul traitement de l'information ou au simple niveau des représentations. Pareillement, ce n'est pas dans un laboratoire qu'un cognitiviste pourra formuler un modèle opératoire de l'apprendre. Les mécanismes cognitifs à l'œuvre dans les situations expérimentales ne sont pas identiques à ceux mobilisés dans le quotidien. Cette situation artificielle induit des façons de faire que les individus ignorent en temps normal.

Le chercheur risque de se leurrer gravement s'il traite plus de l'adaptation à une situation-test que de l'apprendre. Cette dernière prend sens par rapport à l'intérêt que lui porte un apprenant et non par rapport à un cadre théorique extérieur, élaboré par une communauté d'experts qui en dissertent à travers une épistémologie propre.

Pour dépasser ces lacunes, l'approche que nous préconisons se situe à l'intersection des contraintes nées des propriétés du cerveau, de l'histoire du système de pensée de l'apprenant et des possibles offerts par les situations éducatives ou culturelles. Encore à l'état d'ébauche, ces investigations ont les atours d'une démarche transversale, à la croisée des disciplines classiques que sont les sciences cognitives, les neurosciences, les sciences de l'ordinateur en tant que référents, mais recentrées sur des questions propres à l'apprendre.

Quatre dimensions sont à promouvoir. La dimension biologique, d'abord, car la faculté d'apprendre, constitutive de l'organisation du système nerveux, est une fonction homéostatique. Son but : conserver l'identité du système vivant, tout en lui faisant subir les transformations nécessaires à son adaptation (optimum ou de survie). Elle trouve son équilibre à partir de sa constitution interne confrontée à des informations internes.

Toutefois, si le système nerveux de l'individu est capable de générer l'apprendre, les caractéristiques de ses modes d'apprentissage dépendent de son expérience propre et de ses contacts avec la société et la culture dans lesquelles il vit. L'autre dimension est à la fois cognitive et socioculturelle, l'apprendre étant une transformation de signification, doublée de l'insertion d'un individu dans un environnement naturel et culturel complexe. L'individu s'approprie (ou invente) des savoirs pour réaliser ses projets au sein d'un groupe social (une famille, une entreprise, une association, une cité).

Reste la dimension intentionnelle. L'on n'apprend que ce qui nous touche ou nous accroche. Tous les jours, on peut noter, même à titre personnel, l'importance de l'émotion, du désir, de l'engagement, de l'imaginaire dans l'acte d'apprendre.

Ces quatre dimensions se régulent réciproquement pour constituer trois niveaux d'investigation. Par exemple, la question de l'affectivité (l'intentionnalité) renvoie à la question du sens qu'accorde l'individu au savoir sur le savoir (ou métacognition). Or, celle-ci s'élabore et prend sa signification (l'élaboration) dans un contexte social. Vouloir aborder ces aspects de façon séparée ne permet pas de comprendre les relations entre l'apprendre et l'individu. Seule une approche systémique des multiples dimensions de l'acte d'apprendre offre quelques chances de succès.

Apprendre, un phénomène paradoxal

Apprendre est, par essence, paradoxal. La neurobiologie, par exemple, signale l'extrême plasticité du système nerveux. Pourtant, les didacticiens, les chercheurs en sciences cognitives constatent la résistance incroyable de la pensée humaine au remodelage, aux changements de conception. Rien d'étonnant : les conceptions participent de l'équilibre de l'individu. La remise en question est toujours déstabilisante et, le plus souvent, contournée. Les conceptions mobilisées dans l'acte d'apprendre interviennent à la fois comme un intégrateur des nouvelles informations et comme une formidable résistance à toutes données qui contredisent le système d'explication en place. Cette résistance n'est pas l'apanage des élèves. Chez les chercheurs eux-mêmes, de tels mécanismes se manifestent. L'histoire des idées le prouve. Les idées nouvelles ne s'imposent jamais rationnellement. Ce sont les défenseurs des conceptions anciennes qui meurent! Apprendre oblige à dépasser des antagonismes forts, lesquels, toutefois, ne s'excluent pas mutuellement. De leur rencontre, naissent des oppositions, voire des tensions. Impossible de les séparer, au risque de compromettre la dynamique recherchée. Pire, ce serait une erreur. L'éducation doit les prendre en compte ensemble et tenir fermement liés les deux pôles. Le résultat n'a rien de négatif, bien au contraire. L'émergence que constitue l'apprendre est le produit de leurs interactions.

Un tel phénomène d'émergence n'étonne pas le physiologiste puisque la vie repose en permanence sur des tensions antagonistes. Loin de se détruire, elles engendrent le vivant. Si nous tenons droit, si nous pouvons bouger nos membres, c'est parce que des muscles agissent de façon antagoniste.

Bien sûr, pour être pertinentes, ces oppositions n'ont rien d'absolu. Elles ne conduisent jamais à une crispation résultant de tensions contraires et exacerbées, comme nous pouvons les vivre au quotidien. L'astuce, pour ainsi dire, repose sur des mécanismes de régulation mis en place par l'organisme pour équilibrer ces oppositions, de sorte qu'un mouvement soit possible. Ces mécanismes de régulation font toute la différence. Ils permettent l'émergence de nouvelles potentialités.

Ces tensions antagonistes sont aussi présentes dans des processus très élaborés: les régulations de la circulation du sang, la température ou encore l'équilibre en eau de notre corps[2]. Parler est le résultat du même phénomène. Rien d'étonnant, par conséquent, que le même principe soit à l'œuvre dans l'apprendre.

L'élève ne peut «photocopier» mentalement la connaissance. Il doit nécessairement partir d'où il est et prendre appui sur les

---

2. Pour la circulation du sang, deux systèmes interviennent sur le cœur. L'un, le système nerveux dit «orthosympathique» augmente la fréquence des battements ou leur intensité. L'autre, le «parasympathique» diminue la fréquence et provoque un relâchement de ses battements.

savoirs qu'il maîtrise. La plupart du temps, un conflit avec ses idées antérieures est nécessaire pour dépasser les limites introduites par ses idées. On est là face au terrible paradoxe déjà énoncé : « faire avec pour aller contre ». Pour comprendre la photosynthèse, ce mode si particulier de nutrition des plantes, l'élève doit s'appuyer sur la conception habituelle qu'il se fait du phénomène : les plantes « se nourrissent... dans le sol ». Il ne peut faire autrement. Les références qui lui permettent de décoder la réalité lui imposent de penser que si la plante est vivante, c'est qu'elle doit se nourrir. Où peut-elle trouver de la nourriture, sinon dans le sol ? N'a-t-on pas l'habitude d'y mettre des engrais et de l'eau ? Autant d'obstacles à franchir...

Seuls l'eau et les sels minéraux sont puisés dans le sol par la plante. Les éléments principaux de nutrition particulière (le gaz carbonique, ou dioxyde de carbone, et la lumière) sont captés par les feuilles dans l'air. Pour « digérer » ce concept, l'élève devra rompre avec les idées qu'il se faisait de la nourriture, sur le gaz carbonique et la lumière. Admettre que la nourriture n'est pas nécessairement « quelque chose de solide » (un gaz peut être de la nourriture), que la nourriture ne transite pas forcément par une bouche, que le gaz carbonique n'est pas obligatoirement un produit toxique et que la lumière n'est pas un « simple fortifiant » ou une « vitamine » mais apporte de l'énergie qui sera ensuite stockée sous forme de réserves (racines, tubercules, fruits...) ou consommée par la plante pour ses propres besoins énergétiques.

À travers cet exemple, on voit bien toutes les difficultés sous-jacentes à l'apprendre. Pour y parvenir, une simple information ne peut suffire. Elle ne peut prendre sens dans un réseau de savoirs aussi bien « ficelé ». L'argumentation seule est limitée.

Heureusement, le savoir progresse contre les séductions de l'apparence ou de l'évidence par optimisations successives dans la convergence de multiples interactions. L'individu passe d'un équilibre à un autre équilibre. En fait, c'est tout le système de significations qui évolue. L'élaboration d'un nouvel équilibre global comporte des opérations plurielles, dont il est question plus haut, pour incorporer dans son propre système de rationalité des informations antagonistes.

Des mécanismes de régulation vont s'y insérer. L'apprendre procède d'un processus d'élaboration d'un individu confrontant les informations nouvelles et ses conceptions mobilisées, et produisant de nouvelles significations, plus aptes à répondre à ses interrogations, avons-nous dit. Le changement s'opère de façon discontinue, dans une sorte de déséquilibre permanent qui risque d'aller jusqu'à la crise d'identité, tant un individu a pu s'investir dans ses actes. Lorsqu'il y a compréhension d'un nouveau modèle, la structure mentale se métamorphose. Le cadre de questionnement est reformulé, la grille de références amplement réélaborée.

L'individu ne traite plus les mêmes questions quand il passe de la génétique mendélienne à la génétique des populations. Il en va de même lorsque l'on passe de la vision macroscopique de la matière à la théorie atomico-moléculaire ou à la théorie quantique. Une autre configuration se stabilise quand elle paraît plus apte, aux yeux de l'individu, à résoudre les questions qui ont sollicité la démarche. La transformation d'une conception est plus facile si un autre équilibre s'esquisse. Un autre mode de fonctionnement plus pertinent s'est mis en place, l'individu a pu en tester son opérationnalité. L'élaboration d'un nouveau savoir ne passe pas nécessairement par la destruction des savoirs antérieurs. Le plus souvent, il faut plutôt y voir une neutralisation ou une substitution. Différentes formulations peuvent cohabiter.

Une fois formulée, cette expérience cognitive n'est pas simplement stockée. Elle doit être, en permanence, mobilisable et mobilisée. Par chance, nous l'avons vu, le cerveau déchire en permanence ses « souvenirs » pour les réorganiser en continu. Cette organisation investit en retour la manière d'aborder la situation nouvelle[3]. Tous ces processus sont différenciés selon les contenus. Ils passent par des phases de rectification, de mutation entre les conceptions mobilisées et les informations filtrées.

---

3. Plus nous disposons de procédures de traitement d'informations variées, pertinentes, plus nous pouvons consacrer de ressources à l'interprétation d'une situation. L'apprenant doit disposer d'une pluralité d'approches de son environnement qu'il met en œuvre de façon différenciée suivant les situations et les contenus (conditions présentes). Plus la situation est incongrue, déstabilisante, originale, plus il utilise une façon de faire inférieure à ses potentialités.

Sur chaque point, des interférences peuvent apparaître, notamment quand les informations sont trop nombreuses, trop proches ou trop nuancées. Dans le savoir sur la photosynthèse, les élèves doivent se décentrer des racines pour envisager le rôle des feuilles. Mais cette décentration ne peut pas être totale. Les racines jouent un rôle indispensable pour l'absorption de l'eau, des sels minéraux et même (sans doute, la question n'est pas encore tranchée sur le plan scientifique) du dioxyde de carbone...

UNE APPROCHE MULTIPLE

Apprendre est clairement le paradis des paradoxes. Et les paradoxes abordés ci-dessus ne sont pas les seuls. Ainsi, l'apprenant doit mettre en œuvre au moins deux types contrastés de traitement de l'information pour élaborer un savoir. Le premier, d'obédience cartésienne, est de type analytique, linéaire, et correspond à l'approche scolaire classique. Il s'agit de décomposer une question en parties et sous-parties, et de les traiter chacune séparément. Elle est indispensable pour clarifier une question et tenter de préciser les éléments qui la constituent. Mais cette phase reste notablement insuffisante si chacune des parties n'est pas rattachée à son tour à un « tout » : l'enjeu de la question qui situe ou met en perspective les résultats des investigations.

Une seconde démarche, globale cette fois (je préfère parler de « démarche systémique » puisqu'il s'agit d'intégrer chaque donnée dans un système) devient complémentaire. Insistons sur cet aspect, car cette phase est presque totalement occultée dans les pratiques habituelles. Certains pédagogues modernes, certes, commencent à la mettre en avant. Seulement ils tombent dans un nouveau piège : ils la font fonctionner seule.

Les deux phases doivent être envisagées de façon à la fois complémentaire et antagoniste. Ce que fait spontanément un expert pour situer chacun des points traités par rapport à l'ensemble d'une question. L'élève, lui, est handicapé. Il ne comprend pas les liens qui relient l'exemple traité avec la structure d'ensemble. Par exemple, telle qu'elle est traitée actuellement, l'étude des « crossing-over » en génétique (l'échange de fragments de chromosomes) ennuie profondément. Elle ne prend sens que quand on situe cette technique dans l'élaboration d'une carte génétique. Repérer les coordonnées d'un point sur une carte, l'altitude d'un lieu ou calculer une distance ou une surface en géographie, n'a d'intérêt que par rapport à une certaine maîtrise de l'espace. Susciter un intérêt pour la modélisation favorise une telle approche.

Plaisir et effort

Lister les divers paradoxes serait facile. Nous en avons cité quelques-uns. Tous sont à prendre en compte. Chaque fois, ils déterminent des arrêts dans l'apprendre. Pour apprendre, l'individu exige d'en retirer un certain plaisir, mais il faut bien admettre qu'apprendre nécessite toujours des efforts... Le sentiment d'autonomie prend une place essentielle, surtout quand il s'agit de mener un projet lointain. Pourtant, les contraintes portent sur tous les points. D'où l'importance de satisfactions immédiates. Une certaine confiance en soi s'avère nécessaire, bien qu'il faille en permanence douter de son niveau de savoir ou questionner ce dernier. Etc.

Ajoutons, dernier paradoxe[4] pour l'instant, qu'apprendre permet une adaptation au milieu, aux autres ou à la société. Pourtant cette potentialité doit rester une ouverture. Autrement, le savoir se fige. Rien d'étonnant qu'apprendre soit pénible et fatigant, presque traumatisant. Le plus souvent, l'apprenant doit aller jusqu'à « faire son deuil » de son fonctionnement antérieur.

---

4. Voir d'autres paradoxes pp. 197, 208-209, 217-218, 240 et 250.

14

METTRE EN PLACE UN ENVIRONNEMENT DIDACTIQUE

———■———

> *« C'est un véritable miracle de voir que les méthodes modernes de l'instruction n'ont pas encore étouffé la saine curiosité intellectuelle ; cette petite plante délicate, en plus d'un encouragement, a surtout besoin de liberté, sans quoi elle s'étiole et ne manque pas de périr. »*
> Albert Einstein, *Correspondance, 1916-1955*, Éditions du Seuil, 1972.

S'il était encore nécessaire de prouver qu'apprendre n'a rien d'immédiat, l'on pourrait aisément disserter sur certains exemples simples. L'acquisition des sens d'un mot est, en la matière, un bon exercice. Le vocable «mine», par exemple, ne semble pas poser de problème. À première vue, il désigne «*une cavité creusée dans la terre pour extraire le minerai*», comme l'indique le dictionnaire Larousse.

Rien d'étonnant : les étymologistes repèrent son origine dans le mot gaulois *meina* (minera), à en croire l'un des Robert[1]. Par métonymie, le mot donne lieu à des emplois administratif, social ou commercial. Le mineur travaille aussi bien dans une mine

---

1. Alain Rey (sous la direction de), *Dictionnaire historique de la langue française*, Éditions Le Robert, 1992.

de fer, de cuivre ou de charbon que dans une mine de sel, et les ingénieurs des mines sortent frais émoulus de l'École des Mines (cette fois, on constate une majuscule qui réclamerait quelque explication...).

En rester là, toutefois, ne permet pas de faire le tour des diverses acceptions. On peut les envisager séparément ou, au contraire, les mettre en perspective et entrer de plain pied dans l'histoire du mot. Comment expliquer autrement l'usage militaire du mot « mine » ? Pour en comprendre l'origine, il faut savoir que les terrains sous lesquels se trouvait la mine étaient des espaces « minés » en raison des risques d'effondrement. Cette stratégie a été affinée pour « miner » les remparts et les faire s'effondrer seuls, en sapant leurs bases. On améliora la technique avec des explosifs...

Pendant la Première Guerre mondiale, les « mines flottantes », puis les « drague mines », vont proliférer. Viendront les « mines antichars » pendant la Seconde Guerre mondiale, puis les « mines antipersonnel ». L'histoire du mot est éclairante : comment comprendre autrement l'expression courante : c'est « une mine de savoir » ? Encore faut-il y avoir accès...

Arrivé à ce point, l'élève qui veut faire le tour de ces quatre lettres n'est pas au bout de ses peines. En ancien français, le mot remplace carrément le moderne « minerai ». Une trace de cet emploi subsiste dans : « mine de crayon ». Mais que veulent dire alors : « faire triste mine », « faire grise mine », « avoir bonne mine » ou encore « ne pas payer de mine » ? Pour marquer la différence, les érudits ont trouvé une autre origine dans le breton « min », qui veut dire « bec » ou « museau ». Heureusement que la mine, unité de mesure, dont est dérivé le mot « minot », la moitié d'une mine, a été oubliée !

Les niveaux de l'apprendre

Apprendre est vraiment une tâche peu évidente... Par souci de clarté, distinguons trois niveaux. Le premier intervient quand on retient des données factuelles. Appelons-le « s'informer ». Il renvoie à l'exercice simple effectué quand on prend connaissance des informations dans un journal. L'apprenant établit des relations entre sa structure de pensée et des données nouvelles, lesquelles enrichissent, au mieux, et souvent pour un temps très court, sa pensée. Ce[...] nière a toutes les capacités pour décoder les informations.

Sur ce plan, et c'est sans doute de là que viennent les [...] sions, une pédagogie frontale, attrayante et structurée, est [...] nente. Un deuxième niveau est fort bien expliqué par le simple modèle constructiviste. Les idées de Piaget font comprendre comment, dans l'exemple précédent, concernant le sens du mot mine, l'information nouvelle est assimilée et comment, en retour, la structure mentale s'en accommode. L'élève prend conscience qu'un mot peut revêtir de multiples significations, alors qu'il n'en envisageait qu'une seule. Il peut encore comprendre comment l'histoire du mot explique les divers sens ou leur évolution.

Dans ce cas, la structure mentale est prête à accepter les données nouvelles et à évoluer. Rien de tel dans la plupart des apprentissages de base. Répétons-le, il faut rejeter une manière de voir pour en élaborer une nouvelle. Les opérations cognitives à mettre en place sont alors tout autres. Ce n'est plus par l'ajout continuel d'informations factuelles que la pensée se développe. Il faudrait d'abord pouvoir éliminer. Il ne s'agit plus d'un simple développement. Une image est plus propice pour comprendre ce phénomène : nous avons avancé celle de métamorphose[2]. Tout est dans le passage d'une conception à une autre.

Face à une nouvelle situation ou à de nouvelles données, l'apprenant flotte. Il « ne sait plus ». La conception en fonction, celle sur laquelle il s'appuie pour comprendre, lui semble partielle, limitée. Elle ne « tient plus la route ». L'élève se trouve confronté à une phase de déstabilisation. Par le biais d'une série d'activités et d'apports d'informations, il élabore une conception plus pertinente.

LA DÉSTABILISATION

Ce schéma pédagogique, souvent énoncé, est plutôt simpliste et mérite d'être affiné. La déstabilisation n'est jamais immédiate. Elle s'effectue par à-coups et peut prendre un temps très long. L'élaboration nécessite à son tour de multiples étapes. L'apprenant formule

---

2. Voir Introduction et chapitres 6 et 12.

plusieurs approximations successives qu'il corrobore progressivement. Les retours en arrière, les impasses, les fausses pistes abondent. De plus, l'individu ne lâche jamais, « comme ça », un savoir antérieur. La déstabilisation ne conduit pas à sa réfutation systématique. En d'autres termes, une conception nouvelle ne prend pas automatiquement la place d'une ancienne, mais peut se plaquer sur l'ancienne. Très souvent, les deux cohabitent, à la barbe des individus.

Ainsi, en Afrique, les étudiants engrangent couramment un savoir médical, en vue d'examens, tout en pratiquant les amulettes, au retour dans la tribu. Le plus paradoxal est que l'individu élabore sa nouvelle conception au travers de sa conception antérieure.

Tout individu agit en cohérence avec sa façon de pensée. Ses insuffisances, ses erreurs, ses blocages proviennent des faiblesses des modèles mentaux qu'il sollicite. Il ne peut cependant faire à moins, puisque ce sont les seuls outils intellectuels dont il dispose, sa seule grille de lecture de la réalité. C'est à travers elle qu'il décode l'environnement et prend des décisions. Comme dans une métamorphose d'insecte, c'est cette matière qui va s'organiser différemment. L'apprenant « quitte » son savoir antérieur quand un autre, plus fonctionnel, investit sa tête. Encore faut-il qu'il en ait éprouvé la facilité d'utilisation et l'efficacité. En fait, ce que l'on envisage d'ordinaire comme la « transformation d'une conception » ne se réalise que lorsqu'un autre équilibre émerge, devient opératoire.

APPRENDRE = UN PARI

Apprendre est un acte individuel mettant en demeure l'individu de supporter des remises en question de ce qu'il est ou de ce qu'il fait, et d'encourir le risque d'aller dans une direction dont il ne maîtrise pas tous les tenants et les aboutissants. L'activité propre de l'apprenant – à la fois affective et cognitive – est au cœur du processus de connaissance[3]. Apprendre conduit à penser autrement. Le but est d'élaborer de nouvelles explications pour guider de manière plus satisfaisante ses actions, ses décisions.

---

3. Voir chapitres 1, 6 et 13.

Or, pour penser autrement, il faut relier les informations différemment[4], les organiser, voire les situer les unes par rapport aux autres. Ces dernières devront être déconnectées et reconnectées autrement. Comme s'il s'agissait de tisser une toile d'araignée, en trois dimensions et en utilisant des bouts déjà tissés, pour les placer ailleurs. Ces manipulations n'ont rien de spontané. Elles doivent être suscitées et accompagnées, mais pas seulement. Car c'est l'élève, et lui seul, qui apprend. Personne ne peut le faire à sa place. Toutefois, l'apprenant a peu de chance de «rencontrer» seul l'ensemble des éléments pouvant transformer ses questionnements et ses idées. Une situation de médiation est toujours nécessaire pour faciliter et assurer ces nouveaux liens.

INTERACTIONS INDIVIDU-ENVIRONNEMENT

Une avancée dans l'apprendre n'est pas seulement le fait de l'individu, comme le martèlent les constructivistes, ou dans l'environnement, comme le suggèrent les behaviouristes. Elle résulte d'une émergence née de l'interaction des deux. Nouveau paradoxe : l'individu ne peut élaborer que par lui-même, mais en s'appuyant sur l'expérience des autres. Dans le même temps, l'apprenant n'élabore pas simplement un savoir : il détermine son propre processus d'apprentissage. Ce n'est que lorsqu'une connaissance revêt pour lui un sens qu'il se l'approprie et fait évoluer son système de représentation.

On comprend, dès lors, pourquoi l'enseignement, la médiation, ne peuvent agir directement sur l'apprenant. Leurs apports sont forcément indirects. Deux pistes antagonistes sont toutefois possibles. La première est de prendre en compte l'individu, son histoire et ses connaissances antérieures. La seconde consiste à intervenir sur l'environnement pour faciliter l'apprendre. Mais quel environnement didactique peut répondre à de telles contraintes ?

Dans la partie 2 de ce livre, nous avons déjà formulé quelques paramètres *ad hoc*. Reprenons-les autrement. Nous avons vu que l'apprendre est facilité si l'individu se trouve d'abord dans des situations donnant du sens aux apprentissages. Rien n'est immédiat mais,

---

4. Insistons encore sur la distinction entre informer et enseigner, car c'est là que se joue un des enjeux pour l'école du XXIe siècle. L'école a perdu le monopole de l'information. D'autres moyens sont plus performants sur le plan de la rapidité et de l'attractivité.

heureusement, le sens peut naître de façon extrêmement diverse. Il peut s'agir de situations qui concernent l'apprenant, le questionnent, ou de situations qui déclenchent son intérêt et sa curiosité.

L'apprenant peut partir d'une accroche, d'un défi, pour être emporté ailleurs. En privilégiant le vivant plutôt qu'en travaillant à partir d'un film, on multiplie ainsi par dix le nombre de questions que se posent les jeunes élèves. L'enseignant peut aussi jouer sur l'émotion, l'étonnement, faire émerger un questionnement ou maintenir l'attention par une intrigue adaptée à l'âge des enfants. Pour prendre en compte la diversité des élèves, le maître peut déployer de multiples approches : activités, observations d'objets réels, expériences, enquêtes ou utilisations de matériels audiovisuels, de logiciels. La confrontation avec la réalité est chaque fois un « bon » départ. Elle suscite la motivation et favorise l'expression comme l'opposition des conceptions. Encore faut-il qu'il y ait confrontation... L'individu doit pouvoir opposer ce qu'il pense à ce qui est.

La confrontation avec les idées des autres est une autre solution. Après avoir exprimé leurs conceptions, les élèves peuvent prendre conscience des différences. Ils doivent chercher à argumenter pour défendre leur propre position et contrecarrer celles des autres. C'est toujours une révélation pour un élève de s'apercevoir que tout le monde ne pense pas comme lui. À elle seule, une confrontation peut donner sens à une activité et fournir un intérêt pour entreprendre une investigation. L'intervention du maître est souvent indispensable, au début surtout, ne serait-ce pour que les élèves s'écoutent, s'aperçoivent de leurs différences, échangent leurs conceptions et argumentent, sans recourir aux insultes ou aux arguments d'autorité. De plus, l'élève ne voit souvent que ce qu'il veut voir. Il trouve uniquement les indices qui lui font plaisir, qui confirment ses idées ou renforcent ses convictions.

L'enseignant doit mettre l'accent sur les contradictions ou les limites. Avec des élèves qui commencent à maîtriser de telles stratégies, le maître peut devenir un quatrième pôle de confrontation, pourvu qu'il multiplie les arguments. Une seule information est toujours insuffisante pour convaincre l'autre. Comme au judo, il doit prendre appui sur l'adversaire — ici l'élève — ou sur ses propres contraintes pour le faire « lâcher prise ».

LES AIDES À PENSER

Quand la dynamique de l'apprendre est enclenché, trouver à sa disposition certains formalismes restreint penser. Soit des mots, soit des symboles, des schémas ou des L'expression « les Trente Glorieuses », par exemple, explicite à merveille le décollage économique de la France durant les années 1945-1975. Encore faut-il que ces « aides à penser » soient lisibles.

La force qui s'applique au centre de gravité d'un objet est une invention qui arrange bien le physicien. Seulement, pour être opératoire, l'objet doit être cohérent. Déliquescent, son centre de gravité n'est plus opératoire. En outre, ces aides à penser doivent être compréhensibles et l'élève doit pouvoir en faire usage. Si l'on prend le nombre 11, chaque symbole de chiffre (1) ne prend pas seul son sens. Or, dans notre système de dénombrement, chaque chiffre prend sa valeur en fonction de sa place dans le nombre, contrairement à ceux des Romains. La convention est-elle décodée par l'élève ? Comprend-t-il la différence entre chiffre et nombre ? Sait-il que, chaque fois qu'on se déplace sur la gauche, le chiffre prend une valeur dix fois supérieure[5] ? Etc.

De même, analogies et métaphores présentent un fort potentiel pour comprendre. Qualifier la France d'« Hexagone » ou comparer l'ADN à une « double spirale » fournissent d'entrée à l'élève une vue d'ensemble pour chacun de ces concepts. Ici aussi, la question de la compréhension est capitale. Les implicites sont trop nombreux dans l'enseignement. Pour faire passer l'idée que (-1) x (-1) = +1, on peut user de l'idée classique que les ennemis de nos ennemis sont nos amis !

Quoi qu'il en soit, ces « aides à penser » présentent les limites de leurs qualités. L'image doit être accrocheuse et « parler » à l'apprenant. 9 secondes 90 centièmes sur 100 mètres, en athlétisme, dit « quelque chose » aux amateurs. 10 secondes 2 dixièmes au tour, en cyclisme, ne dit rien à personne, sauf aux spécialistes.

La pertinence de ces outils reste donc toujours partielle et biaise l'acquisition du savoir. Ils fournissent un éclairage très contextualisé

---

5. Bien sûr, dans le système décimal. D'un facteur deux dans le système binaire, utilisé en informatique.

qui ne met en avant qu'une dimension de la question traitée et peuvent carrément empêcher de comprendre, en bloquant l'évolution de la pensée. Envisager le spermatozoïde comme une « petite graine » aide les jeunes élèves à se frotter à l'idée de fécondation. En contrepartie, la métaphore renforce l'idée de l'importance du père dans la fabrication de l'enfant. La mère, ravalée au rang de « couveuse », « protège » et « nourrit » pendant neuf mois le petit bébé.

La mobilisation du savoir

Sitôt décrit et élaboré, le savoir ne se substitue à l'ancien que si l'apprenant y trouve un intérêt et apprend à le faire fonctionner. L'école actuelle mise trop sur la répétition, à en juger par l'importance accordée au bachotage dans les examens ou les épreuves d'évaluation. Or, la répétition ne facilite pas l'appropriation sur le long terme. Un savoir mémorisé pour un examen se délite à toute vitesse. Il nécessite en permanence des réactualisations.

Les connaissances acquises doivent être mobilisées à intervalles réguliers. Savoir, c'est pouvoir réutiliser des connaissances dans des situations différentes. Cette mobilisation constante permet un affinement ou une complexification. Bien sûr, dans cet environnement favorable à l'apprendre, la métacognition se taille une place de choix. Apprendre renvoie à des questions affectives et cognitives, nous l'avons vu, mais également à une « réflexion sur ». En réalité, ce niveau est multiple. Il peut être un temps de recul sur le travail effectué.

Un moment de métacognition permet de comparer ce que l'individu pense avant le cours et après. Par un retour sur ses premières idées, l'apprenant prend mieux conscience du déplacement de ses questions ou de l'évolution de sa pensée. Il peut revenir sur les démarches mises en œuvre, sur des arguments qui l'ont convaincu, sur les obstacles qu'il a rencontrés ou sur la manière dont il a procédé pour les dépasser.

Chaque fois, cette phase est un moyen pédagogique puissant pour préciser, structurer et discuter ses conceptions. Il peut être également un moment de réflexion sur le contenu. Qu'est-ce qu'une démarche historique par rapport à une démarche scientifique, sociale, théologique ou juridique ?

Pour apprendre, il faut encore entrer dans une foule de données, les situer, les décortiquer par rapport à des questions que l'on souhaite traiter. Le savoir est le produit d'une histoire que l'on a cherché à simplifier pour l'enseigner. Mais cette simplification pédagogique fait souvent perdre le «sel» de l'histoire. La compréhension s'enraye. Un moment de réflexion permet de restituer le contenu enseigné et d'en appréhender les enjeux.

Ainsi, en diététique, les groupes alimentaires ont été établis en tenant compte de questions liées à la santé de la population. Leur catégorisation part des principaux dysfonctionnements constatés dans la société. Les diététiciennes ont été conduites à constituer un groupe dit «rouge», composé de viandes, de poissons, de certains légumes et de légumineuses, et un groupe dit «bleu», à base de produits laitiers. Sur le plan des protéines, ces deux groupes sont équivalents. Cent grammes de viande valent deux œufs ou six décilitres de lait ou encore 60 grammes de fromage. Le groupe des produits laitiers se distingue par ses apports en calcium, les viandes par leur apport en fer. Le beurre, les crèmes et autres produits laitiers sont classés, eux, dans le groupe «jaune», en raison de leur importance en graisse. Cette volonté hygiéniste n'est jamais comprise parce que toutes les règles du jeu intellectuel ne sont pas formulées. Les élèves n'en retiennent qu'une classification artificielle dont il n'ont que faire. Seule une diététicienne s'y retrouve. Un travail de métacognition peut conduire à une maîtrise équivalente.

UN RÉSEAU DE CONCEPTS ORGANISATEURS

Ajoutons qu'un réseau de concepts organisateurs est une ressource nécessaire pour permettre à l'élève de regrouper les multiples informations qu'il rencontre. Nos élèves sont trop souvent perdus devant une foule de données disparates et le phénomène risque de s'amplifier avec l'introduction du multimédia et des bases de données.

Un corps de concepts sert de colonne vertébrale pour relier les diverses informations et les organiser en savoirs. La réalisation d'un conceptogramme comme celui de la page suivante est un bon outil pour établir des relations.

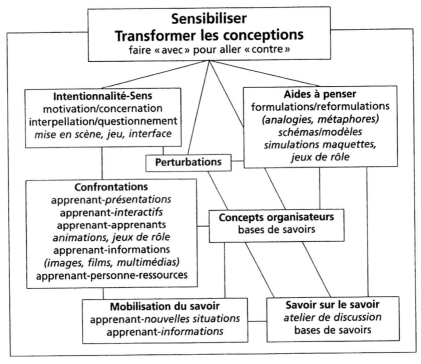

Principaux éléments d'un environnement didactique

Tous les éléments que nous venons de reprendre brièvement sont indispensables pour apprendre. Ils constituent ce que nous nommons «l'environnement didactique». Que l'un d'entre eux vienne à manquer et l'apprendre patine. La conception antérieure se maintient en place. Toutefois, tous peuvent être présents sans que rien ne se passe. Le monde extérieur n'enseigne pas directement à l'individu ce qu'il est censé apprendre. L'élève doit produire des significations à partir des données récupérées dans l'environnement. Une action prend un sens en fonction des conditions dans lesquelles se trouve l'individu et en fonction de son histoire.

Tous les éléments de l'environnement didactique sont à doser, et à articuler les uns par rapport aux autres. De leurs interactions multiples naît une sorte de prosodie avec des temps forts et des rythmes. C'est ce processus qui crée la dynamique de l'apprendre.

Parmi tous les temps forts, l'expression à tous les niveaux de la démarche fait apparaître la plausibilité, la fécondité d'une conception par rapport aux questions que l'on traite. La parole, le dessin ou l'écrit ont chacun leur vertu pour faire prendre conscience des limites éventuelles des idées ou des façons de faire. Cette expression a encore pour but de créer chez l'apprenant de l'insatisfaction par rapport aux problèmes à traiter. Pour l'enseignant, elle fournit des indicateurs très précieux sur l'état, le niveau et les potentialités des élèves.

Toutefois, la simple prise en compte des conceptions est insuffisante pour enclencher l'apprendre. Les conceptions de l'élève ne sont pas des idées isolées et statiques mais des modélisations dotées d'une cohérence, d'une logique propre. Elles présentent surtout d'énormes capacités d'adaptation et sont souvent aptes à se développer ou à évoluer pour intégrer des informations nouvelles ou pour s'adapter aux situations que rencontre l'apprenant.

LE CONTRASTE ET LA PERTURBATION

Plusieurs outils puissants sont à introduire pour apprendre, l'utilisation du contraste en est un. Le psychologue américain Bruner avait déjà avancé cette idée. En fait, son emploi est plus vaste. Le contre-exemple propose à l'élève d'autres réponses, et par là augmente son champ d'expérience. Dans le même temps, il met en question ses arguments. En explorant un contre-exemple, l'apprenant est sommé de se positionner, de préciser ce qu'il pense. Le cas contraire permet à l'élève de faire des relations et des discriminations appropriées. Le but est d'obtenir une réorganisation des savoirs et non une simple juxtaposition.

Un autre outil plus efficace est la «perturbation cognitive». Pour permettre l'apprendre, une dissonance qui heurte le «noyau dur» de la conception s'impose très souvent. Cette dissonance crée une tension qui rompt le fragile équilibre que le cerveau a réalisé. Tant que la conception en place n'est pas ébranlée, l'élève s'y rattache et, pour toutes sortes de raisons, y revient. Toute nouvelle information heurtant sa pensée n'est pas entendue. Au mieux reste-t-elle plaquée... Un savoir nouveau a quelque chance de s'installer que lorsque l'ancien se trouve fragilisé. C'est la dissonance qui fait progresser ; mais les dissonances sont de moins en moins acceptables quand l'expérience est importante ou la notoriété assurée.

Jusqu'à l'apparition de l'ampoule électrique, tous les procédés d'éclairage reposaient sur une combustion. On brûlait du bois, de l'huile, de la graisse, du pétrole. Il suffisait de voir pour comprendre. Le système de pensée des élèves opère toujours avec une grille d'analyse de ce style. Avec l'ampoule électrique, ce cadre de référence devient pourtant sans recours. Dans la lampe à pétrole, le verre évite les courants d'air et facilite la combustion, à la manière d'une cheminée. Dans la lampe électrique, le verre crée une enceinte étanche contenant un vide ou un gaz inerte dans le but d'empêcher la combustion. Il faut à tout prix éviter que le filament ne brûle. La libération des photons repose sur un autre principe. Il en va de même pour les lampes à néon.

Pourtant, l'individu continue de concevoir la production de la lumière dans une ampoule comme un phénomène de combustion. Pour accéder à une compréhension des mécanismes des lampes actuelles, l'élève doit être perturbé. Rien d'évident – comme dans de nombreux autres cas – tant sa conception repose sur un fond culturel entretenu par la société. On y arrive, lentement mais sûrement, en travaillant sur l'impossibilité de réaliser une combustion dans une enceinte ou un tube à essai clos : la bougie s'éteint irrémédiablement. Alors, que peut-il se passer ?

Intentionnalité, expression, contraste et perturbation : ces quatre mots constituent le quatuor infernal de tout départ d'apprentissage. Sans eux, rien ne démarre. Encore faut-il les réguler. Vous pouvez disposer de tous les éléments propres à une mayonnaise et la rater. Pour mieux le comprendre, appuyons-nous sur un exemple concret. Les individus pensent que « voir » est un phénomène immédiat et évident qui dépend uniquement des yeux. *« Il suffit de bien regarder pour voir. »* En fait, il n'en est rien. Et le maître peut avoir pour projet de faire comprendre que ce que nous voyons est décodé par le cerveau : on voit en fonction de ce que l'on sait déjà. Cette interprétation tient compte du contexte. Avec des élèves plus âgés, le projet pédagogique peut être plus ambitieux : les savoirs antérieurs, en liaison avec la motivation et à l'émotion, vont jusqu'à agir directement sur la façon de percevoir. L'œil est directement piloté dans les structures centrales.

Lors d'une lecture, si un mot est familier, l'œil le parcourt instantanément. Quand un vocable est inconnu, l'œil y reste plus longtemps. La présentation d'un tel savoir est nettement insuffisante pour comprendre. Tous les paramètres décrits ci-dessus sont à mettre en œuvre simultanément pour faciliter le travail d'élaboration. Le choix des situations de départ a beaucoup d'importance. Ces dernières ont pour but d'enrichir l'expérience des élèves, de créer une motivation en faisant entrer l'élève dans un projet.

Plusieurs activités de départ peuvent permettre aux élèves de s'approprier le domaine et faire naître un début de questionnement. Le maître peut introduire les enfants dans une pièce noire et les faire se repérer ou découvrir des objets. La même activité peut ensuite être effectuée à la lumière. Il peut proposer des boîtes trouées où les enfants découvrent des objets avec leurs mains, ou les faire jouer à colin-maillard. Il peut encore envisager un travail sur des gestes simples : saisir un objet les yeux fermés et ouverts ou par groupes de deux. L'un se bande les yeux, l'autre lui propose des objets quotidiens à reconnaître.

Après ces multiples investigations, une première phase de confrontation peut renforcer la motivation sur le projet : les enfants verbalisent les expériences précédentes. En groupe, ils racontent : *« Qu'ont-ils reconnu ? »*, *« Comment et pourquoi (avec et sans les yeux) ? »* Des schémas viennent à l'appui sur *« comment on voit »*, en précisant le *« rôle de la lumière »*, *« des yeux »*, éventuellement *« du cerveau »*. En classe entière, les élèves expriment et confrontent leurs conceptions. Une mise en commun sur le thème : *« À quoi sert la vue ? »*, *« quelle est son importance ? »*, peut avoir ici sa place, pour permettre à l'élève de situer ces multiples interrogations.

De multiples questions naissent de ces discussions. Le maître anime la classe en se limitant à celles qui sont en relation avec le sujet traité. Il peut les exploiter directement ou passer à une deuxième série d'investigations. Un travail sur une première série d'illusions optiques est introduit et fonctionne à la fois comme un bon élément de contraste et de perturbation. Suivant le public, différentes images peuvent interpeller. Une même trace peut être

APPRENDRE !

interprétée de façons très différentes. Sur l'un des dessins ci-dessous, on peut voir un Indien ou un Inuit de dos ; sur l'autre, on peut observer un jeune homme ou un vieil homme, voire une vieille femme !

Perturbations sur l'idée de « voir »

En groupe, le maître peut faire verbaliser les observations et imaginer d'autres situations identiques. En classe entière, les élèves comparent ce qu'ils semblaient voir avec ce qui est : une même image peut être interprétée de plusieurs façons différentes. D'autres séries d'illusions optiques peuvent permettre de comparer ce qui est *« plus grand »*, *« plus petit »*, *« pareil »* (et faire trouver des méthodes). On peut identifier les différences entre ce qui est et ce qu'on voit. *« Pourquoi y a-t-il des différences ? »*

Dans le schéma ci-dessous, pourquoi a-t-on l'illusion de voir un triangle noir et un triangle blanc ? Il n'existe pourtant que des ronds incomplets et des morceaux d'angle ?

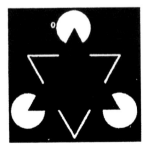

Le maître peut faire travailler sur le contexte. Il peut faire comparer les formes, les couleurs. En classe entière, il peut présenter différents tableaux (ou diapos) et faire discuter sur le thème en

METTRE EN PLACE UN ENVIRONNEMENT DIDACTIQUE

liaison avec l'idée que *« nos sens peuvent nous tromper »*, ou *« qu'une même image peut être interprétée différemment »*.

Le sens de la lecture – simplement l'orientation du dessin le schéma ci-dessous – donne une signification ou une autre.

Que voyez-vous ? Regardez le document dans ce sens, puis faites-le pivoter de 90° vers la droite. Voyez-vous toujours la même chose ?
(Source : A. Giordan, LDES.)

Les rôles du cerveau, de la mémoire et des mécanismes interprétatifs peuvent alors être abordés. En classe Terminale, on peut aller très loin dans l'interprétation. Il est possible d'élaborer un mécanisme de régulation de la vision, clarifiant les multiples niveaux de régulation.

Un modèle peut être élaboré avec les élèves et corroboré par de multiples observations, expériences ou recherches documentaires.

Interférer avec les conceptions

Tout changement de conception, nous l'avons vu, s'opère de façon discontinue et dans une sorte de crise qui peut être, parfois, une crise d'identité, tant l'individu a pu s'investir dans ses actes. L'intervention d'un élément perturbateur conduit l'élève à préciser ou à modifier l'idée qu'il s'est fait du problème, le but à atteindre ou la démarche à mettre en place pour y arriver.

La confrontation de ses propres conceptions avec celles des autres agit sur l'identité cognitive mais d'abord sur l'identité affective. Elle est source de souffrance et suppose de prendre le risque d'une transformation. On retrouve ici les liens avec le relationnel, l'affectif et le cognitif. Quand la perturbation devient trop forte, l'apprenant « bloque » rapidement, sa pensée se fige. Cette transformation ne peut se réaliser sans une certaine confiance en soi et une certaine confiance en l'autre, en celui qui peut faciliter. L'apprenant accepte d'être perturbé s'il fait confiance en l'autre. La perturbation n'est possible que s'il y a assurance d'accompagnement.

Encore une contradiction : l'élève doit se trouver confronté à un certain niveau de perturbation et à un certain niveau d'accompagnement. La connaissance des conceptions des enfants permet à l'enseignant ou au médiateur de concevoir et de choisir les environnements didactiques les mieux adaptées pour faciliter l'accompagnement. Toutefois, il n'est de véritables élaborations de savoirs que par la mobilisation active des ressources intentionnelles, cognitives et métacognitives de l'apprenant en interaction avec un environnement éducatif. Ce qui est propre à l'apprenant est aussi important à prendre en compte que ce qui vient de l'enseignant ou de l'école. Les deux sont également en interaction. Les « erreurs » des élèves peuvent être un des éléments du parcours didactique. Elles peuvent être envisagées comme une ressource et non comme un obstacle.

L'élève doit savoir qu'il a droit à l'erreur, productrice de sens, et avoir la possibilité de l'explorer. Loin d'être un frein, une stratégie de l'erreur est à mettre en place. Certains enseignants, craignant que l'élève ne s'embrouille ou que l'idée fausse s'ancre plus durablement, critiquent une telle voie. Cela n'a pas été confirmé par nos observations. Quand le climat est serein dans la classe, l'erreur n'est plus une faute. On peut juste constater quelque hésitation la première fois que l'élève travaille de la sorte.

Un équilibre didactique

Un équilibre est à envisager. De la même manière, on oublie à la fois ce qui est inutile et trop intense : un traumatisme exagéré ébranlerait notre équilibre. Tout se joue à un « pouième » (!) près. Les arguments qui convainquent sont très divers, ils agissent avec une extrême précision, suivant les individus ou les moments. Tout ne se joue pas sur le seul plan cognitif. À des patients diabétiques, il importe de faire connaître un optimum de diététique. Par des exemples, le médecin leur indique que l'absorption d'aliments apporte différentes quantités de sucres. Par exemple, les poires contiennent 12 % de glucides. Pour des facilités de calcul, nous avons proposé de prendre non pas 12 %, mais 10 %. La diététique fonctionne toujours à ce niveau d'approximation. L'ingénieur, le maçon acceptent sans aucun problème un tel rapprochement. En revanche, un banquier qui « fait fortune » en jouant sur les décimales dans les taux d'intérêt ne prend jamais cet argument au sérieux. Pire, l'enseignant peut se déconsidérer totalement à ses yeux. Toutes ses interventions sont alors décrédibilisées...

Tout est affaire de régulations. Pour apprendre, il faut être perturbé sur ses certitudes ; si on l'est trop, on devient paralysé. L'enseignant doit positionner chaque fois ses arguments par rapport à chaque élève. Il n'est jamais en situation préceptorale. Cela ne doit pas le laisser sans voix, il peut jouer sur des situations différentes[6], il peut favoriser les confrontations entre élèves, il peut fournir à travers des documents écrits des arguments différents aux divers élèves[7], etc.

---

6. Plus on pratique une activité, plus on augmente ses capacités. On diminue les erreurs et le coût du traitement. Une synergie s'installe, le fait de lire amène une amélioration de la lecture qui en retour motive, diminue le coût de compréhension, l'individu lit encore plus.
7. Les informations peuvent entrer en compétition entre elles. Trop d'informations sans une structure pour les différencier ou des informations proches sont confondues au niveau de la réponse.

Pas de panacée

De toute façon, tout élève doit revenir plusieurs fois sur un sujet pour apprendre, il doit l'aborder par différents aspects et l'affiner au contact du quotidien. Comment entrer en une heure de classe dans la pensée de milliers de chercheurs qui ont travaillé des milliers d'heures pour produire un concept? C'est le grand leurre de l'éducation actuelle, le savoir ne peut qu'être dénaturé par de telles pratiques. L'élève doit rencontrer les situations les plus diverses et les exploiter le plus complètement. C'est en dizaine d'heures – en centaine pour les savoirs les plus élaborés – que se compte le temps nécessaire à un apprentissage. Cessons de chercher des recettes en matière d'éducation. Il n'y en a irrémédiablement pas. Arrêtons d'envisager des voies royales, voire des panacées, il n'y en a pas...

Est-ce à dire qu'il n'y a plus d'espoir? Certainement pas. Mais de grâce, arrêtons de nous raconter des histoires. Des stratégies efficaces sont à trouver dans la gestion de la complexité de l'acte d'apprendre.

15

LE MÉTIER D'ENSEIGNANT, DEMAIN

———■———

« Il vaut mieux écouter la forêt qui pousse que l'arbre qui tombe. »
Georg Wilhelm Friedrich Hegel, *Phénoménologie de l'esprit*, 1807.

Au début du XIXᵉ siècle, le cours magistral est une forme très peu usitée. L'enseignement, dans les lycées jésuites, puis napoléoniens, exalte la lecture et les exercices écrits. Une journée de travail standard comporte deux fois plus de temps consacré à l'étude que de cours frontaux. L'exposé du professeur, quand il existe, prend appui sur des textes travaillés au préalable.

Le même siècle voit s'épanouir une autre forme d'enseignement très ouvert: l'enseignement mutuel. Principe: les plus âgés ou les plus compétents des élèves expliquent aux plus jeunes. Bien que discutable, du fait du nombre d'enfants à instruire simultanément, cette pédagogie accorde une grande importance à la médiation par les pairs. Une très large autonomie est proposée aux groupes d'élèves. L'enseignant n'intervient pas directement, mais concentre son activité sur les plus anciens et sur l'organisation générale de la classe.

Ce n'est qu'à la fin du XIXᵉ siècle que les cours frontaux se mettent à proliférer. Avec l'institutionnalisation de l'école et la professionnalisation du métier d'enseignant, ils deviennent la norme incontournable[1].

Le modèle magistral, auquel tout le monde se réfère, est donc d'apparition récente : tout au plus un siècle ! Depuis, aucune tentative n'est parvenue à le détrôner. Avec la « crise » des années quatre-vingt, on a même constaté un retour en force des pédagogies les plus scolaires. L'école s'est recentrée sur les savoirs et sur la parole du maître.

DISTRIBUER LA CONNAISSANCE ?

Pourtant, l'enseignant ne peut plus se contenter de distribuer la connaissance. Le modèle transmissif, nous l'avons vu, est très restrictif. L'enseignant doit créer des situations didactiques qui forcent les confrontations et les prises de sens[2]. Les chapitres précédents ont mis en évidence que seul l'individu apprend. Personne ne peut accomplir un apprentissage à la place d'un autre. C'est l'apprenant qui lui donne un sens.

Seulement, l'individu, même autodidacte, n'apprend pas sans l'Autre, mais grâce ou à cause de l'Autre, parfois contre lui. Cet Autre est évidemment polymorphe. Il peut s'agir d'une personne rencontrée au hasard, un inconnu qui, fortuitement, vous interpelle, ou encore un professionnel qui met à la disposition de l'apprenant tout un dispositif pour lui faciliter l'apprendre. Un mot, une situation déclenchante, un livre prêté, une émulation entre partenaires, une émotion, une forte personnalité, une expression qui éveille, sont autant d'apports incontestables pour apprendre.

Sur chacun de ces aspects, l'enseignant peut être l'homme ou la femme de la situation, celui ou celle qui favorise la rencontre. L'opportunité, nous l'avons dit, est dans la dynamique de l'apprendre. Elle est très complexe et très fragile[3]. Elle doit prendre

---

[1]. Les critiques ne manquèrent pourtant pas, certaines étaient même très féroces. Mais la nouvelle société industrielle souhaitait coûte que coûte développer son école.
[2]. Voir chapitres 7 et 8.
[3]. Voir chapitre 13. Ce n'est jamais par un cours structuré que l'élève apprend. L'erreur que font très souvent parents et enseignants est de croire qu'on peut donner le savoir aux individus. Les apprenants possèdent déjà un éventail de connaissances avant la classe. Le rôle de l'enseignant est de permettre que ce savoir s'exprime pour l'affiner ou le dépasser.

appui sur ce que l'élève connaît et requiert une convergence d'éléments que seul le professionnel a des chances de réunir.

Ensuite, pour structurer l'apprendre, un polycopié, un livre ou, à terme, un multimédia peuvent faire l'affaire. À ce niveau également, l'enseignant joue un rôle prépondérant : il est le mieux placé pour produire un document de qualité. Mais son apport est plus indirect, cette fois.

Toutefois, à travers les idées que nous développons sur l'apprendre, le métier d'enseignant devient tout autre. Du statut de détenteur d'un savoir, dont il distribue quelques aspects suivant une progression prévue *a priori*, l'enseignant accède au rôle d'« intermédiaire » entre les savoirs et l'élève. Inutile de s'en offusquer, ses fonctions ne sont en rien dégradées.

Dans une société dite « de communication », être un médiateur n'est en rien dévalorisant. Bien au contraire, cela facilite, enrichit ou crée les conditions de l'apprendre. Un savoir n'est jamais immédiat : il est le fruit d'une très longue élaboration culturelle. Il a pu demander nombre d'efforts et nombre de détours. Certains savoirs en apparence simples ont nécessité de copieux efforts. L'idée de la fécondation, notamment, a demandé deux siècles, entre le moment où l'on a découvert le spermatozoïde et l'ovule et le moment où l'on a compris leur rôle respectif. Admettre que le cœur n'est pas le siège de la pensée en a pris plus de douze. S'il avait suffi de voir pour comprendre. L'accession à la moindre connaissance n'est jamais spontanée. Elle demande à être facilitée.

LE MAÎTRE, UN DÉCLENCHEUR ?

Chacun d'entre nous a rencontré, au moins une fois dans sa vie, un maître qui, plus ou moins consciemment a su nous mettre en relation avec un savoir. Cela a pu se passer durant un cours. Par ses propos ou son comportement, l'enseignant est parvenu à concerner l'élève sur un contenu, à l'encourager dans une démarche.

Le plus souvent, cet investissement dépasse le cadre du cours. Un renseignement, un conseil ou un document donné en dehors de la classe peut jouer un rôle déterminant. Personne ne le remarque, sauf l'élève. Cet élément sert de catalyseur, en enclenchant un processus.

De telles pratiques, le plus souvent partielles ou spontanées, sont à prendre en compte et à systématiser.

Une capacité s'avère prépondérante : l'enseignant doit disposer d'une bonne écoute. Son intérêt est d'ailleurs double. L'écoute permet à l'enseignant de connaître où en est l'apprenant. Quelles questions se pose-t-il ? Que décode-t-il des enjeux ? Comment raisonne-t-il ? Qu'attend-il de la rencontre avec les savoirs ou avec l'école ?, etc. Autant d'éléments que tout enseignant se doit de décrypter pour préparer ses situations pédagogiques ou conduire sa classe.

Naguère, disait-on, enseigner l'économie ou la gestion exige de connaître intimement ces disciplines. Les années soixante-dix ont pris le contre-pied en avançant que mieux valait connaître Paul, Thomas ou Odile[4]. En fait, cette option est tout autant erronée. C'est l'interaction subtile entre un élève et les savoirs qu'il sied de connaître. En connaissant mieux les élèves et leurs relations aux savoirs, l'enseignant saura trouver les mots, les situations et les arguments adaptés.

Dans ce contexte, sa tâche la plus délicate – nous l'avons vu – est d'être un déclencheur. Par ses questions, ses réactions ou les activités qu'il propose, le maître suscite la curiosité, l'étonnement. Il fait voir le monde, et les phénomènes, sous un jour nouveau. Il met en confiance, aide à prendre conscience et de la distance. Peu importe qu'il parle d'abondance : son écoute, sa présence stimulent et facilitent l'expression, ses interventions aident à repérer les erreurs et les limites des élèves.

Questionneur, donc, mais pas manipulateur. Le maître ne mène pas l'élève vers son propre projet, ses interprétations ou son cheminement, mais doit respecter sa liberté pour lui permettre de trouver sa voie et son autonomie. Il s'affirme éveilleur. Pas question d'attendre un niveau donné pour faire apprendre. L'enseignant peut garantir un temps de questionnement, d'élaboration, de participa-

---

4. Depuis une vingtaine d'année, la société occidentale met en avant l'autonomie de l'individu. Les pratiques sont encore maladroites. Toutefois l'individu commence à prendre confiance en lui. Il n'obéit plus le doigt sur la couture. Il souhaite plus que tout être pris en compte.

tion ou de prise de conscience. Il peut assurer un espace d'interaction avec l'environnement et les acteurs de la situation éducative en facilitant les échanges ou les confrontations.

Un compagnon de route

Ensuite, l'enseignant doit se penser comme un «compagnon de route». Le plus souhaitable est qu'il accompagne l'élève, qu'il progresse avec lui, en lui prodiguant conseils et encouragements, en lui indiquant, habilement, où trouver des données, en l'aidant à formaliser ses idées par le biais de schémas ou de modèles.

Cheminer ensemble ne signifie pas qu'enseignant et apprenant aient intérêt à fusionner. Ce dernier doit toujours conserver le sentiment d'avancer par lui-même. Au final, chacun doit suivre sa route. L'enseignant est d'abord là pour échanger. Il fournit un outil, indique une ressource ou fait le point. En cas de défaillance ou de grandes difficultés, il peut soutenir l'élève[5].

Ces apports spécifiques de la part de l'enseignant n'excluent pas d'autres personnes. Un travail de groupe entre pairs est toujours stimulant. L'enseignant peut le susciter, voire le favoriser. Une émulation qui ne tourne pas à la compétition pour la compétition est toujours la bienvenue. Par ailleurs, l'enseignant ne doit plus se penser comme l'unique détenteur d'un savoir. Il peut suggérer des personnes-ressources à contacter.

Sur de nombreux plans, l'apprendre doit faire appel à des compétences très pointues. Un urbaniste, un sociologue sont les personnes idoines pour approcher la problématique de la ville. L'éboueur et le policier développent des approches spécifiques non moins intéressantes. L'enseignant ne peut plus prétendre posséder seul toutes les compétences requises. En revanche, son apport spécifique est d'identifier qui peut le mieux fournir les démarches requises dans un apprentissage, de les mettre en scène, éventuellement de les traduire.

---

5. D'ailleurs, comment ferait-il autrement avec un grand nombre d'élèves et un décalage d'âge important?

Les contraintes

Mais l'enseignant ne devient pas seulement celui qui permet. Il doit continuer de représenter la contrainte à laquelle l'élève se heurte. De nos jours, un enseignant doit souvent travailler à contre-courant d'une société de simple consommation. Les mass-médias et la publicité incitent les jeunes à une certaine permissivité sur le plan culturel. Ils leur proposent de « se laisser aller » dans des mondes imaginaires et à profiter pleinement du moment présent. Ces aspects sont des éléments possibles, ne serait-ce que pour permettre un démarrage. Ils ne constituent en aucun cas le « must » d'une éducation.

L'enseignant se doit continuellement de mettre l'accent sur l'effort et l'attention inhérents à tout apprentissage. À terme, le décalage entre une offre extérieure plus stimulante et l'école risque de s'accentuer. Pour cette raison, il devient impératif pour les enseignants de devenir des experts dans l'art de motiver. D'autant que l'effort n'exclut pas le plaisir. Les deux peuvent même aller de pair. Les jeunes acceptent très bien les contraintes ou les exigences pourvu qu'elles aient du sens à leurs yeux.

La contrainte, c'est également l'évaluation. L'enseignant est celui qui doit dire à l'élève où il se situe par rapport à un projet personnel ou vis-à-vis d'un contrat social attendu. C'est que l'élève a constamment besoin de repères. Par ailleurs, il souhaite se projeter dans le temps. Être un évaluateur ne signifie pas seulement sanctionner. Une évaluation démarre avec l'explicitation d'un projet et se poursuit dès sa mise en œuvre. Des remédiations en continu, sur la propre démarche de l'élève, permettent de dépasser les difficultés mieux qu'un discours pré-établi.

Sur tous ces plans, l'enseignant facilite le processus par un accompagnement[6]. S'il ne rejette pas systématiquement l'élève quand il se trompe, s'il comprend ses propos quand il est en difficulté,

---

6. Sur le plan pratique, il n'est sans doute pas sain que ce soit la même personne qui facilite le travail de l'élève et celle qui note. Il y a là une confusion des rôles qui tourne vite au blocage. L'évaluation porte toujours une charge affective très forte, elle a un fort impact stimulant dans les apprentissages. Malheureusement dans les pratiques actuelles, l'action de l'évaluateur devient très inhibante pour nombre d'élèves. Elle peut bloquer tout apprentissage pour un temps très long.

l'échec est déjà en partie dépassé. Il en va de même quand l'élève peut clarifier son point de vue en l'exposant à d'autres. En revanche, celui-ci n'apprendra pas s'il se sent jugé d'emblée, s'il travaille sous un regard inquisiteur ou si l'enseignant rejette ce qu'il dit sans prendre le temps d'expliquer pourquoi. Il est dommage que ces pratiques dominantes perdurent, faute d'un minimum de réflexion. Ce sont précisément elles qui diminuent la réussite des apprentissages!

UN TRANSMETTEUR DE DÉSIR

Alors, l'enseignant doit-il se priver d'être un transmetteur? Réponse, et nouveau paradoxe: sûrement pas! L'enseignant se doit toujours d'avoir un «plus» à apporter à l'élève: une expérience, une situation de dépassement, de simples renseignements pratiques, sinon une culture. Ce qu'il doit surtout ne pas se priver de transmettre, c'est un désir.

L'enseignant se doit d'ouvrir, sans avoir cependant la certitude du résultat. S'il doit toujours partir de l'élève, il ne doit pas y rester. Sa tâche prioritaire est de le faire avancer. Pour cela, il doit lui proposer un projet éducatif, le cas échéant le négocier avec lui. L'écueil à éviter est toujours le sentiment de saturation de l'enseignant, en d'autres termes l'ennui qui vient très vite, actuellement.

L'enseignant ne peut pas «vendre» directement un savoir, nous l'avons dénoncé à de multiples reprises, il ne peut permettre à l'apprenant de se l'approprier qu'en le laissant libre d'y adhérer. Nous ne pouvons malheureusement transmettre directement le sens que nous attribuons aux connaissances. Trop de paramètres interfèrent. Seuls les apprenants peuvent élaborer leurs significations propres, compatibles avec ce qu'ils sont. L'enseignant ne peut transmettre qu'un désir par contagion. Le savoir, comme on l'a vu, doit toujours répondre à un besoin ou à une question. Il est nécessaire qu'il comble un ou plusieurs manques ou qu'il se situe dans le prolongement d'un mobile d'action[7].

---

7. Il est certain que tous les individus ont une personnalité différente. La difficulté pour l'enseignant est de découvrir rapidement quels sont les motifs qui animent tel ou tel apprenant. Par bonheur, les mobiles d'action commencent à bien être connus.

Un metteur en scène

Naguère, l'enseignant était le présentateur d'un discours le plus souvent concocté par d'autres. Il pouvait se permettre de « faire » mécaniquement ce qui était proposé par un livre ou un inspecteur. Aujourd'hui, ses pratiques rejoignent celles d'un metteur en scène. Le message est trop complexe pour être instillé directement. Les contraintes de l'apprendre sont trop multiples, trop divergentes pour être préfabriquées à la chaîne. Quand on connaît les difficultés qu'il y a à réunir tous les ingrédients nécessaires à l'apprendre, les doser et les faire évoluer, on voit mal comment il peut en aller autrement[8].

Comment une telle chose est-elle possible ? L'enseignant doit inventer les conditions de l'apprendre. La classe devient alors une pièce de théâtre dont les personnages principaux sont les élèves. Mais, nouveau paradoxe, les élèves doivent en même temps en être les auteurs. Comment ? Le projet doit partir d'eux ; l'action[9], l'argumentation doivent être centrées sur eux. Trop d'enseignants se prennent pour le personnage central de la classe et abusent de leur présence en se mettant seul en scène. Pour accrocher les élèves, par exemple, il s'agit d'évoquer leurs problèmes. C'est en prenant appui sur ces derniers que l'enseignant peut les concerner et les aiguiller vers d'autres dimensions.

Où l'on voit que le métier d'enseignant n'est pas une sinécure, mais une tâche complexe, à la fois psychologique et technique nécessitant du discernement, de l'intuition, des idées et de la rigueur. C'est un métier fatigant où il s'agit d'être en constante évolution. Il demande encore une activité soutenue et une bonne dose de patience.

Le maître doit s'adapter aux situations, gérer des événements inattendus ou encore des élèves en difficultés passagères. Tout à la fois, il doit faire preuve d'inventivité, de prise de décision, de sens des relations humaines et de force de conviction pour favoriser l'implication. Parmi les nouvelles responsabilités qui échoient à l'ensei-

---

8. Quotidiennement, on constate que les élèves qui réussissent ont un environnement qui favorise les investigations. Celui-ci encourage à anticiper les conséquences d'une action et permet de constater les résultats d'une action engagée.
9. Être actif ne signifie pas pour autant être activiste, c'est-à-dire être débordé par son activité. Il faut savoir domestiquer le temps et l'organiser méthodiquement.

gnant, sa personnalité prend une nouvelle dimension. Or, une personnalité n'est jamais monolithique. Elle se cultive au travers de trois facteurs principaux : la maîtrise de soi, la volonté (le travail) et l'enthousiasme.

Dans le contexte actuel, le plus délicat est de conserver une certaine maîtrise des situations difficiles. Cela ne veut pas dire qu'il faille tout régenter. L'enseignant ne se laisse pas emporter par une émotion trop vive ou par la colère. Il prend ses décisions calmement, s'exprime avec conviction et détermination. On peut dominer certaines situations dans la mesure où on se domine soi-même.

Il n'empêche : l'enseignant doit pouvoir extérioriser sa personnalité. La voix, le langage, les expressions corporelles sont autant d'éléments qui comptent. Bien sûr, il est pas question de trop en faire. Les idées doivent être convaincantes. Il s'agit seulement de les véhiculer au moyen de mots choisis pour leur pouvoir évocateur[10]. Ce qui importe par dessus tout est que l'enseignant ait de l'enthousiasme. Ne dit-on pas qu'«il n'y a que la foi qui sauve»? Au-delà de la croyance purement religieuse, l'enseignant qui a cette capacité possède un potentiel, une force qui aimante sa classe vers l'apprendre. Immanquablement, elle emporte la confiance. Cet enthousiasme recèle de plus en lui-même le germe de l'action. Il est une émotion intérieure qui peut devenir contagieuse. Elle dynamise et transcende l'argumentation. L'enthousiasme ne brise jamais l'imaginaire. Il le vivifie.

UN MÉTIER QUI CHANGE

Pas de doute : le métier change profondément et les enseignants vivent plutôt mal cette évolution. On les a recrutés pour une tâche : enseigner l'histoire, la musique ou le français. Et ils sont amenés,

---

10. Contrairement à ce qu'on pense, les jeunes n'apprécient pas forcément que l'enseignant use et abuse de leur langage. Les mots usés, les lieux communs sont à éviter. Il en est de même pour les phrases toutes faites, les mots trop compliqués, précieux ou trop techniques. Un vocabulaire riche et original est toujours apprécié par les élèves. Des mots précis, limpides, des phrases en mouvement qui éveillent l'esprit ou cernent mieux l'action les sensibilisent. Une voix chaude et bien timbrée a toutes les chances de les rassurer et de les accompagner dans leurs démarches.

immanquablement, à en faire d'autres : reconstruire le lien social ou préparer les élèves aux mutations de la société. De plus, ces missions sont constamment remises en question.

La société a des attentes plus fortes à l'endroit de l'école et des maîtres, sans que celles-ci soient toujours très clairement définies. Le politique lui demande toujours « plus » par le biais d'une administration souvent brutale qui impose de nouvelles tâches. La hiérarchie les pressure sans les considérer, sans leur fournir les conditions d'une bonne pratique, voire en continuant à les infantiliser.

Beaucoup d'enseignants sont déboussolés par les multiples réformes (pas toujours fondées) qu'inspecteurs ou ministres successifs leur imposent sans discernement. D'autres deviennent inquiets, se figent dans un modèle dépassé en attendant d'y voir plus clair... ou de partir à la retraite. D'autres encore se sentent trop méprisés ou peu valorisés – le salaire est un bon indicateur – par la société qui les jalouse pour leur sécurité de l'emploi et leurs vacances. Beaucoup se sentent concurrencés par les médias et les nouvelles technologies de communication qui leur donnent un petit air ringard.

De quoi les enseignants ont-ils besoin ? De confiance. Ils possèdent en leur sein des germes d'enthousiasme qui ne demandent qu'à croître et embellir. L'institution se doit de les favoriser. L'enseignant, lui, doit accepter de ne plus se penser comme le spécialiste d'un contenu. Il est d'abord un professionnel de l'interaction éducative ; il est à même d'analyser sa pratique professionnelle aussi bien que le contexte où elle s'exerce. Ses tâches quotidiennes se situent par rapport aux enjeux et aux finalités exprimés par les différents acteurs de la société. En permanence, il prend du recul et modifie ses choix dès que ceux-ci ne tiennent plus la route.

ET LA FORMATION ?

Un tel changement dans le métier est, bien sûr, affaire de formation. La métamorphose des institutions éducatives ne peut se réaliser d'un coup de baguette magique, par décret ministériel ou circulaire administrative. La meilleure des réformes n'a aucune chance de succès si les enseignants ne se sentent pas concernés au premier chef.

L'action propre des acteurs de base est toujours à mettre en avant. Celle-ci passe par une première formation académique et didactique de qualité. Pour l'instant, celle-ci a été peu pensée. Dans chaque discipline, on forme les enseignants comme les futurs chercheurs, mais au rabais. Sur le plan pédagogique, on croit trouver la solution en multipliant les cours de psychologie et de sociologie. On élude tout ce qui est lien entre théories et pratiques scolaires. Mais compte par-dessus tout la formation continue. Les enseignants ont à la fois besoin d'être rassurés et dynamisés. La tâche principale de l'administration est d'abord de restaurer la confiance dans le corps enseignant. Son rôle est également de catalyser les énergies.

L'administration se doit, entre autres, de prendre en considération et de valoriser les enseignants qui innovent avec succès, ce qui est rarement le cas à l'heure actuelle. La création d'équipes de travail dans les établissements est un point de départ incontournable. Une telle stratégie permet déjà une prise de parole par des personnels qui ne l'ont jamais eue. Existe une série de blocages, psychologiques et relationnels, à dépasser dans la profession. Un travail collectif sur certains ressentis doit être entrepris : ils peuvent porter sur l'ennui d'enseigner qui se répand insidieusement au bout de longues années de pratiques.

D'autres passages obligés sont tout aussi pragmatiques : la violence à l'école et ce qu'elle recouvre, ce que l'on nomme rapidement la discipline ou encore la difficulté de noter, etc. Tous sont des aspects face auxquels les enseignants se sentent complètement démunis. Le changement des attentes des élèves, leurs nouveaux rapports à l'école, leurs attitudes différentes vis-à-vis de la connaissance ou à l'autorité sont d'autres points à approfondir pour des enseignants du secondaire.

L'exercice de la profession ne peut plus rester solitaire. Une réflexion collective devient prioritaire. Chaque enseignant doit être à l'initiative de choix pédagogiques partagés par une équipe ou un établissement. L'élève n'apprend pas dans une seule discipline. Les savoirs importants sont transversaux aux matières habituelles du programme. Les transformations du système éducatif demandent à être travaillées au plus près des problèmes.

Innovation et évaluation

Malgré toutes ces difficultés, les innovations prolifèrent dans l'enseignement depuis une dizaine d'années. De multiples projets sont conçus et réalisés dans les domaines de l'environnement, de la robotique, de la santé et de la citoyenneté. Des ouvertures sont apportées par des intervenants extérieurs les plus divers (des Petits débrouillards pour les sciences, aux urbanistes et aux artistes). Des structures nouvelles offrent leurs services, comme la Cité des enfants, les centres d'environnement ou les collectivités locales. Une ville comme Parthenay, des entreprises (en particulier québécoises) mettent à disposition de l'école de multiples moyens propices à renouveler les pratiques scolaires. L'enseignement professionnel est particulièrement en avance sur ce plan ; il a même entrepris de réformer ses épreuves d'évaluation au baccalauréat. Ces initiatives sont malheureusement mal connues du gros des enseignants comme du grand public. Montrer que l'on peut introduire d'autres pratiques pédagogiques, donner une assurance dans la possibilité de faire évoluer le système éducatif sont à la racine d'un processus de changement.

Toutefois, ces initiatives innovantes devraient aller de pair avec un processus d'évaluation. Les résultats des expériences pédagogiques ne sont pas suffisamment analysées. L'innovation peut devenir une fuite en avant comme l'est le changement pour le changement en politique. Un simple bilan serait déjà très utile pour repérer ce qui a « marché ». L'enseignant a besoin de prendre conscience des décalages entre ce qu'il veut faire, ce qu'il croit faire, ce qu'il fait réellement et l'impact de ses actions. Une évaluation plus complète peut être intégrée dans le processus même de l'innovation. Elle enrichit alors les pratiques enseignantes par un processus de formation continue intégré.

Un tel processus d'évaluation démarre par une explicitation du projet et une hiérarchisation des objectifs. S'agit-il de faire passer un savoir ou une approche d'une discipline ? De développer une attitude, une démarche d'investigation ou, au contraire, de mettre en place une sensibilité ? etc. Les projets éducatifs sont souvent trop ambitieux par rapport aux moyens à disposition de l'enseignant ou de son équipe.

Une évaluation précise permet de prendre en compte les attentes, les demandes, les questions des publics. Déjà, elle rapproche l'enseignant de «son» public avant même le démarrage des activités; elle cible les cadres de références et les mécanismes de compréhension des publics concernés. En injectant des concepts trop tôt à des enfants mal préparés, l'enseignant bloque leur apprentissage. De même, une évaluation le rend attentif à la singularité des démarches et au langage propre à sa discipline en résonance avec l'élève.

Certaines innovations pédagogiques font plus de mal que de bien. On l'a vu avec l'introduction imposée des mathématiques nouvelles, de la programmation assistée par ordinateur ou encore au travers de la nouvelle linguistique ou de certains projets en technologie. Les élèves sont décontenancés, l'enseignant doit les laisser résoudre les questions et en même temps mettre à disposition des outils intellectuels pour les faire avancer le plus possible. Une telle démarche aide l'enseignant à préciser le niveau d'exigence qu'il recherche dans la poursuite de ces objectifs, à définir les divers éléments de sa présentation (scénarios, panneaux, activités) ou encore à choisir des composantes particulières (métaphores, analogies, modèles).

Les «bons projets» devraient ensuite être collectés et valorisés. Ils pourraient être mis à disposition sous forme de bourses d'échanges d'expériences dans un centre de ressources ou sur un réseau du type Internet, et devenir un des éléments moteurs de la formation. Les personnes à l'origine d'innovations y trouveraient matière à analyse. Les nouveaux y puiseraient une somme d'idées et de pratiques autres.

Des personnes ressources extérieures, des formateurs de formateurs, ont alors leur place pour favoriser une prise de recul, pour aider à conceptualiser ce qui s'est passé ou encore pour faire imaginer d'autres solutions alternatives aux difficultés rencontrées. L'éducation à l'image des autres pratiques humaines se doit d'avoir une histoire. On ne peut plus se permettre de recommencer sans cesse les mêmes erreurs ou de réinventer en permanence la roue, parce que ce qui se fait n'est pas connu! Une nouvelle culture de l'école peut se mettre en place en engrangeant les problèmes rencontrés et les solutions appropriées.

16

VERS UNE ÉDUCATION INTÉGRÉE

---■---

> « Je rêve d'une école où la punition
> serait d'être privé d'assister aux cours. »
> Sacha Guitry, *Pasteur*, 1919.

Un nouveau citoyen n'est pas l'enfant d'un miracle, il est le fruit d'une histoire relayée de génération en génération. Au fil des siècles, l'humanité a accumulé un héritage culturel colossal, qui n'a cessé d'augmenter depuis une cinquantaine d'années. Seulement, notre société bute sur un vrai problème : elle ne sait ni transmettre, ni vendre « industriellement » ce legs merveilleux. L'école et les lieux de culture « calent » sur la diffusion de masse, et la télévision ne tient pas le rôle qu'on attend d'elle.

L'école dispose pourtant de tous les atouts possibles pour fonctionner comme une institution efficace. Mais, obnubilée par la présentation de savoirs plus que par la démarche qui les produit, elle n'est toujours pas devenue un lieu pour apprendre. De plus, une certaine dogmatisation la ronge ; les programmes scolaires livrent des contenus « démontés » et presque aseptisés. Les connaissances sont enseignées sans lien avec les questions fondamentales qui les sous-tendent. Les méthodes restent ritualisées et occultent les processus intellectuels qui les fondent.

Ligoté à la tradition de chaque discipline, l'enseignement ignore l'élève. Souvent, il faut bien le dénoncer, il sécrète du désintérêt, voire de l'exclusion. Les pédagogies en usage brident la curiosité, la motivation et la créativité. L'élève retient ponctuellement, puis applique mécaniquement. L'école est devenue un lieu de certification. On vient y faire reconnaître ses mérites. D'où la multiplication des cours privés ou des séjours linguistiques en parallèle[1].

À ce rythme, l'école prend du retard sur la société. Non qu'elle ne réponde pas à la demande sociale[2], bien au contraire, mais celle-ci devient trop forte par rapport aux potentialités de l'institution.

DES RÉFORMES SYSTÉMIQUES

Le grand écart est complet! Jamais nos sociétés n'ont cultivé à ce point l'élitisme. Il ne peut plus être question de réformette. C'est une transformation de fond du système qu'il s'agit d'opérer. Deux aspects font priorité: quoi (et pourquoi) faire apprendre à l'orée du XXIe siècle, et non pas «quoi enseigner?» comme le propose un ministre français de l'éducation? Et comment faire apprendre pour obtenir un «optimum d'appropriation éducatif» par les élèves? Actuellement, que d'exigences, que de temps, que de moyens déployés pour des acquisitions si superficielles, si fugaces et si peu adaptées à notre époque...

Concernant la deuxième question, nous avons envisagé, dans les chapitres précédents, toute une série d'évolutions possibles dans les pratiques et les activités pédagogiques comme dans les fonctions de l'enseignant[3]. Mais cela ne peut suffire. C'est l'organisation de l'école qui est à repenser. Paradoxe supplémentaire: elle ne peut se réaliser à coup de réformes! Les stratégies à adopter pour transformer les structures éducatives doivent être pensées comme un sys-

---

1. Nombre d'enseignants s'essaient à autres «choses». Nous développons cette idée à plusieurs reprises mais ils sont encore une petite minorité. Nombres d'autres seraient prêts à se lancer s'ils étaient encouragés. Les difficultés ne viennent pas d'eux.
2. L'attente sociale reste largement implicite, faute de réels débats sur l'école dans la société.
3. Sur le plan du contenu, voir la Conclusion, nous y esquissons quelques réflexions.

tème. Modifier un seul aspect de l'école, sans toucher au reste, n'engendrerait aucun changement réel et durable. Changer les méthodes d'enseignement sans modifier l'organisation du temps scolaire ou les conditions de travail des maîtres ne débboucherait sur rien...

Pour commencer, un décapage à la base est prioritaire. Les disciplines enseignées ne peuvent rester à l'identique. Elles traduisent un découpage obsolète du savoir, tel qu'on l'envisageait à la fin du siècle dernier. Une approche historique de l'éducation offrirait quelque clarté et éviterait bien des crispations. Les matières enseignées, telles que nous les connaissons, n'ont rien de naturel, ni dans leur dénomination, ni dans leur contenu. Au début du siècle précédent, les Frères des Écoles Chrétiennes, très novateurs, ne consacraient aux mathématiques que deux leçons... d'une demi-heure par semaine, réservées à la seule arithmétique. Il fallut attendre les profondes réformes de 1833, réalisées par le Ministre Guizot, pour que soient introduits les premiers *« éléments du calcul et le système légal des poids et des mesures »*[4]. En 1851, le règlement recommandait encore à l'instituteur de dégager l'enseignement du calcul *« de toute théorie trop abstraite et de se borner aux principes indispensables pour la pratique des (quatre) opérations »* ! Jusqu'en 1945, les mathématiques – et quelles mathématiques ! – ont occupé une place excessivement modeste.

La première mesure officielle pour introduire la gymnastique fut l'article 23 de la loi Falloux de 1850. Certes, cette discipline restait facultative, mais elle imprégna l'école avant des *« éléments d'histoire et de la géographie de la France »* qui n'apparurent qu'en 1867 avec Victor Duruy. C'est également cette loi qui admit les premières *« notions des sciences physiques et de l'histoire naturelle, applicables aux usages de la vie »*.

Le tronçonnage du savoir que nous connaissons est établi par le décret relatif à l'exécution de la loi du 30 octobre 1886, paru le 18 janvier 1887. Il y a donc tout juste un peu plus de cent ans. Il précise que l'instruction primaire comprend : *« l'enseignement moral et civique, la lecture et l'écriture, la langue française, le calcul et le système métrique, l'histoire et la géographie [...], les leçons de choses et les premières*

---

4. À cette date, sont aussi introduits les premiers éléments de grammaire.

notions scientifiques, principalement dans leurs applications à l'agriculture, les éléments du chant, du dessin et du travail manuel et les exercices gymnastique et militaires. » Au primaire supérieur – préfiguration du collège – étaient enseignés en plus «*l'arithmétique appliquée, le calcul algébrique et la géométrie, les règles de comptabilité usuelle et de la tenue des livres, le dessin géométrique, d'ornement et le modelage, les notions d'histoire de la littérature, les notions de droit usuel et d'économie politique, l'histoire générale, les langues vivantes, le travail du bois et du fer (pour les garçons), les travaux à l'aiguille, la coupe et l'assemblage (pour les filles)*». Au même moment, disparaissaient la rhétorique, l'instruction religieuse ou encore le latin que nombre de jeunes enfants apprenaient pratiquement avant leur langue maternelle. Depuis rien n'a changé, ou presque.

Les disciplines, un phénomène sociologique

Le cloisonnement en disciplines est clairement un phénomène sociologiquement daté. Ce découpage, et les programmes qui en découlent, est intimement ancré dans une mentalité universitaire née au milieu du XIXe siècle. Il prend pour référence le savoir tel qu'il était présenté à cette époque. Encore fallait-il que les universitaires y trouvent un intérêt majeur : un débouché pour leurs études, leurs étudiants, leurs ouvrages et aucune concurrence déloyale. Les corps professoraux de médecine et de droit se sont toujours opposés à l'enseignement de leur discipline. Ils craignaient pour leur clientèle !

Une telle partition du savoir n'a pas été négligeable ; elle a professionnalisé plusieurs secteurs et permis des avancées certaines dans la connaissance. Malheureusement, des pans entiers des savoirs contemporains restent ignorés ou maltraités. Qu'enseigne-t-on sur la santé, l'environnement, l'aménagement de l'espace, la connaissance du cinéma, la télévision, la culture de l'image en général, la sémiotique, et tout ce qui a trait aux mondes de l'image, de la presse ou des médias ? La culture des techniques, la production industrielle, etc., sont toujours dévalorisées, méprisées ou limitées à quelques secteurs professionnels. Pourtant, quoi de plus actuel que ces différents domaines ? De même, on n'aborde jamais avec sérieux, ou si peu, dans les classes terminales, l'économie, l'éthique, l'épistémologie. La consommation, le droit, l'architecture, la stratégie, la sociologie, la psychologie individuelle et de groupe, l'analyse des institutions, l'anthropologie, l'histoire des idées dont celle des mythes, des croyances ou des sciences et des techniques, etc., sont totalement éludés.

Cette division laisse subsister des lacunes inadmissibles dans les démarches. Les savoir-faire censés être enseignés par tout le monde finissent par n'être enseignés par personne. C'est le cas des techniques de travail (l'usage des dictionnaires, l'apprentissage de la lecture rapide, la prise de notes et les règles d'exposition ou d'argumentation, etc.). D'autres ne sont jamais pris en compte car ils n'entrent dans aucune démarche disciplinaire classique. Les approches nouvelles, comme l'analyse systémique, la pragmatique et même la simulation ne font pas encore l'objet d'enseignements systématiques.

Les problèmes actuels, ceux auxquels sont ou seront confrontés les individus, ne se posent plus à l'intérieur d'une seule discipline. La recherche de solutions demande d'articuler des approches ou des savoirs qui ont vu le jour dans des domaines très divers. Les idées porteuses ne naissent plus au sein des disciplines classiques, elles voyagent entre les disciplines ou s'élaborent aux frontières.

UNE LECTURE TRANSVERSALE

Le difficile problème de transfert de culture que nous évoquions au début de ce chapitre ne peut se résoudre par des « thèmes d'intérêts » ou la simple concertation entre enseignants, comme certains le promeuvent actuellement. On ne peut supprimer les disciplines d'un trait de plume. Elles continuent de baliser le savoir ; les enseignants ont dans leur « tête » cette grille de lecture du monde. Cependant, les contenus actuels des disciplines peuvent être lus transversalement. L'objectif de chaque matière enseignée ne serait plus l'abondance de ses savoirs spécifiques ou son existence, saupoudrée à tous les niveaux scolaires. Ce qui doit devenir prépondérant, c'est sa contribution pour une « appropriation ». En d'autres termes, chaque discipline ne devrait plus être enseignée pour elle-même, pour ses objectifs propres, mais pour ses apports à un projet partagé au sein d'un établissement scolaire...

Mais s'attaquer au seul programme par disciplines serait stérile. À terme, il s'agit plutôt de sortir du sempiternel cadre organisateur de l'école : « une discipline – un cours – une heure – un enseignant ». Ce schéma est tellement présent qu'il prend place dès l'école primaire ; l'enseignant, pourtant polyvalent, est tour à tour un spécialiste au service de chaque discipline.

Ce saupoudrage horaire donne aux élèves trop peu de temps pour s'investir dans une tâche ou un projet. La pratique de l'heure de cours conduit l'élève à « zapper ». Il ne peut être créatif. Il doit commencer et recommencer sans cesse des apprentissages et les interrompre aussitôt, six à sept fois dans la même journée. Les temps de réflexion individuelle, le travail de groupe ou le contact personnalisé avec l'enseignant sont réduits à la portion congrue. Ce saucissonnage conduit l'élève à se disperser. Sa motivation et son attention se diluent. L'enseignant doit reprendre tout à zéro ou presque chaque fois. Comment peut-il remotiver sans cesse ?

L'emploi du temps est ainsi un autre pivot de l'organisation de l'école auquel il faut s'atteler en priorité. Il règle l'enseignement de toutes les disciplines scolaires ainsi que la vie de l'établissement. C'est une véritable tradition[5] et comme toute tradition, en sortir est ardu. Pourtant, l'heure de cours n'est pas adaptée à l'apprendre. L'organisation scolaire doit laisser du temps à l'élève pour ancrer une motivation et pour donner une certaine « épaisseur » à un contenu de savoir. Elle doit ménager des espaces pour approfondir chaque projet.

Par ailleurs, une diversité de moments, de durée variable, rompt la monotonie du rituel scolaire et muscle l'intérêt. L'enseignement actuel des langues étrangères, au travers d'un tel découpage, est particulièrement fâcheux, et son efficacité des plus contestables. Un pur gâchis en temps et en efforts pour les enseignants, et en argent pour la société. Aucun « bain » dans la langue ne peut être réalisé au travers de quelques heures éparpillées dans la semaine. Des stages, ou mieux des échanges notamment à l'échelle européenne, amélioreraient notablement la situation. Ils permettraient, dans le même

---

5. Cette tradition est également récente, seulement une centaine d'années.

temps, de relier la géographie, l'histoire, la culture et les modes de vie. Il résoudrait enfin un des débats actuels : doit-on privilégier la simple communication ou l'approche d'une civilisation ?

Concrètement en classe

Plusieurs pistes sont possibles pour envisager une telle évolution dans l'école. L'important est de passer d'une organisation répétitive et formelle à une organisation du temps mobile et adaptée. Des séquences à durée variable, de quelques minutes pour une consultation à des demi-journées pour mener à bien une activité ou un atelier en commun peuvent être introduites. Des « stages », c'est-à-dire des durées longues de plusieurs jours, sont à prévoir pour favoriser une immersion[6] indispensable en matière de langue ou pour mener à bien un projet.

Les brillantes études sur le soi-disant « temps d'attention » des élèves sont à repenser Dans un contexte traditionnel, l'attention d'un enfant peut être très réduite : de l'ordre de quelques minutes. Tout change dès que l'activité éducative repose sur des enjeux ou un intérêt. Les enfants peuvent jouer des heures entières sur trois fois rien, les adolescents passent des journées complètes sur les mêmes jeux électroniques. Nous avons retenu l'intérêt d'enfants d'école maternelle pendant des après-midi sur une même suite d'investigations. Il a suffi de créer l'intrigue ou le défi et de varier les activités avec la classe.

La salle de classe elle-même et, par extension, l'établissement scolaire tout entier, doivent pouvoir être vécus autrement par les élèves. Ils ne peuvent plus rester impersonnels, comme c'est trop souvent le cas. L'aménagement des salles, l'atmosphère du collège ou du lycée doivent refléter les activités qui s'y déroulent. Les écoles primaires, surtout les écoles maternelles, sont, à cet égard, en avance. La conception traditionnelle a été abandonnée. Le décor, pimpant, donne envie d'apprendre. Les tables ne sont plus alignées face au tableau noir et à l'estrade, où trône le bureau du maître. Freinet,

---

6. Pour « gagner » du temps, certaines disciplines peuvent être pratiquées dans une autre langue.

l'innovateur, avait eu un geste symbolique pour introduire ces innovations pédagogiques, il avait brûlé l'estrade ! Une disposition en atelier ou en laboratoire est plus riche de significations pour l'élève. La classe devient le lieu où l'on travaille en commun. Des tables légères peuvent tour à tour faciliter le travail de groupe ou la confrontation. Il est possible de concevoir la classe avec des lieux spécialisés. L'école maternelle comporte des « espaces » pour la lecture, les jeux ou les sciences. Une telle organisation peut être mise en place au lycée, pour les sciences, la géographie ou d'autres disciplines.

Les formules, même dans le secondaire, sont multiples. La salle de classe peut finir par éclater en devenant un espace pluriel où travaillent plusieurs groupes d'élèves sous la houlette d'une équipe d'enseignants. On peut encore concevoir de grands « lieux de savoirs » dotés d'espaces de documentation et d'investigation spécialisés. On peut y accoler de petits lieux où des élèves visionneraient en commun des documents et des lieux plus grands réservés à des présentations ou des confrontations. Le principe même de la classe peut être repensé.

Depuis la fin du XIXe siècle, on formule des classes par niveaux d'âge et pour l'ensemble des cours. Rien n'empêche de concevoir des classes par niveau de compétences, variable suivant les matières ou les activités. Chaque enfant avance plus facilement à son propre rythme. Sans se sentir en échec, il pourra se trouver suivant ses résultats dans un groupe difficile en mathématiques et dans un groupe de soutien à effectif réduit en français. On peut aller plus loin et organiser des ateliers sur un intérêt ou sur un niveau de capacité, sans tenir compte de l'âge.

LES CONTRATS DE SAVOIR

Voilà un autre paradoxe que l'école a encore à gérer. Elle doit, tout à la fois, favoriser les conditions d'une autodidaxie et permettre à l'apprenant de se frotter à des contextes porteurs de sens, où l'enseignant intervient comme interface entre les savoirs et l'apprenant. Comment créer au plus vite les conditions d'un auto-apprentissage ? En réduisant sûrement le nombre d'heures et les lieux où l'élève reste passif, à la simple écoute d'un enseignant déversant des informations. Nombre d'élèves terminent leurs études à coup d'acharnement pédagogique qui les dissuadent, pour longtemps, d'utiliser les connaissances engrangées par la suite. L'école se flatterait d'engager les élèves dans des activités d'investigation, d'élaboration et de production. Mieux vaudrait aborder moins de notions, mais permettre aux élèves de se représenter à quoi elles correspondent. Mieux vaudrait mémoriser moins de formules, mais arriver à comprendre les questions qui les ont fait naître, les situations quotidiennes qui les rendent pertinentes.

Pour cela, l'approche de situations réelles ou des travaux sur projet – que nous préférons appeler sous contrat – peuvent être introduits. Certains sont devenus des classiques comme « monter » ou écrire une pièce de théâtre, entreprendre un défi pour l'environnement (sur les transports individuels ou communs, le bruit, recycler des ordures, habiter en banlieue, les jeunes, consommer...), rédiger un journal de l'école, organiser une manifestation pour sensibiliser à un problème ou approcher une question de réflexion sur la vie (« vivre ensemble », « être amis », l'exclusion, etc.).

D'autres sont plus audacieux, qui peuvent conduire à collaborer avec des entreprises pour la réalisation d'un robot compétitif sur le plan industriel. Les lycées professionnels sont très créatifs et en avance en matière d'innovations. Le contrat peut être un audit sur les pollutions du laboratoire de chimie, l'implantation d'une centrale solaire sur le toit ou encore la réalisation d'une voiture solaire et son engagement dans la Transaustralienne !

PROJET ET PROJET

Mais il y a projet et projet. Trop souvent, le projet est un leurre utilisé par le maître pour « vendre » sa pédagogie habituelle. Le plus possible, il faut partir des élèves, de leurs propositions immédiates, individuelles ou collectives. Un premier temps doit être consacré à l'explicitation de l'idée. À défaut, l'équipe d'enseignants doit introduire des activités pour faire partager l'idée. Son émergence progressive est le point de départ indispensable de l'autoformation. L'organisation doit devenir de toute façon participative. Ce qui est mis en avant est un apprentissage critique qui engage dans un processus de conscientisation ou de transformation de perspectives.

Un projet débouchant sur des actions concrètes ou s'appuyant sur l'actualité est particulièrement porteur. Toutefois, il s'agit de ne pas le limiter à la seule production. Des situations doivent conduire l'apprenant à prendre du recul. Ce dernier doit pouvoir prendre le temps de comprendre et de peaufiner les stratégies. Le projet devient vraiment mobilisateur quand les élèves ont la possibilité de réfléchir sur l'action entreprise, la capacité à coopérer et à négocier ou à prendre des responsabilités dans l'élaboration des stratégies.

Dans une pédagogie de contrat, les disciplines sont au service du projet[7]. Une discipline n'est plus considérée comme une fin en soi mais comme un outil pour comprendre ou orienter l'action. Le décloisonnement peut être favorisé de multiples façons et un même projet travaillé dans différentes disciplines à la suite. Il peut se réaliser dans une discipline particulière, les autres branches apportant partiellement des éclairages spécifiques. Une étude sur les risques conduit à travailler en classe sur les probabilités en mathématiques, les conséquences corporelles en biologie, les types de risques suivant les produits (plastique, chlore…) en chimie. Il peut être complété par une identification des risques dans l'école. L'établissement change alors de statut : il devient à son tour un objet d'investigation. Pour mener à bien une telle étude, le centre de documentation peut fournir une partie du matériel nécessaire.

L'identification des risques peut demander le concours de professionnels (médecins, électriciens, pompiers, protection civile…). On peut également généraliser des plages horaires sous forme d'ateliers (deux après-midi par semaine, par exemple) ou banaliser une ou plusieurs semaines. Il ne faut pas non plus négliger les formules « stages », comme nous l'indiquions plus haut. Une étude sur les risques peut déboucher sur une exposition à l'extérieur. L'évaluation, la gestion ou la communication des risques contribuent à ouvrir l'école sur l'actualité et sur la Cité. Ce va et vient stimule la capacité d'analyse critique des élèves et les conduit à prendre des décisions plus averties quant à la gestion des risques environnementaux, entre autres.

---

7. Les disciplines peuvent déjà être envisagées autrement en formation. Leur contenu devrait être transposé pour répondre aux projets. Ce point est dramatique dans les centres de formation d'enseignants.

Les échanges de savoirs

Dans le même temps, l'école peut réserver une place plus importante à l'auto-enseignement. Transmettre un savoir est un excellent moyen pour l'appréhender. Les enseignants savent bien que c'est lorsqu'ils ont dû enseigner certains sujets qu'ils ont réellement commencé à les comprendre. Une telle pratique peut se réaliser en donnant la possibilité aux élèves de présenter leurs travaux. L'exposé, la petite publication à disposition ou l'exposition sont les médias les plus usités.

Les plus anciens peuvent prendre en tutorat les plus jeunes. Ceux qui savent sont en mesure d'apporter un soutien aux élèves en grande difficulté dans une discipline. On peut envisager l'introduction de réseaux de partages de savoirs entre les élèves. Une bourse d'échanges peut être organisée : chaque élève, à fois « offreur » et « demandeur », indique les points qu'il maîtrise, peu ou prou, et ceux qu'il souhaite connaître. Quand une telle structure s'édifie, on voit très rapidement combien les programmes traditionnels paraissent dérisoires au regard des questions d'actualité ou aux préoccupations des individus. L'élève peut offrir un cours de hip-hop en échange de l'approche philosophique de Descartes, une animation sur les nouvelles technologies de communication contre des travaux pratiques sur les probabilités, etc. Cette seule approche suffit à sortir l'élève de sa passivité et à positiver l'image du collège et du lycée.

Des coopérations entre élèves d'établissements scolaires différents peuvent, de la même manière, se mettre en place. Historiquement, la correspondance scolaire remonte au début de l'école obligatoire. Par le fax et, surtout, grâce au réseau Internet, se sont multipliées des collaborations, soit pour des recherches documentaires, soit par intérêts sur un sujet d'étude, soit encore pour des échanges linguistiques. Nombre d'enfants en difficulté retrouvent à travers ces échanges un intérêt pour la lecture et l'écriture, voire pour l'apprentissage des langues étrangères parce qu'il faut bien communiquer.

Cette coopération peut ne pas rester seulement virtuelle. Pour la réalisation d'un spectacle, plusieurs classes de plusieurs établissement peuvent interagir. Des classes de lycées professionnels peuvent être associées pour des apports techniques. Elles peuvent intervenir pour la réalisation des costumes, des maquillages, sur la sonorisation, l'éclairage ou la préparation d'une tournée !

LES APPORTS EXTÉRIEURS

Mais l'école n'est plus le seul lieu où l'on apprend. Depuis longtemps, des enseignants intègrent dans leurs cours des visites d'expositions, des séances de cinéma ou de théâtre, des rencontres avec des spécialistes. Plus récemment, ont fleuri les classes transplantées à la neige, à la mer ou dans un parc régional. Concomitamment, le travail concerté avec des clubs, des associations de tout ordre ou encore des contrats d'études avec des laboratoires de recherche ont été initiés.

L'école ne devrait plus ignorer les réalisations du monde du travail. Il ne viendrait à l'esprit de personne de nier le contenu culturel des pratiques et des objets de l'industrie issus des civilisations pré-historiques ou historiques. Pourtant, les formes industrielles actuelles sont profondément occultées ou ne font l'objet que de présentations rapides, de type « vitrine » d'une entreprise. On redoute une professionnalisation précoce.

Les productions, les conditions de travail, les relations milieu industriel-milieu social font pourtant partie des savoirs de référence de notre époque. Nombre de projets pourraient porter sur la conception, les processus de fabrication ou sur les usages des objets techniques actuels ou encore sur l'histoire et la sociologie des appareils en usage dans le quotidien. La prise de conscience d'objets « proches » – comme le baladeur, le téléphone portable ou le four à micro-ondes – l'approche réfléchie de techniques quotidiennes (le magnétoscope), les mutations technologiques prévisibles (les réseaux de type Internet), l'approche des technologies de pointe et du futur, avec leurs incidences sociales, économiques, éthiques, ou encore les modalités des messages industriels (publicité, mode d'emploi, etc.) sont des possibles pédagogiques pour inscrire l'école dans l'époque.

Médias et multimédias

Par ailleurs, les médias (presse et télévision) fournissent une multitude d'informations aux apprenants. Avec la multiplication des canaux et le développement des banques d'images, il est possible d'accéder à une quantité de reportages ou de documentaires remarquables. Les passages « directs » sont certes tardifs, mais des « cours » de télévision et l'emploi plus fréquent de magnétoscopes à l'école résoudraient facilement la question. Deux conditions sont à prendre en compte : ne pas lire au premier niveau les émissions « de grande écoute » et ne pas rester passif devant la petite lucarne. Apprendre à lire des images devient une urgence. La grammaire de l'image et celle du montage d'images devraient faire partie des études obligatoires. En France, les billets d'Alain Joannès dans *Télescope* ou une émission sur La Cinq sont essentiels pour décoder la signification des images. Construits à partir de l'actualité immédiate, les uns et les autres renvoient à des questions de base : pourquoi ces images, à ce moment précis ? Qui a décidé de les passer, avec quel projet ? Pour faire passer quel message ?

Chose surprenante, bien qu'iconoclaste aux yeux de nombreux parents et enseignants, est l'étude des « sit-com » à succès. Chaque fois que nous l'avons entreprise avec des élèves, un intérêt formateur remarquable en est ressorti. Les élèves découvrent les mécanismes et les ingrédients qui font qu'une émission rencontre un public. De même, la production d'images, le petit reportage avec un camescope et une table de montage, par les élèves eux-mêmes ou via l'introduction d'un mini-studio dans les écoles, pour réaliser un journal télévisé de l'école ou du quartier, est une autre manière de démystifier et de comprendre par la télévision. Les élèves découvrent le travail de sélection effectué. Ils peuvent s'interroger sur le choix des informations ou la naissance des rumeurs.

Les réseaux et les bases de données

À terme, les divers compact-discs, les bases de données et les réseaux type Internet vont encore augmenter les possibilités de s'enrichir culturellement hors de l'école. Grâce à Internet, les élèves peuvent accéder à une multitude de sites, interroger les administrations locales ou correspondre avec des jeunes situés aux antipodes. Le résultat n'est cependant pas automatique. Les élèves y trouvent des documents à la carte, ils récupèrent certes, en temps réel des données et des images. Mais ils doivent apprendre à recueillir les informations, les sélectionner, les trier, les hiérarchiser et à les mettre en perspective. Ils doivent maîtriser la lecture en hypertexte, choisir les mots-clefs adéquats pour les moteurs de recherche ou encore repérer des cheminements multiples dans les données. Ils doivent aussi avoir suffisamment de recul ou opérer des recoupements pour connaître la validité ou la fiabilité d'un document.

Les nouvelles technologies ne sont pas les seules dynamiques propres à transformer la raison d'être de l'école. Les musées, les multimédiathèques, les centres de ressources (de proximité ou à distance) et autres « lieux de savoirs » en projet vont concurrencer l'école sur son propre terrain : l'appropriation des connaissances. Tous ces lieux mettent à disposition des données d'une manière plus attrayante. L'enseignant « standard » se trouve dépossédé, il ne peut rivaliser, armé de sa craie et planté devant le tableau noir, avec les images de synthèse ou d'autres mises en scène de toute nature.

Une autre initiative va provoquer un changement plus radical dont cette institution devra tenir compte : les réseaux d'échanges de savoirs. Actuellement, le mouvement est dans le berceau. Il est surtout implanté dans les banlieues et concerne le plus souvent des personnes au chômage.

Cette forme d'échanges, brillamment popularisée par Claire et Marc Héber-Suffren[8], se développe très rapidement de par son intérêt et son efficacité. Beaucoup d'individus cassés par l'école actuelle y retrouvent un nouveau souffle pour apprendre. Contrairement aux systèmes d'échanges locaux qui sont une autre forme d'échanges entre individus, y compris de savoir, les réseaux d'échanges de savoirs fonctionnent sans monnaie. Le principe est très simple : chaque individu peut s'inscrire dans un atelier sur un thème ou un projet donné. En retour, il doit proposer une offre : un « enseignement » ou l'animation d'un autre atelier. Savoirs, savoir-faire et même savoirs pratiques peu-

---

8. Claire et Marc Héber-Suffren, *Échanger les savoirs*, Éditions Desclée de Brouwer, 1992.

vent être partagés. On recherche quelqu'un qui propose une étude critique sur Kant, Descartes ou Kirkegaard. En échange, on offre d'animer un groupe de personnes sur la cuisine pakistanaise, le rap ou l'enseignement du langage Java, suivant ses compétences.

Dans ces réseaux, chacun est à la fois celui qui sait et celui qui ne sait pas, celui qui enseigne et celui qui apprend. Se découvrir porteur de savoirs est un bon moyen pour «reconstruire» son identité et changer son regard sur soi. Une plus forte motivation pour apprendre surgit. Dans le même temps, on apprend directement en contact avec celui qui sait sur un mode de compagnonnage et l'on apprend pour enseigner...

Et l'école, alors ?

Ces nouveaux possibles, au travers desquels les élèves peuvent apprendre beaucoup, ne sont pas non plus des panacées. L'appropriation, grâce aux médias ou aux multimédias, manque le plus souvent de cohérence et de structure. Les individus ont l'impression de connaître parce qu'ils ont entendu ou vu, mais ils accumulent une masse de données souvent sans perspective. Ils ne savent pas à quoi les rattacher, il n'ont pas de «colonne vertébrale», de points d'ancrage pour établir des liens.

C'est là où l'école a toute sa place, mais sa tâche est très différente de celle qu'on lui donne de nos jours. En son sein, de multiples ressorts sont inexploités ou sous-utilisés. Citons les lieux de documentation et les manuels scolaires. S'il est encore un lieu sous-exploité dans l'école, c'est bien le centre de documentation (CDI en France). Dans ces lieux, les élèves peuvent gérer nombre d'apprentissages directement. Une documentation, parfois abondante, se trouve à leur disposition. Certaines documentalistes organisent de véritables dossiers par projets d'étude, comme le ferait une documentaliste pour un journaliste préparant un article. Un travail d'aide personnalisé est souvent réalisé en parallèle. À terme, si ce n'est encore le cas, cet espace deviendra une multimédiathèque[9]. L'élève

---

9. Le Centre de documentation peut comporter des box où les élèves travailler individuellement ou par petites équipes. Des enseignants peuvent être consultés si besoin.

pourra accéder en temps réel à toute documentation disponible (écrite, audiovisuelle), il pourra entrer en contact avec des bases de données, mais également interroger des services produisant du savoir. L'école du futur sera sans doute construite autour d'un tel centre de ressources.

Les manuels scolaires vont également devoir s'adapter très vite. Ces derniers sont devenus, au cours des dernières années, notamment en France, un véritable puzzle dont seul le professeur détient les clefs. S'ils servent pour préparer leurs cours, s'ils rassurent quelque peu les parents malgré leur poids, on leur reproche souvent de ne pas toujours êtres conçus pour les élèves[10]. Pourtant, ce type de produit pédagogique peut devenir un formidable outil d'autodidaxie s'il devient un livre de référence. À un moment où les élèves se perdent dans la multiplicité des sources d'information, et cela ne va qu'empirer, ceux-ci recherchent des livres qui vont à l'essentiel d'une part, et qui d'autre part mettent les savoirs en perspective et les interpellent pour leur fournir le sens dont ils ont bien besoin.

Le manuel ne doit cependant pas être un «CDI en miniature». L'élève réclame en permanence des fils directeurs, un représentation d'une question ou du monde. Notamment, ce livre peut assurer la cohérence des savoirs, en pointant conjointement les liens entre les «grands» concepts d'une discipline et les différences entre des éclairages fournis par des approches diverses[11]. Les paradoxes de l'apprendre, on le voit bien, sont partout.

À terme, une éducation intégrée est à envisager. L'école devrait devenir le lieu d'intégration des différents médias (musée, presse, TV, multimédias, etc.). Ses tâches prioritaires sont en amont. Dans une éducation intégrée, l'école peut motiver les élèves ou encore entretenir cette motivation en faisant mûrir un projet. Pen-

---

10. Voir le rapport de l'Inspection générale de l'Éducation nationale sur «Le manuel scolaire», par Dominique Borne, juin 1998.
11. À terme, le manuel pourrait devenir un outil numérisé. Ce netable, ou cartable électronique, comme on pourrait l'appeler, pourrait comporter (au travers d'un lecteur de CD-Rom ou CDD et un accès Internet convivial) des: fonctions de traitement de texte, de dessins, de schémas, de graphiques, etc. ; concepts pour la gestion de bases de données ; fonctions d'aide à l'apprendre (calculette, tableurs, fichiers personnels d'adresse et d'emploi du temps, etc.) ; ressources pour l'apprendre (cartes, banques de dessins, etc.) ; il importe cependant de distinguer ce qui est exercice, documentation multiple et savoirs de références.

dant la phase de production, l'équipe d'enseignants peut proposer des outils et des concepts organisateurs pour regrouper les multiples informations. Les médias facilitent l'accès aux données, l'enseignant peut y puiser matière pour son enseignement tout en étant débarrassé de tâches répétitives. L'élève peut y trouver des documents plus riches ou inaccessibles en classe.

En aval, l'école peut encore intervenir pour structurer, pour produire du savoir et faciliter une (méta)réflexion. L'école devient le lieu du tâtonnement nécessaire, un espace où l'erreur[12] est possible et qui échappe à l'aléatoire social parce que des conditions organisées facilitent un apprentissage progressif. Mais elle ne doit pas faire perdre aux élèves tout lien avec leur environnement. Ce que l'on gagne en rigueur, on le perd en sens. Les groupes d'échange de savoirs, l'intervention de clubs et le travail sur le terrain valorisent le travail scolaire.

L'école peut même devenir le lieu où se produisent des études à usage de la société ou qui éclairent les questions citoyennes. La pratique des scénarios, chère aux planificateurs, est également un bon outil éducatif.

L'école continue d'être un lieu de préparation à la vie ; cependant « être préparé » aujourd'hui signifie ne plus avoir peur du changement et même anticiper sur celui-ci. Les mutations en cours sont devenues le lieu commun. Elles doivent être dédramatisées et abordées comme telles. L'école est le lieu par excellence où celles-ci peuvent être repérées et discutées. Des solutions alternatives peuvent être imaginées par les élèves eux-mêmes.

---

12. L'erreur dédramatisée est un formidable outil pour apprendre.

CONCLUSION

VERS UNE SOCIÉTÉ APPRENANTE

Le monde contemporain est très différent de celui que nous ont légué les générations antérieures. Il est à reconstruire. Apprendre n'est plus la seule affaire des individus. Nos sociétés, elles aussi, doivent s'y plier. Confrontés à d'importants défis, leur survie est menacée si elles s'obstinent à produire et à consommer comme elles le font aujourd'hui.

Les défis

Nous devons faire face, en premier lieu, aux défis économiques inhérents au développement des nouvelles technologies. Des transports efficaces, des moyens de télécommunication faciles et performants sont à l'origine de la mondialisation de l'économie, pendant que l'informatique et la robotique ont transformé de fond en comble le paysage industriel. On connaît la suite. Ces métamorphoses express des modes de production ont engendré le chômage, lequel suscite de graves fractures sociales et, surtout, de l'exclusion qui ronge les banlieues. Dans le même temps, nos rejets industriels, nos processus d'exploitation et de consommation submergent les capacités autorégulatrices des écosystèmes.

Jusqu'à présent, l'impact des activités humaines sur la biosphère restait limité. Or, nous voilà en passe de détruire notre milieu de vie. Trou de l'ozone, atteintes en tout genre de l'air et de l'eau, réchauffement de la planète : la liste des dégâts donne froid dans le dos. Avec les seuls déchets de l'industrie nucléaire, nous polluons la planète pour au moins 100 000 ans, voire un million d'années. Autre défi : la démographie. L'humanité a dépassé le premier milliard d'êtres humains à la fin du XVIIIe siècle. Nous étions deux milliards vers 1950. Nous serons six milliards au début du prochain millénaire, c'est-à-dire demain.

Douze milliards d'humains se côtoieront sur Terre au milieu du siècle prochain. Des transferts de populations sont à envisager. Il faut s'y préparer. Et puis, sur notre route, se dessinent à nouveau des défis que nous pensions abolis. Une kyrielle de maladies, dont certaines, comme le cancer, sont liées à l'utilisation de l'amiante ou d'autres produits cancérigènes, nous menace. D'autres, à l'instar de la maladie de l'hormone de croissance ou celle dite de la « vache folle », relèvent de technologies insuffisamment maîtrisées. D'autres encore, tel le sida, que les avancées diagnostiques ont permis de déceler, continuent de narguer la médecine. D'autres, enfin, proviennent d'une mauvaise conception de la santé ou de notre système de soins. Une nouvelle épidémie de tuberculose se développe à la surface de la Terre, nombre de maladies à bactéries ou à champignons se propagent par les hôpitaux. Un usage abusif des antibiotiques a rendu résistantes de nombreuses souches de microbes. Sans oublier que nous savons manipuler les espèces, gérer des banques de sperme, développer des autoroutes de l'information, et que nous nous apprêtons à nous cloner nous-mêmes. Seulement, nous ne nous interrogeons pas, ou très peu, sur l'intérêt de tels savoir-faire. Nous préférons ne pas envisager les risques que ces pratiques font peser sur notre espèce, sur toutes les espèces. Nous nous excluons de la prise de décision, en laissant agir le sacro-saint « marché ».

Les choix en matière d'énergie, de transport, de défense, les priorités médicales, les manipulations génétiques échappent à tout contrôle citoyen. Les « décideurs » eux-mêmes baissent les bras. Au mieux, nomment-ils des commissions d'experts connaissant tout, comme on dit, mais sur rien. Jolie – mais désespérante – formule qui reflète un manque de vue systémique, la seule à permettre l'appréhension des effets globaux à long terme.

Bref, des défis éthiques et politiques nous sollicitent. Que voulons-nous? Que sommes-nous prêts à parier pour l'avenir? Comment nos sociétés peuvent-elles devenir réellement démocratiques? Pour que le choix des hommes l'emporte sur la force des choses, quels instruments collectifs de régulation souhaitons-nous instaurer? Les référendums mis en place dans certains pays d'Europe, en matière de choix technologiques, notamment, sont une manière d'offrir au peuple la possibilité de donner son opinion. Les Suisses, par exemple, se sont exprimés sur le génie génétique. Mais, pour qu'un tel vote ait un sens, encore faut-il que chaque citoyen dispose d'un optimum de savoirs. Une alphabétisation dans les domaines scientifiques et technologiques sera à une démocratie participative ce que l'apprentissage de la lecture et de l'écriture fut à la Troisième République naissante.

Pour ce faire, il nous faut combattre notre sentiment d'impuissance. Plus notre société se distend, se compartimente, se segmente, plus l'impression que son contrôle nous échappe se répand. Il nous faut apprendre à créer des liens entre les individus, à favoriser toutes les formes de dialogue. Nous manquons cruellement de stratégies citoyennes mobilisatrices, s'inscrivant sur le moyen terme et appréhendant ces questions dans leurs multiples dimensions.

LA SOIF D'APPRENDRE

La soif d'apprendre devient une ressource vitale dans une société forcée d'innover. À nous de savoir saisir les opportunités, à tout le moins garder les yeux ouverts pour ne pas les laisser filer. Le prochain siècle aura les atours d'un monde où les valeurs ne s'imposeront plus a priori mais réclameront d'être fondées. Le défi épistémologique est incontournable.

« Changeons de neurones! » (en tout cas de réseaux de neurones), ai-je envie de dire... La plupart des repères que l'humanité s'est forgés depuis la Renaissance – ceux sur lesquels nous basons nos raisonnements et nos actions – ont été balayés ou sont en passe de l'être. Les notions d'espace, d'énergie, de temps, de matière, etc., ont été laminées puis restructurées tout au long du siècle.

L'énergie, avons-nous appris, peut devenir matière, le temps se contracter, l'espace est courbe, la vitesse relative, l'électron est une onde ou une particule, selon l'observateur, le chaos se révèle organisateur, l'univers n'est pas permanent. Nous ne sommes même pas « nés tous nus dans une prairie ». Nous ne sommes que l'un des multiples produits d'une histoire : celle de l'univers, mais d'un univers « qui n'a pas d'adresse » et dont nous ne sommes pas le centre ! Nous abordons le prochain siècle embarrassés de structures mentales héritées d'un passé révolu. Le mode de pensée « dominant » est directement issu de la physique du XVIIIe siècle. Nous savons maîtriser ce qui est simple, homogène, ordonné, régulier et immuable.

Or, aujourd'hui, il nous faut faire face en permanence à l'inattendu, au paradoxal, au contradictoire et au complexe. S'il existait des solutions simples aux problèmes qui nous accablent, on peut raisonnablement penser qu'elles seraient à l'œuvre depuis longtemps.

Changer nos repères

Comment traiter l'inconfort du flou, du fluide, du volatil, de l'hétérogène et de l'incertain ? En changeant notre vision du monde ! Vaste, très vaste programme... Et nous en sommes si loin. Dans les classes préparatoires aux grandes écoles, on continue de n'enseigner que les seuls préceptes de la logique classique. On ne dispense à nos élites aucun cours sur les raisonnements avec incertitude. De l'avis de mathématiciens chevronnés, nos modèles mathématiques sur l'incertain, les prévisions ou même les probabilités restent bien pauvres. De même, la représentation du monde la plus partagée reste fondamentalement linéaire, à base de causalité mécaniste.

Un demi-siècle après la formulation de la cybernétique, cette science des rétroactions est inexploitée dans l'industrie ou la finance. Le fonctionnement de la pensée, dans ces milieux, s'apparente à celui d'une machine classique. Le meilleur exemple d'ignorance en la matière nous est fourni par les banquiers, qui investissent dans l'immobilier, en même temps qu'ils imposent aux industriels de dégraisser. Résultat : le chômage augmente fortement, le pouvoir d'achat décline. Les individus n'ont plus les moyens d'acheter des appartements et l'immobilier s'étiole ! Les entreprises, plus « légères », ont moins besoin d'espace, ce qui intensifie encore la dégringolade de l'immobilier. Quel gâchis !

Les démarches analogiques ou en réseaux balbutient, elles aussi, les recherches sur la complexité n'intéressent qu'une poignée de chercheurs, certes brillants, mais bien isolés. En revanche, compartimentation, cloisonnement et hiérarchisation n'offrent aucune prise sur un monde complexe et changeant, où rien n'est plus absolu ni définitivement stable. Elles ne sont d'aucun profit pour concevoir les ensembles fluides, comme les marchés financiers actuels, où les interactions sont multiples et où les causalités s'entrecroisent.

Quels savoirs en 2040 ?

Qui compare les savoirs (ou les innovations technologiques) produits chaque année et ceux que maîtrise tout un chacun est pris de vertiges. Au XVIIIe siècle, tout le savoir pouvait tenir dans une seule encyclopédie. Actuellement, les seules neurosciences produisent chaque année l'équivalent de 50 mètres d'épaisseur de publications.

D'aucuns estiment que le savoir double tous les 5 à 6 ans en biologie, tous les 7 à 8 ans en technologie. Certaines données en télématique ou en robotique sont périmées en trois ans, et une nouvelle génération de puces électroniques naît tous les dix huit mois. Quels savoirs seront encore « utiles » en 2020 ou en 2040 ? Et quels savoirs vont émerger ? À défaut de répondre avec certitude à cette question, il est loisible d'esquisser quelques dynamiques possibles.

D'abord, il nous faut dépasser le simple apprendre « à lire à écrire et à compter » chère à l'école d'antan. Si l'on se penche simplement sur la lecture, on constate d'emblée que savoir lire le journal – stade que l'on souhaitait atteindre au début du siècle – ne suffit plus. Il devient indispensable de pouvoir rechercher, décoder, trier et traiter des documents extrêmement divers, ainsi que l'information qu'ils véhiculent. En outre, l'explosion de l'audiovisuel aidant, la seule maîtrise de l'écrit est limitée. Savoir décrypter des images (et des enchaînements d'images) est devenu un passage obligé. Avec les bases de données et les réseaux électroniques, apprendre à lire, c'est apprendre à décoder un hypertexte, à s'y repérer, tant les cheminements sont nombreux, et à s'interroger sur la source des documents, leur validité et leur pertinence. Il importe également d'apprendre à apprendre. Chose qui exige quelques réflexions, faute de quoi elle demeurera une formule vide de sens. Les individus devront pouvoir gérer à la fois l'organisé, l'incertain et l'inattendu. La priorité n'est plus d'enseigner des contenus disciplinaires, mais d'introduire chez l'apprenant une disponibilité, une ouverture sur les savoirs, la curiosité d'aller vers ce qui n'est pas évident ou familier, un mode d'investigation à même de répondre aux défis en cours ou en gésine.

L'attitude de l'apprenant est plus importante que les connaissances factuelles qu'il engrange et qui se démonétisent à folle vitesse. Il importe donc, avant tout, de former des esprits susceptibles de s'interroger sur le monde et sur eux-mêmes, d'éduquer des citoyens aptes à débattre des enjeux sociaux. S'approprier des démarches de pensée prend ainsi une place prépondérante. L'individu doit mettre en œuvre des recherches documentaires, des démarches expérimentales et systémiques ou pratiquer la modélisation, l'argumentation et la simulation. Le projet n'est plus seulement d'apprendre à résoudre des problèmes, mais de clarifier une situation, pour poser les problèmes. Il n'est plus seulement de rechercher l'information, mais de savoir la trier, la situer et d'en discuter la pertinence...

La priorité que nous accordons aux attitudes et aux démarches ne doit pas faire oublier les connaissances. Toutefois, sur ce plan, un changement du rapport aux savoirs, là encore, s'impose. Les connaissances ont leur raison d'être. On ne peut développer des comportements ou manipuler des méthodes sans connaissances. Mais ces dernières exigent d'être « biodégradables[1] », sous peine de figer la pensée, à un moment où celle-ci doit manifester un maximum de flexibilité. Par ailleurs, quelques « grands » concepts doivent servir d'éléments organisateurs ou régulateurs de la pensée. Ces « basics » doivent être choisis pour recouper les multiples informations de notre temps et permettre à l'individu de se repérer et de renouveler son imaginaire[2].

---

1. Voir p. 228.
2. Pour discussion, nous pouvons en formuler un certain nombre : temps, espace, matière, information, organisation, régulation, mémoire, identité, évolution, etc.

Dans le même temps, un regard critique sur les savoirs que l'on manipule devient une nécessité. Une réflexion sur les liens entre savoirs, culture et société, ou encore entre savoirs et valeurs, est tout aussi importante que les savoirs eux-mêmes. L'apprenant doit s'apercevoir qu'il peut exister plusieurs solutions à un problème et que chacune est contextualisée. Ou encore, qu'il peut ne pas y avoir de solutions du tout ou que ces dernières sont pires que les problèmes.

Le plus important devient la question, plus que la réponse... La solution renvoie à un cadre figé, la question à l'autonomie de la pensée de l'individu. Dans cette optique, le savoir pertinent devient interrogation, connexion, invention et élaboration. Il est un instrument au service d'un projet : celui de l'individu au sein d'une société.

Apprendre, une dynamique sociale

La complexité nous a engendrés. Poussières d'étoiles, nous sommes, jusqu'à preuve du contraire, ce que l'univers a produit de plus sophistiqué. De cette incroyable histoire de l'énergie et du temps, de la matière, de l'univers, de la vie et de l'Homme, a émergé une conscience. Malheureusement, le « grand sens » ne nous est pas donné, et il n'est pas sûr que nous disposions jamais des outils cognitifs pour y accéder ! Il nous faut donc élaborer coûte que coûte un sens provisoire pour vivre « au mieux », ensemble, dans un espace limité.

Arrêtons de nous raconter des histoires ! À l'orée des années 2000, il nous faut réfléchir et penser autrement. Apprendre a une place centrale dans une dynamique sociale. Plusieurs groupes d'échanges de savoirs, encore éphémères, souvent spontanés, commencent à montrer la voie. Nos idées, nos façons de raisonner et nos valeurs sont à repenser, nos règles du jeu à envisager autrement. Pourquoi avoir peur d'apprendre à partir de nos lacunes ou de nos insuffisances présentes ? Apprendre, sur le plan personnel, c'est comprendre. Dans sa dimension sociale, c'est acquérir des compétences collectives pour participer à un projet de la Cité.

De nouvelles règles de gestion sont à forger. Nous devons passer à terme d'une forme de démocratie délégative à une démocratie plus participative. De même, les valeurs (en d'autres termes : « *À quoi nous tenons et pourquoi ?* ») devraient faire l'objet de débats à l'école. Déjà, la confrontation des valeurs habituelles conduirait à les clarifier et pourrait en faire émerger de nouvelles, plus conformes aux nouvelles dimensions, environnementales, éthiques, etc., qui se font jour.

Que voulons-nous faire de nos vies ? À quoi tenons-nous et pourquoi devons-nous défendre solidairement certaines valeurs ? Une conflagration dans notre pensée devient évidente. L'essentiel du mal-vivre de ce qu'on nomme « la crise » gît à ce niveau. Une telle confrontation permanente avec des vérités relatives, la recherche de l'optimum et un certain pragmatisme diminueraient l'inquiétude ou l'angoisse de vivre dans un tel monde.

Dès lors, apprendre, ce n'est plus seulement engranger l'expérience accumulée par les Anciens. Celle-ci a toute sa place mais doit être reformulée. L'individu ne peut plus accumuler, durant la scolarité, tout le savoir dont il aura besoin sa vie durant. Apprendre est une affaire continue. Apprendre revient à sortir en permanence des normes habituelles ou des évidences de pensée. L'école ne peut pas se limiter à transmettre la mémoire de la société, elle se doit de préparer à anticiper et à inventer de nouvelles façons de vivre ensemble. Les élaborations à mettre en place dépassent les potentialités d'un individu seul. Il s'avère nécessaire de développer les interactions et les coopérations entre personnes pour favoriser le partage du savoir.

Face aux contraintes physiques, physiologiques, technologiques et économiques auxquels nous sommes irrémédiablement soumis, parce qu'elles font partie de la biosphère ou de notre histoire humaine ou sociale, il nous faut opposer (ou… inventer) un nouveau projet de culture. Si cette proposition peut paraître trop ambitieuse, commençons par réfléchir à un autre « art de vivre », tous ensemble, en faisant de l'apprendre le pivot…

INDEX

A

Acquis 60, 98, 101
Action 116, 124, 152, 171, 202, 219, 221, 234
Adaptation 38, 59, 78, 155, 179, 185-186, 191, 203, 218
Affect 46, 58, 89, 131, 160, 208
Apprenant 43-44, 61, 63, 66-67, 70, 85, 87, 88-89, 92, 104, 107, 110, 114-115, 118, 121, 129-130, 132, 135, 138-140, 145, 151-153, 156-157, 163, 167-179, 182, 184-185, 191, 195-198, 200, 203, 208, 212, 214-215, 232, 237
Appropriation du savoir 117, 130, 159, 226, 229, 238-239
Argumentation 121-122, 128, 134-135, 160, 183, 198, 203, 209, 229
Astolfi (Jean-Pierre) 136
Astronomie 142
Atome 66-67, 118, 139, 141, 143-144, 185
Ausubel (David) 38
Auto-apprentissage 151, 232-233, 240

B

Bachelard (Gaston) 43, 127, 136
Béhavioriste 36, 61, 98, 156, 197
Bergson (Henri) 138
Bernard (Claude) 176
Besoin 89, 99-100, 104-105, 108, 112
Biochimie 15, 104
Biologie 97, 100-101, 108, 114, 142, 159, 185, 234, 247
Blocage 136, 196, 216, 221, 223
Bohr (Niels) 69
Broca (Paul) 47
Brodmann (Korbinian) 47
Bruner (Jerome Seymour) 38, 41, 203

C

Cantor (Maryline) 128
Centre de documentation et d'information 239-240
Centre de gravité 91-92, 126, 199
Cerveau 9, 13, 16-17, 26, 31, 45, 61, 78, 90, 105, 130, 137-138, 147-148, 155, 162, 184-186, 189, 204, 206
Chaleur 28-29, 69, 119, 125, 143, 144
Changeux (Jean-Pierre) 53
Charpak (Georges) 115
Children Museum of Boston 32
Chimie 233, 234
Cités des enfants de la Villette 32
Citoyen 222, 244-245, 248
Claparède (Édouard) 116
Classe 218, 231-232
Cognitif (conflit) 133-135
Cognitif (développement) 38, 44, 120
Cognitive (capacité) 41, 46-47, 153, 160, 209
Cognitivisme 12, 38, 185
Concept 114-115, 130-133, 140, 144, 188, 201, 210, 240-241, 248
Conception 26, 30, 43, 62-73, 87, 88-93, 106, 121, 123-125, 129-130, 132, 134-135, 143, 145-146, 148, 156, 161, 167-176, 178-179, 182-183, 186-187, 189, 195-196, 198-205, 208

251

Condillac (Étienne Bonnot de) 33
Conditionnement 32, 37, 39
Confrontation 124, 135, 142, 147, 198, 202, 205, 209-229, 232, 250
Connaissance 11, 26, 31, 80, 133, 136, 147, 200, 211, 217, 225, 228, 233, 238, 248
Construction du savoir 130, 136
Constructivisme 15, 38, 41, 44, 61, 69, 98, 136, 197
Cortex 47-50, 52, 54-56
Créativité 57-58, 102, 117, 226
Crick (Francis) 69
Culture 16, 25, 43, 62, 97, 101, 109, 157, 171, 183, 186, 216-217, 223, 225, 229, 231, 249-250
Curiosité 69, 76, 97, 106, 108, 115, 198, 214, 226, 248

D

Déconstruction 43, 125-136
Decroly (Ovide) 32, 98
Démarche scientifique 43, 160, 190
Démocrite 71
Démotivation 103, 107, 112, 161
Descartes (René) 33, 37, 71, 137, 235
Désir (d'apprendre) 9, 42, 89, 97, 99-101, 105, 108, 111-112, 116, 186, 217
Déstabilisation 195-196
Déterminisme biologique 46, 176, 178-179
Dewey (John) 116
Didactique 13, 24, 39, 41, 67, 186, 221
Diététique 140, 201, 209
Discipline 221, 223, 227-230, 232, 234, 248
Doise (Wilhelm) 134
Driver (Rosalind) 133
Droit 228, 229
Duruy (Victor) 114, 136, 227
Dynamique de l'apprendre 199, 202

E

Eau 27, 47, 144, 155, 185
Échec 152, 217, 232
École 10, 17, 24, 75, 77, 97, 101, 104, 113, 121, 149-152, 161, 185, 208, 211-214, 216, 220, 223, 225, 227, 230-231, 233-236, 238-241

École piagétienne 38, 41
Écoles de Roches 32
Écoles des Petits 32
Économie 27, 114, 120, 138, 143, 177, 183, 214, 228-229
Éducateur 107-109, 179
Éducation 15-16, 43, 58, 60, 120, 136, 145, 168, 178, 187, 210, 216, 223, 227, 240
Éducation artistique 34, 58, 68
Éducation nouvelle 116
Élaboration de sens 28, 113-124, 186, 189, 205, 211
Élaboration du savoir 134, 139, 163, 175
Élève 24-25, 28, 33, 34-36, 38, 59, 64, 73, 76-77, 88, 90-92, 98-99, 101-103, 106-107, 110, 113-115, 119, 122-123, 126, 129, 132-134, 144, 149-151, 154, 157, 159-160, 163, 179, 182-184, 190, 195, 197-199, 201-202, 204-205, 207, 209-215, 218, 226, 230-231, 233-235, 238
Émotion 9, 11, 42, 45, 48-50, 53, 58, 81, 89, 109, 115, 186, 198, 204, 211
Énergie 91, 119, 140, 246, 249
Enseignant 7, 9, 11, 15-18, 25-26, 28, 30-31, 34, 36-38, 44, 66, 70, 77, 88, 91-92, 97-98, 103-107, 109-110, 112, 115, 123-124, 129, 133, 135, 151, 156-158, 169, 172, 179, 183-184, 198, 203, 208-209, 211-223, 226, 229-230, 232-234, 238, 241
Enseignement 10, 25-26, 29, 31-33, 39, 42, 59, 89, 99, 125-126, 144, 177, 197, 199, 211, 222, 226-227, 241
Enseigner 24-25, 92, 98, 151, 248
Envie 81, 98, 162
Environnement 16, 36, 39- 42, 44, 46-47, 53, 55, 58, 60-62, 69, 78, 87, 89, 92, 98, 100-101, 117, 120, 143, 151, 175, 186, 196-197, 200, 215, 218, 222, 228, 233, 241
Environnement didactique 202, 208
Épistémologie 13, 67, 229
Erreur 196, 208-209, 223, 241
Évaluation 8, 15, 34, 36, 76, 116, 216, 222-223
Examen 24, 77, 89, 200
Expérience 15, 106, 117-118, 124, 197-198, 205, 207, 223, 250

INDEX

F
Favre (Daniel) 130
Fécondation 29, 69-70, 128, 182, 200, 213
Fodor (Jerry) 40
Force 27, 91, 114, 119-120, 126, 131-132
Formation continue 222-223
Français 218, 232
Freinet (Célestin) 32, 116, 232
Froebel (Friedrich) 32

G
Gagné (Robert Mills) 38
Gall (Franz Joseph) 47
Gène 68-69, 78, 100
Génétique 68-69, 190-191
Géographie 76, 119, 142-143, 149, 159, 170, 183, 191, 227, 231-232
Géologie 142
Guizot (François) 227

H
Hebb (Donald) 53
Héber-Suffren (Claire et Marc) 238
Hérédité 68-69
Hippocampe 48, 51, 148
Hippocrate 72
Histoire 27, 76, 119-120, 219, 227-228, 231, 236
Histoire des idées 187, 229
Histoire des sciences 68, 128, 182
Histoire naturelle 227
Hull (Clark) 99
Hypothèse 123, 128, 160, 177

I
Idée 155, 183-184, 197, 219
Image 139-140, 145-146, 172, 228, 237-238, 247
Informatique 41, 80
Inhelder (Barbel) 133
Inné 60, 98, 101, 153
Innovation pédagogique 222-223, 232
Intelligence 60, 78
Intelligence artificielle 13, 15, 40

Intentionnalité 114, 147, 186, 202, 204
Intérêt 104, 108, 110, 115-117, 198
Internet 223, 236, 240

J
Jacobson (Roman) 33
Jaisson (Pierre) 101
Jeu de rôle 142, 162

K
Kant (Emmanuel) 37, 115
Kerschensteiner 32
Key (Ellen) 32

L
Langage 40, 56-57, 59, 120
Langue 13, 85, 116, 159, 228, 231-230, 235
Lawrence Hall of science 32
Lecture 211, 235, 245, 247
Lederman (Leon) 115
Leibniz (Gottfried Wilhelm) 37
Linguistique 223, 235
Littérature 34, 68
Locke (Jonh) 33, 37
Lumière 183, 204-205

M
Mac Lean 48
Main à la pâte 15, 115
Manuel scolaire 172, 239-240
Martinand (Jean-Louis) 129
Masse 27, 119, 140, 178
Mathématique 56, 76, 88, 105, 117, 139, 157-158, 160, 175, 199, 221, 223, 227-228, 232, 234, 246
Matière 66-67, 143, 189, 246, 249
Mécanisme cognitif 44, 62, 185
Médecine 174, 228, 244
Média 17, 220, 228, 235, 237, 239-241
Médiateur 44, 88, 169, 185, 208, 213
Médiation 31, 33, 40-41, 43-44, 92, 197, 211
Mémoire 9, 40, 58, 145-148, 155, 206
Mémorisation 25, 34, 48, 50, 52, 54-55, 59, 89, 117, 137-152, 139, 147, 184

Mémoriser 28, 148, 150, 156, 159
Mendel (Gregor) 67-68
Métacognition 88, 153, 156, 159-160, 162-163, 186, 200-201, 241
Métamorphose 16, 195-196
Mobilisation 12, 59, 137-152, 163, 200-202
Modèle allostérique 14, 92
Modèle constructiviste 15, 39-40, 43, 195
Modèle transmissif 28, 212
Modélisation 29, 130, 137-152, 158, 172, 176-177, 191, 223
Molécule 66, 118
Montaigne (Michel Eyquem de) 115
Montessori (Maria) 32
Morin (Édgar) 124
Motivation 9, 17, 49, 95, 97-104, 106, 108-111, 115, 132, 134, 198, 204-205, 216, 226, 230, 241
Mugny (Gabriel) 134
Multimédia 17, 80, 201, 213, 238-240
Musée 17, 31-32, 99, 104-105, 238, 240
Musique 104, 116, 219

N

Négociation 122-123
Neurobiologie 15, 41, 185-186, 247
Neuromédiateur 50, 52-53, 89, 105, 148, 184
Neurone 47, 49, 51-54, 56, 60, 78, 105, 185
Newell (Allen) 40

O

Observation 33, 106, 118, 198, 207
Obstacle 43, 66, 68-69, 109, 124, 126-127, 129-132, 135-136, 145, 157, 172, 182, 188, 200, 208
Ordinateur 40, 46, 50-51, 66, 146, 148, 185
Outil de sélection 25
Ovule 29, 70-71
Ozone 153-155

P

Palais de la Découverte 32
Paradoxe 191, 197, 208-209, 217-218, 240, 250

Parent 110-112
Particule 66
Pasteur (Louis) 117, 119,128, 195
Pédagogie 32-33, 37, 44, 116-117, 119, 133, 195, 221, 226
Pensée 45-46, 53, 59, 62, 72, 135-136, 138, 185-186, 196, 210, 213, 246, 248, 250
Pérec (Georges) 146
Perret-Clermont (Anne-Nelly) 134
Perturbation cognitive 202-203, 208
Pestalozzi (Johann Heinrich) 32
Photosynthèse 106, 188, 190
Physiologie 15, 104, 158, 176, 187
Physique 91, 112, 114, 117, 119, 123, 126, 132, 143, 175, 178, 199, 227, 246
Physique-chimie 76, 142
Piaget (Jean) 38-40, 42, 44, 59, 62, 116, 133, 136, 195
Plaisir 11, 42, 77, 81, 89, 103, 115, 117, 161, 191, 216
Plasticité 54, 59
Poids 125-130, 132, 139
Posner (Michael I.) 132
Potentiel d'action 51-52, 57
Pouchet 128
Pratique scolaire 221-222
Programme scolaire 8, 75, 77, 103, 106, 157, 221, 225-241
Projet éducatif 30, 104, 112, 217
Psychologie 12, 15, 18, 36, 41, 97, 114, 221, 229
Puissance 27, 91

Q

Questionnement 105, 118, 197-198, 205, 214

R

Rabelais (François) 69
Raisonnement 58, 160, 171, 173-176, 184, 246
Recherche 10, 12, 44, 111, 167
Renforcement 32, 99, 108, 110
Représentation mentale 16, 41, 53

INDEX

Réseau 51-56, 60, 93, 148-149, 238-239
Réseau internet 235
Robotique 222
Rogers (Carl) 98
Rousseau (Jean-Jacques) 69, 115
Rumelhard (Guy) 61

S

Santé 151, 175, 178, 201, 222, 228, 244
Savoir 9-12, 15-16, 26, 28, 31, 34, 42, 44, 59, 61-63, 65, 67-68, 70, 75, 77, 80, 85, 87-90, 93, 97, 102, 105, 112-115, 118, 122, 124-125, 129, 133, 143-144, 147, 156, 159-162, 169, 172, 174, 182, 184, 186, 188-190, 196-197, 199, 201, 203-205, 208, 210, 212-214, 221-222, 225, 227-230, 232, 236, 239-240, 247-250
Savoir sur le savoir 153, 202
Schématisation 141-142, 145, 151, 158
Science 25, 27, 34, 68, 88, 119, 138, 142-143, 156, 160, 229, 232, 245
Science cognitive 15, 38, 67, 136, 185, 186
Science de l'éducation 15, 18
Science humaine 18
Sens 37, 41, 44, 52-54, 161, 167, 171, 175, 186, 191, 193, 197-198, 202, 208, 217, 232, 241
Shannon (Claude) 33
Simon (Herbert A.) 40
Skinner (Burrhus) 98
Sociologie 15, 221, 236
Socrate 120, 137
Sommeil 55
Spermatozoïde 29, 70-71, 174, 200
Spinoza (Baruch) 37
Sport 107-108, 111, 163, 227
Stratégie cognitive 183-184

Symbolisme 157, 158
Synapse 52-53, 55, 89, 148-149 *
Système scolaire 76, 221

T

Tabagisme 177-178
Technique 228-229
Technologie 34, 106, 114, 141, 220, 223, 245, 247
Télévision 29, 225, 228, 237, 240
Temps scolaire 227, 230, 232, 249
Thalamus 48, 56
Thermodynamique 145
Toulmin (Stephen) 132
Transfert 149-151, 156
Transmission 23, 25, 31, 34, 217, 235
Travail de groupe 41, 151, 215, 232

V

Vision 55-56, 155, 205-207
Vitesse 119, 178
Vocabulaire 27-28, 34, 108, 90, 114, 121, 139, 157, 159-160, 172, 176, 193, 195, 219

W

Vygotsky (Semenovitch) 40
Wallon (Henri) 41, 116
Watson (James) 69
Winnetka 32
Woolf 128
Wyneken (Gustav) 32

Z

Zoologie 105

Imprimé en France par I.M.E. - 25110 Baume-les-Dames
Dépôt légal : octobre 2000 - N° édition : 2456.05
N° d'impression : 14604